Ab heute kränkt
mich niemand mehr

Doris Wolf

Ab heute kränkt mich niemand mehr

101 Power-Strategien, um Zurückweisung
und Kritik nicht mehr persönlich zu nehmen

Weltbild

Die Autorin

Doris Wolf ist Psychotherapeutin mit mehr als 25 Jahren Berufserfahrung. Heute wie vor 25 Jahren fasziniert es sie, wie es Menschen gelingt, Probleme zu lösen und neue Wege zu gehen. Und sie ist dankbar, wenn sie ihnen dabei auf vertrauensvolle Weise helfen kann.

Inhalt

Einleitung

Herzlich willkommen, liebe Leserin, lieber Leser,

es freut mich, das wir uns begegnen dürfen. Der Anlass unserer Begegnung mag Ihnen wenig erfreulich erscheinen. Wer will sich letztlich schon gerne mit dem Gefühl der Kränkung beschäftigen? Wer gibt schon gerne zu, verletzt worden zu sein? Wer möchte sich schon freiwillig mit seinen Gefühlen, nicht angenommen oder nicht wertgeschätzt zu werden, befassen? Doch es lohnt sich für Sie, sich mit diesen Gefühlen bewusst auseinanderzusetzen. Sie werden sehen: Es gibt sehr viel Hilfreiches für Sie in diesem Buch zu entdecken. Sie können sich aus Ihrer Opferrolle befreien. Sie werden erleben, dass der Kontakt zu anderen Menschen Ihnen (wieder mehr) Spaß macht. Sie können sich selbst mehr innere Stärke verschaffen. Wir treffen uns wegen Ihrer Verwundbarkeit und werden uns trennen, wenn Sie das Gefühl haben, weniger angreifbar zu sein.

Es gibt viele Gründe, weshalb Sie zu meinem Ratgeber gegriffen haben könnten. Führte Sie einfach die Neugierde zu meinem Buch? Oder möchten Sie generell gern ein dickeres Fell und mehr Souveränität? Leiden Sie stark darunter, schnell gekränkt zu sein und aus der Fassung zu geraten? Oder haben Sie vielleicht traumatische Erfahrungen mit anderen Menschen gemacht, die bis heute an Ihnen nagen? Waren diese Verletzungen vielleicht so stark, dass es Sie vollkommen aus der Bahn geworfen hat, Sie den Kontakt zu dieser einen Person oder sogar den meisten Menschen abgebrochen haben? Leiden Sie heute noch unter Schlafstörungen, Kopf- oder Magenschmerzen, weil Sie die Erfahrung von damals einfach nicht wegstecken und ablegen können? Haben Sie möglicherweise das Vertrauen in andere Menschen im Allgemeinen verloren und sich voller Selbstmitleid in eine innere Höhle zurückgezogen? Denken Sie, dass Sie zu gut für diese Welt sind und andere Sie immer nur mit Füßen treten werden? Sind Sie von Menschen umgeben, die es anscheinend darauf abgesehen haben, Sie klein zu machen und zu demütigen? Möchten Sie an sich arbeiten, weil sich wegen Ihrer starken Wutausbrüche und Ihrer scheinbaren Arroganz schon alle Freunde von Ihnen zurückgezogen haben – und in Wirklichkeit steht dahinter eine große Verletzlichkeit? Leiden Sie unter Schuldgefühlen, weil Sie den Eindruck haben, andere zu häufig zu kränken? Oder haben Sie leicht kränkbare Menschen im Familien-, Freundes- oder Bekanntenkreis, deren Reaktionen Sie besser verstehen wollen? Wollen Sie wissen, wie man trotz ihrer großen Empfindlichkeit eine gute und stabile Beziehung mit ihnen aufbauen kann? Oftmals geraten wir ja sehr leicht in einen Kreislauf von Kränkung und »Gegenkränkung«. Der andere fühlt sich verletzt und schlägt zurück, woraufhin wir uns verletzt fühlen.

Was auch immer Sie zu mir führte, ich möchte Ihnen Wege aufzeigen, auf denen Sie wieder zu Selbstsicherheit gelangen, Ihr Gleichgewicht finden und es auch den überwiegenden Teil der Zeit behalten können. Sie können lernen, sich nicht durch den negativen Sog anderer hinabziehen zu lassen. Sie können wieder Freude dabei empfinden, mit anderen Menschen zusammen zu sein.

Was erwartet Sie in diesem Buch?

Der wichtigste Leitsatz meines Buches lautet: *Sie haben Einflussmöglichkeiten. Sie sind nicht das hilflose Opfer anderer Menschen.*

Wann immer Sie sich seelisch verletzt fühlen, tragen Sie auch selbst etwas dazu bei. Ihr Gegenüber wirft den Stein, und Sie fangen ihn bereitwillig auf. Nur weil Sie an dem gesamten Vorgang des Verletztwerdens aktiv beteiligt sind, können Sie auch aus dem Spiel aussteigen. Das ist Ihre große Chance.

Mein Buch ist in zwei Teile gegliedert.

In *Teil I* werden wir herausfinden, was Kränkung überhaupt ist und warum manche Menschen empfindlicher reagieren als andere. Sie werden in einem Fragebogen die Chance haben, Ihre wunden Punkte – dort, wo die »feindlichen Pfeile« Ihre Seele treffen – genau zu lokalisieren. Wir werden die Vor- und Nachteile unserer Empfindlichkeit ergründen. Außerdem werden wir uns mit den Motiven beschäftigen, weshalb sich andere Menschen in einer Weise verhalten, die uns kränken kann.

In *Teil II* geht es darum, welche vielfältigen Möglichkeiten Sie haben, auf das Verhalten Ihres Gegenübers zu reagieren. Die Verletzung spüren Sie in Ihrem Körper und in Ihrer Psyche. Meist zeigt sie sich auch in Ihrem Verhalten. Zum einen können Sie deshalb an Ihren körperlichen Reaktionen ansetzen und lernen, sich zu entspannen. Zum anderen können Sie Ihre Gefühle beeinflussen, indem Sie Ihren Blickwinkel und die Bewertung verändern. Mag sein, dass der andere nur eine Pflaume wirft und Sie diese als Stein missdeuten. Sie verspüren infolgedessen übertrieben starke Angst oder Wut oder verspüren heftigere Schmerzen, wenn Sie getroffen werden. Es könnte aber auch sein, dass Ihr Gegenüber tatsächlich immer wieder einen Stein wirft und Sie lernen müssen, auszuweichen. Haben Sie es mit einem chronischen Steinewerfer oder Kritiker zu tun, dann ist es vielleicht an der Zeit, zu überlegen, wie Sie sich generell schützen und diesem aus dem Weg gehen können. Sie werden in Teil II viele hochwirksame Wege kennenlernen, wie Sie Ihren Körper, Ihre Gedanken und Ihr Verhalten beeinflussen können. Sie können in Zukunft auswählen, welcher Weg für Sie in welcher Situation die besten Resultate bringt, sodass Sie sich seltener, weniger tief und weniger lange gekränkt fühlen.

Wenn Sie schon alleine bei dem Gedanken an manche Menschen, die Sie einmal verletzt haben, noch immer den Schmerz und Groll, die Scham und die Trauer verspüren, dann können Sie sich nun entscheiden, ob Sie die Verletzung überwinden möchten oder nicht. Sie werden ganz bewusst abwägen können, was Sie gewinnen und verlieren, wenn Sie die Vergangenheit loslassen. Ich werde Ihnen Strategien vorschlagen, mit denen Sie Ihre Wunden schließen und dem anderen verzeihen können.

Sie können Verletzungen nicht immer vermeiden, jedoch auf alle Fälle lernen, besser damit umzugehen und sie schneller zu überwinden. Sie haben mehr Einflussmöglichkeiten, als Sie denken. Und noch eine gute Botschaft: Sie besitzen bereits jetzt alle Grundvoraussetzungen, die Sie benötigen, um souveräner zu reagieren.

Sie können Fähigkeiten entwickeln und ein Experte darin werden, mit Verletzungen angemessen umzugehen.

Wie viel angenehmer kann das Leben sein, wenn nicht jeder x-Beliebige Sie aus der inneren Ruhe bringen kann? Wie viel schöner kann das Leben für Sie sein, wenn Sie sich nicht verletzt von anderen zurückziehen müssen und langjährige Freunde verlieren? Wie viel unbeschwerter können Sie sein, wenn Sie sich nicht zusammennehmen und Ihre Verletztheit nach außen hin überspielen müssen? Wie viel weniger anstrengend kann das Leben sein, wenn Sie andere nicht angreifen und klein machen müssen, um sich vermeintlich wieder ein Gefühl von Stärke zu verschaffen? Wie viel mehr Lebensfreude können Sie jeden Tag verspüren, wenn Sie alte Wunden heilen lassen? Wie viel wohler fühlen Sie sich in einem entspannten Körper? Lassen Sie uns also keine Zeit verlieren und uns auf die Reise begeben.

Wie gehen Sie am besten mit diesem Buch um?

Lesen Sie meinen Ratgeber am besten erst einmal in einem Rutsch durch, ehe Sie darangehen, die einzelnen Kapitel systematisch durchzuarbeiten. Auf diese Weise können Sie zunächst Ihre Neugierde befriedigen und schon mal entdecken, was Sie ganz besonders interessiert. Manches wird Sie in Ihren Erfahrungen bestätigen, anderes wird zunächst einmal Widerspruch bei Ihnen hervorrufen. Und das ist ganz in Ordnung. Legen Sie das Buch dann bitte nicht gleich beiseite. Geben Sie mir die Chance, an diesem Punkt weiter zu Ihnen zu sprechen. Wir Menschen sind Gewohnheitstiere und brauchen Zeit und Übung, um uns auf neuen Wegen wohlzufühlen. Wir brauchen Übung, um uns in einer neuen Rolle heimisch zu fühlen. Auch in der Therapie benötigen meine Klienten und ich einige Zeit, um eine gemeinsame Sprache zu entwickeln, Widerstände und Einwände zu überwinden und erste Erfolge zu sehen.

Sie werden in meinem Buch auf einige Wiederholungen stoßen und am Ende jedes Kapitels eine Zusammenfassung der wichtigsten Erkenntnisse finden. Manchmal werden Sie deshalb vielleicht denken: »Schon wieder. Das hat sie doch schon einmal gesagt«. Freuen Sie sich darüber, dass Sie diese Wiederholung bemerken. Es beweist, dass Sie aufmerksam lesen, etwas Neues gelernt haben oder Ihre bereits bestehende Erfahrung noch stärker gefestigt haben. Übung und Wiederholung sind einfach die besten Wege, sich Neues anzueignen und Altes beizubehalten.

Es könnte Ihnen beim Lesen meines Buches auch passieren, dass Sie den Eindruck haben, alles würde zunächst nur schlimmer werden. Dies kann damit zusammenhängen, dass Sie sich beim Lesen intensiv mit Ihren schmerzlichen Erinnerungen befassen. Vor Ihrem inneren Auge sehen Sie beispielsweise, wie Sie Ihren Partner in den Armen Ihrer Nachbarin erwischt haben. Sie sehen wie in einem Film nochmals, wie Ihr Chef Ihren Kollegen als zukünftigen Chef vorstellt und Sie übergeht, obwohl Sie sich all die Jahre für die Firma krummgelegt haben. Vor Ihrem inneren Ohr hören Sie nochmals jene Worte Ihrer Freundin, bei denen Sie sich so verletzt gefühlt haben. Vielleicht fühlen Sie sich nochmals in die Kindheit zurückversetzt und hören, wie Ihre Mutter Ihnen an den Kopf wirft, dass Sie kein Wunschkind sondern nur das Ergebnis eines Betriebsunfalls sind. Vielleicht klingen in

Ihrem Ohr die Worte Ihres Vaters: »Du bist für uns eine einzige große Enttäuschung«. Wenn es Ihnen so ergeht, akzeptieren Sie für den Augenblick Ihre schmerzlichen Gefühle. Im Verlauf des Buches werden wir daran arbeiten, dass Sie mehr Abstand und Gelassenheit verspüren. Ihre schmerzlichen Gefühle weisen daraufhin, dass diese Erfahrungen noch unbewältigt sind und dringend aufgearbeitet werden müssen.

Beim zweiten Durcharbeiten füllen Sie den Fragebogen in Kapitel 2 aus und machen die Übung in den einzelnen Kapiteln. Manche meiner Klienten tragen ihre Gedanken direkt ins Buch ein und markieren sich wichtige Stellen mit einem Textmarker. Anderen ist dies zu vertraulich, sie legen sich deshalb ein eigenes Arbeitsheft hierfür an.

Sie haben in meinem Buch die Wahl zwischen ganz vielen unterschiedlichen Strategien, mit Kränkungen besser umzugehen. Um sich nicht zu verwirren und um möglichst schnell einen Erfolg zu verspüren, ist es gut, wenn Sie sich aus jedem Kapitel jeweils immer nur eine Strategie vornehmen, die Sie erlernen. Deshalb finden Sie am Ende des Buches in Kapitel 14 einen Aktivitätsplan, in den Sie die von Ihnen ausgewählten Strategien eintragen und 4 Wochen lang trainieren können.

Ich werde im Verlauf meines Buches der Einfachheit halber Redewendungen wie »der andere«, »man« und »er« verwenden, wenn ich von den Menschen spreche, durch die Sie sich gekränkt fühlen. Ich benutze die Worte dabei geschlechtsneutral. Selbstverständlich können wir uns sowohl von Männern als auch von Frauen gekränkt fühlen.

> Nutzen Sie Ihre Kraft. Nur über sich selbst
> haben Sie die absolute Kontrolle.
> Deshalb können und müssen Sie dort ansetzen.

Eine kleine Geschichte vorweg

Es war einmal eine junge Frau, die gerade ihr erstes Buch geschrieben hatte. Sie war sehr stolz, ihr Werk endlich gebunden in den Händen halten zu können, und machte sich sogleich auf den Weg zu den Buchhändlern in der Region. In der festen Überzeugung, ein gutes Buch geschrieben zu haben, das ihren zukünftigen Lesern gefallen wird, betrat sie eine bekannte und große Buchhandlung. Die Buchhändlerin, der sie vorab schon ein Leseexemplar geschickt hatte, begrüßte sie mit den Worten: »So enttäuscht war ich noch nie von einem Buch wie von Ihrem«. Schlagartig fiel sie von Wolke sieben und wollte am liebsten unsichtbar sein. In ihrem Kopf schwirrten die Gedanken nur so umher: »Was für eine Blamage. Als erfahrene Buchhändlerin muss sie wissen, was gut ist und ankommt. Was habe ich für ein schlechtes Buch geschrieben. Ich bin eine miserable Schriftstellerin. Wie konnte ich es nur wagen, ein Buch zu schreiben. So eine Blamage. Das kann ich nicht ertragen. Das ist so verletzend, all meine Träume sind dahin. Alle Mühe umsonst, mein Buch ist wertlos.« Sie wollte nur noch weg, um nicht auch noch ihre Tränen zu zeigen.

Diese junge Autorin war ich. Ich fühlte mich in dieser Situation wehrlos und verletzt. Ich brauchte sehr lange, um wieder Mut zu fassen und mein Buch in weiteren Buchhandlungen zu präsentieren. Mir fehlten damals wirksame Strategien, um besser mit der unangenehmen Situation umzugehen.

Ich hätte beispielsweise schon gleich in der Buchhandlung nachfragen können, was genau die Buchhändlerin an meinem Buch so enttäuscht hat. Viel später stellte sich nämlich heraus, dass sie unter diesem Titel ein christliches Buch erwartet hatte – dies wollte und konnte ich jedoch gar nicht schreiben.

Ich hätte mit Freunden über meine Erfahrung sprechen können, um andere Sichtweisen zu erfahren und Rückendeckung zu bekommen.

Stattdessen zog ich mich voller Scham zurück und blieb alleine mit meinem Schmerz und Selbstmitleid. Mir war das Risiko zu groß, womöglich auch noch von meinen Freunden zu hören, dass mein Buch nichts taugt.

Ich hätte mir damals auch selbst den Rücken stärken können, indem ich mich darauf konzentrierte, weshalb ich dieses Buch geschrieben habe und was mir persönlich an diesem Buch wichtig ist.

Inzwischen habe ich viele Strategien gefunden und an mir erprobt, die dabei helfen, Verletzungen erst gar nicht zu erleben oder sie zumindest besser zu verarbeiten. An meinen Erfahrungen und denen meiner Klienten möchte ich Sie teilhaben lassen. Die Strategien beruhen primär auf dem theoretischen Hintergrund der Kognitiven Verhaltenstherapie und der Rational Emotiven Verhaltenstherapie.

Wenn Sie sich ab und zu gekränkt fühlen, sind Sie in guter Gesellschaft. Kränkungen sind jedem von uns vertraut. Wir werden sie wohl nie ganz aus unserem Leben fernhalten können. Auch ich spüre immer einmal wieder meine wunden Punkte. Doch kann jeder von uns lernen, weniger stark verletzlich zu sein. Jedes Mal zählt, an dem wir weniger verletzt sind oder schneller wieder ins Gleichgewicht gelangen. Jedes Mal ist ein Mal mehr, an dem wir einen Tag zu einem lebenswerten Tag machen – zu einem Tag mit mehr Lebensfreude und Tatkraft – zu einem Tag mit mehr Liebe uns und anderen gegenüber. Ehe wir uns aber den Strategien zuwenden, wollen wir uns erst einmal anschauen, was Kränkung und Verletzung sind.

Teil I
Kränkung und emotionale
Verletzung verstehen

1 Kränkung – was ist das?

So häufig wir im Alltag die Begriffe Kränkung und Verletzung gebrauchen, so wenig Informationen findet man dazu in der psychologischen Fachliteratur. Es gibt unzählige Bücher zu den Themen Depressionen, Ängste, Ärger und Aggressionen, aber nicht zur seelischen Verletzung:

Wenn mir Klienten von ihren Gefühlen und Gedanken erzählen, dann hört sich das so an:

»Ich fühle mich zurückgestoßen, ausgestoßen, angegriffen, bedroht, persönlich beleidigt, in der Ehre verletzt, im Stolz verletzt, entwertet, nicht respektiert, nicht wertgeschätzt, nicht wichtig genommen, nicht angenommen, nicht geliebt, nicht verstanden, abgewertet, gedemütigt, beschämt, erniedrigt, herabgewürdigt, herabgesetzt, bloßgestellt, ignoriert, zurückgewiesen, abgelehnt, getroffen, betroffen, enttäuscht, aus dem Gleichgewicht gebracht, erschüttert, schockiert.«

Ich habe meine Klienten gebeten, mir in ihren Worten zu beschreiben, wie sie die Kränkung verspüren:

❏ Bei seinem Verhalten reagiere ich empfindlich/sensibel.
❏ Sein Verhalten bekomme ich in den falschen Hals.
❏ Sein Verhalten macht mich krank.
❏ Sein Verhalten lässt mich nicht kalt.
❏ Sein Verhalten tut mir weh.
❏ Sein Verhalten haut mich um.
❏ Sein Verhalten nagt an mir.
❏ Sein Verhalten berührt mich.
❏ Sein Verhalten schmerzt mich unsäglich.
❏ Sein Verhalten kann ich nicht verschmerzen.

- Sein Verhalten kann ich nicht verwinden/verzeihen/überwinden.
- Sein Verhalten lässt mich nicht los.
- Sein Verhalten macht mich verrückt.
- Sein Verhalten bringt mich um.
- Sein Verhalten bringt mich aus dem Gleichgewicht.
- Sein Verhalten ist wie ein Schlag vor den Kopf.
- Sein Verhalten ist wie ein Schlag ins Gesicht/vor die Brust.
- Sein Verhalten treibt mir die Tränen in die Augen.
- Das Erlebnis bleibt mir im Hals stecken.
- Das Erlebnis kann ich nicht verdauen.
- Das Erlebnis kann ich nicht in mich hineinfressen.
- Das Erlebnis bringt mich zum Kotzen.
- Da schnürt es mir den Hals/die Kehle zu.
- Das Erlebnis nimmt mir die Luft/Spucke weg.
- Das Erlebnis liegt zentnerschwer auf meiner Brust.
- Das Erlebnis raubt mir den Atem.
- Bei dem Erlebnis versagt mir die Stimme.
- Das Erlebnis geht mir unter die Haut.
- Da verschlägt es mir die Sprache.
- Das Erlebnis tut mir in der Seele weh.
- Meine Nerven halten das nicht aus.
- Das Erlebnis macht mich fertig.
- Mein Herz blutet.
- Das Erlebnis habe ich mir zu Herzen genommen.
- Das Erlebnis zerreißt/bricht mir das Herz.
- Das Erlebnis gibt mir einen Stich ins Herz.
- Das Erlebnis schlägt mir auf den Magen.
- Sein Verhalten geht mir an die Nieren.
- Bei seinem Verhalten läuft mir die Galle über.

- ❏ Da läuft mir eine Laus über die Leber.
- ❏ Da zittern/versagen mir die Knie.
- ❏ Da wird mir ganz schlecht.
- ❏ Das Erlebnis kann ich nicht wegstecken.
- ❏ Das Erlebnis haut mich vom Sockel.
- ❏ Das Erlebnis haut mich um.
- ❏ Das Erlebnis entzieht mir den Boden unter den Füßen.
- ❏ Das Erlebnis trifft mich wie ein Schlag.
- ❏ Das ist wie eine offene Wunde.
- ❏ Da fühle ich mich wie einzementiert.
- ❏ Das Erlebnis ist wie eingraviert.
- ❏ Da falle ich in ein Loch.
- ❏ Das Erlebnis erschüttert mich in Mark und Bein.
- ❏ Es ist wie ein Stich, der durch und durch geht.
- ❏ Es ist wie ein Schlag auf den Kopf/vor den Bug.
- ❏ Das Erlebnis trifft mich wie ein Schlag.
- ❏ In mir bricht eine Welt zusammen.

Ist Ihnen bei der Aufzählung aufgefallen, dass sehr viele Umschreibungen sich darauf beziehen, wie wir körperlich reagieren? Seelische Verletzung erleben wir immer auch in unserem Körper. Wir fühlen, dass wir verletzt worden sind. Wir erleben und beschreiben die seelische Verletzung als eine körperliche Verletzung. Außerdem habe ich meine Klienten gebeten, mir zu beschreiben, was der andere getan hat, damit sie sich verletzt gefühlt haben.

- ❏ Er hat mich schief angesehen.
- ❏ Er hat mich übersehen/übergangen/missachtet/ignoriert/links liegen gelassen.
- ❏ Er hat mich abgekanzelt.

- Er hat mich ausgestoßen/zurückgestoßen/ausgeschlossen.
- Er hat mich überfahren/überrumpelt.
- Er hat mich von oben herab behandelt.
- Er hat mich tödlich beleidigt.
- Er hat sich lustig gemacht.
- Er hat mich nicht ernst/wichtig genommen.
- Er hat mich gedemütigt/erniedrigt/abgewertet.
- Er hat mich angegriffen/bedroht.
- Er hat mich bloßgestellt.
- Er hat mich/meinen Stolz verletzt.
- Er hat mich beschämt.
- Er hat mir meine Ehre genommen/mich herabgewürdigt/entwertet.
- Er hat meine Meinung übergangen.
- Er hat mich vor den Kopf gestoßen.
- Er hat mich mundtot gemacht.
- Er hat mich in die Ecke gedrückt.
- Er hat mir einen Vogel gezeigt.
- Er hat mir ein Bein gestellt.
- Er ist mir auf die Pelle gerückt.
- Er ist mir über den Mund gefahren.
- Er hat mir die kalte Schulter gezeigt.
- Er hat mir den Rücken zugekehrt.
- Er hat mich klein gemacht.
- Er hat mir die Zunge herausgestreckt.
- Er hat mir den Hintern gezeigt.
- Er hat mich angespuckt.
- Er hat mir ins Gesicht geschlagen.
- Er hat meinen wunden Punkt getroffen.
- Er hat mich angeschossen.

- ❏ Er ist mir zu nahe gekommen.
- ❏ Er ist mir in den Rücken gefallen.
- ❏ Er ist zu weit gegangen.
- ❏ Er hat mich wie den letzten Dreck behandelt.
- ❏ Er hat mich heruntergeputzt.
- ❏ Er hat mich mit Füßen getreten.
- ❏ Er hat mich abserviert/abgespeist.
- ❏ Er war rücksichtslos, gemein, unfair, ungerecht, herzlos, lieblos, egoistisch, hartherzig, schäbig, …

Wenn Sie die Liste sehr aufmerksam durchgesehen haben, dann wird Ihnen aufgefallen sein, dass diese Liste in vielen Punkten dem gleicht, wie wir unsere Kränkung beschreiben. Wir beschreiben unsere Gefühle und ihre Ursachen mit den gleichen Worten. Wir sagen beispielsweise: »Ich fühle mich erniedrigt, weil er mich erniedrigt hat«. – »Ich fühle mich persönlich beleidigt, weil er mich beleidigt hat«. Diese Beobachtung ist sehr wichtig, und wir werden im Kapitel 3 nochmals ausführlich darauf zurückkommen.

Interessant ist auch, dass wir ganz viele bildhafte Umschreibungen verwenden, um das Verhalten unseres Gegenübers zu beschreiben. Wir sprechen von »mit Füßen treten, den Rücken zukehren, herunterputzen« etc. Später werden wir auch darauf zurückkommen, welche Auswirkungen diese Bilder auf unsere Gefühle und unser Verhalten haben.

Jeder von uns weiß offensichtlich genau, wie es sich anfühlt, wenn er gekränkt oder verletzt wird. Doch sind wir uns uneins darüber, was Kränkung ist. Wir können es irgendwie nicht genau fassen, was eine Kränkung genau ausmacht. Wir fühlen uns so, als ob unser Gegenüber einen unsichtbaren Pfeil abschießt, der uns trifft und verwundet. Den Schmerz können wir als stechend, nagend, quälend, ätzend, durchbohrend, als zentnerschwere Last auf dem Rücken oder Backstein im Magen, als Druck auf der Brust, usw. empfinden.

> **Fühlst du dich von jemandem beleidigt,**
> **dann stellst du dich geistig unter ihn.**

Fest steht, dass die Kränkung immer etwas mit unserer gesamten Person zu tun hat. *Wir fühlen uns als gesamte Person in Frage gestellt, zurückgewiesen und abgelehnt.* Wir fühlen uns unwichtig genommen und unverstanden. Wir sehen uns als gesamte Person bedroht. Wir sehen uns als Versager und persönlich beleidigt, in unserer Ehre gekränkt. Ja, wir sehen das Ereignis fast als eine Frage von Leben und Tod an.

Gefühle, die mit einer Kränkung einhergehen, sind: Wut, Enttäuschung, Scham, Schmerz, Verzweiflung, Trauer, Verbitterung, Hass, Angst, verlassen oder abgelehnt zu werden. Wir erleben uns als hilflos, haben Rachegedanken und schämen uns, wenn wir glauben, bei einer Schwäche ertappt worden zu sein.

Unsere Kränkung können wir nach 4 Kriterien beurteilen:

Wie stark wir sie im Augenblick empfinden
Manchmal fühlen wir uns nur ganz leicht getroffen und enttäuscht. Bereits nach kurzer Zeit können wir unsere Aufmerksamkeit wieder dem Alltag zuwenden. Die

Kränkung ist wie ein kurzes Innehalten, wie ein kurzer Windstoß, ein leichter Windhauch, der uns berührt und dann weiterzieht. Zu den »kleinen« Kränkungen kann es beispielsweise kommen, wenn eine Verkäuferin unfreundlich zu uns ist, uns jemand einen vorwurfsvollen Blick zuwirft oder uns humorvoll auf die Schippe nimmt. Dann gibt es aber auch Ereignisse, die uns völlig aus der Bahn werfen. Wir verspüren sie körperlich, gefühlsmäßig, und unsere Gedanken kreisen nur um dieses Ereignis. Der normale Alltag gerät ins Stocken. Es ist wie ein schwerer Sturm, der gehörigen Schaden anrichtet, uns in unseren Grundfesten erschüttert. Wir beschäftigen uns nur noch mit unseren Wunden. Als starke Kränkung empfinden es die meisten, wenn der Partner sie betrügt, verlässt, wenn die beste Freundin ihr Vertrauen missbraucht oder ihnen gekündigt wird.

Wie stark sie unser Leben beeinflusst und wie lange wir sie verspüren

Im Leben der meisten Menschen gibt es Ereignisse, die sie als sehr verletzend erleben. Es können Ereignisse in der Kindheit sein (das Geschwisterchen wird bevorzugt, wir haben den Eindruck, nicht geliebt zu werden, so wie wir sind), aber auch Vorfälle im Erwachsenenalter (unser Partner hat jahrelang eine Geliebte und lügt uns an; wir werden bei der Beförderung übergangen und bekommen einen sehr viel jüngeren Chef vor die Nase gesetzt; unser bester Freund verleumdet uns; unser Kind bricht den Kontakt zu uns ab und will nichts mehr mit uns zu tun haben; unser Bruder macht uns die Erbschaft streitig). Wir benötigen tage-, wochen- oder gar jahrelang bis zum

Verheilen solcher Wunden. Wenn es uns nicht gelingt, diese Erlebnisse zu verarbeiten, kosten sie uns einen großen Teil unserer Energie. Unsere Gedanken und Bilder von diesen Erlebnissen wirken sich aus auf unser körperliches Befinden und unsere Fähigkeit, Zufriedenheit und Freude zu empfinden, auf unser Selbstvertrauen, den Umgang mit anderen Menschen und auf unsere Lebensziele.

Wie wir darauf kurzfristig reagieren

Je nachdem, wie stark wir uns angegriffen fühlen, wie stark unser Selbstvertrauen ist und wie wir gewohnt sind, zu reagieren, ziehen wir uns beleidigt zurück oder nehmen es mit unserem Gegenüber auf. Wir schwören im Stillen Rache oder greifen ihn direkt an. Haben wir ein starkes Selbstwertgefühl, fühlen wir uns zwar betroffen, können aber ganz bewusst entscheiden, wie wir am besten auf das Verhalten unseres Gegenübers reagieren, ohne unser Ziel aus den Augen zu verlieren.

Wie wir darauf langfristig reagieren

Manchem Ereignis, das wir zunächst als kränkend erlebt haben, können wir aus dem Abstand heraus mit Ruhe begegnen. Ja, vielleicht können wir ihm sogar eine humorvolle Seite abgewinnen. Andere Ereignisse tragen wir quasi in ein großes schwarzes Buch ein, in dem wir all das vermerken, was aus unserer Sicht so ungerecht und verletzend ist, dass wir es nie vergessen und verzeihen dürfen. Wir lesen oft in diesem Buch und führen uns die Eintragungen lebendig vor Augen. Die Folge ist, dass wir bei allem, was uns daran erinnert, sehr empfindlich reagieren und auch immer wieder die gleichen schmerzenden Gefühle erleben, die wir unmittelbar in der Situation erlebt haben. Indem wir uns beständig und intensiv mit dem Vorfall beschäftigen, das Erlebte »wiederkäuen«, können wir in unserem Körper chronische Erkrankungen fördern, die sogar in der Frühberentung enden können. Einer meiner Kollegen prägte den Spruch: Gekränkt, Krankheit, Berentung.

Ehe wir nach den Ursachen für unsere Bereitschaft fahnden, uns kränken zu lassen, ist es gut, wenn Sie sich vor Augen führen, wo Ihre wunden Punkte liegen und wie Sie im Allgemeinen reagieren, wenn diese getroffen werden.

Wichtige Erkenntnisse aus diesem Kapitel

→ Bei einer Kränkung fühlen Sie sich in Ihrer gesamten Person infrage gestellt.

→ Sie verspüren die Kränkung meist in Ihrem seelischen Befinden und in Ihrem Körper.

→ Sie können die Kränkung nach folgenden Kriterien beurteilen: wie stark Sie sie im Augenblick empfinden, wie stark sie Ihr Leben beeinflusst, wie lange Sie sie verspüren und wie Sie kurz- und langfristig darauf reagieren.

2 Wo stehe ich im Augenblick?

Wo sind meine wunden Punkte? Wann fühle ich mich gekränkt? Wie reagiere ich darauf gewöhnlich? Eine erste Bestandsaufnahme der aktuellen Situation, wo wir gerade stehen, ist immer sinnvoll. Wenn wir wissen, wann, wodurch und wie wir im Augenblick verletzbar sind, werden wir auch Möglichkeiten finden können, in Zukunft besser damit umzugehen. Es ist wie beim Kuchenbacken: Wenn wir wissen, warum der Kuchen bisher misslungen ist, ist es auch leichter, in Zukunft einen leckeren Kuchen zu backen.

Bezieht sich Ihre Kränkung nur auf ein einziges Ereignis, beispielsweise eine Nichtbeförderung oder Trennung, dann gilt es, herauszufinden, weshalb dieses eine Ereignis Sie so stark berührte und nicht mehr loslässt. Nehmen Sie sich für den folgenden Fragebogen ausreichend Zeit. Beantworten Sie die Fragen spontan und offen. Kreuzen Sie Ihre Antworten an oder markieren Sie sich diese farbig, sodass Sie später mit einem Blick Ihre wunden Punkte und Ihre Denk- und Verhaltensgewohnheiten erkennen können. In den Leerzeilen können Sie Ihre persönlichen Ergänzungen einfügen.

Es könnte sein, dass Sie beim Ausfüllen des Fragebogens mehr Kränkungen entdecken, als Sie sich bisher eingestanden haben. Wann immer Sie sehr heftig reagieren oder sich sehr lange damit befassen, könnte eine Kränkung dahinter stehen. Vielleicht können Sie manche Fragen nicht sofort beantworten. Das macht nichts. Dann warten Sie auf die nächste Situation, in der Sie sich gekränkt fühlen, und gehen dann die Fragen nochmals durch. Auf viele Signale anderer reagieren wir automatisch.

Dies bedeutet jedoch keinesfalls, dass sie ohne unser Zutun eine Reaktion in uns auslösen. Wir sind uns lediglich nicht mehr bewusst, was dabei in uns abläuft.

Irgendwann einmal in unserem Leben haben wir quasi eine Klingelleitung gelegt. Drückt jemand auf den Knopf, fühlen wir uns verletzt.

Wenn der andere uns beispielsweise nicht zuhört, wegschaut, die Augenbrauen hochzieht, uns kritisiert, uns anschreit, etc., dann fühlen wir uns unmittelbar getroffen.

Wo sind meine wunden Punkte?

1. Bei welchen Personen bin ich schnell gekränkt?

❑ Bei meinem Vater
❑ Bei meiner Mutter
❑ Bei meiner Schwiegermutter
❑ Bei meinem Schwiegervater
❑ Bei meinem Partner
❑ Bei meinem Kind
❑ Bei meiner Chefin/meinem Chef
❑ Bei meiner Kollegin, Frau …/meinem Kollegen, Herrn …
❑ Bei meiner Freundin
❑ Bei meinem Freund
❑ Bei meinem Nachbarn
❑ Bei meinem Lehrer
❑ Bei _____
❑ Bei _____

2. Erinnern mich diese Personen an eine Person aus meiner Vergangenheit?

❏ An meinen Vater

❏ An meine Mutter

❏ An meinen Großvater

❏ An meine Großmutter

❏ An meinen Bruder/meine Schwester

❏ An meinen Lehrer

❏ An meinen ersten Freund

❏ An _____

❏ An _____

3. Was müssen diese Menschen tun, damit ich mich verletzt fühle?

a) Welche Mimik müssen sie zeigen?

❏ Sie lachen mich aus.

❏ Sie lächeln nicht.

❏ Sie grüßen nicht.

❏ Sie starren mich an.

❏ Sie blicken finster.

❏ Sie schauen mich kritisch oder abschätzig an.

❏ Sie übersehe mich.

❏ Sie schauen weg.

❏ Sie ziehen die Augenbrauen hoch.

❏ Sie kneifen die Augen zusammen.

❏ Sie reißen die Augen auf.

❏ Sie kneifen den Mund zusammen.

❏ Sie rümpfen die Nase.

❏ Sie spucken auf den Boden.

❏ Sie verziehen den Mund zu einer abschätzigen Grimasse.

- ❏ Sie rollen mit den Augen.
- ❏ Sie grinsen.
- ❏ Sie runzeln die Stirn.
- ❏ Sie haben heruntergezogene Mundwinkel.
- ❏ Sie strecken die Zunge heraus.
- ❏ _____
- ❏ _____

b) Welche Gestik und Körperhaltung müssen sie zeigen?
- ❏ Sie zeigen den Vogel.
- ❏ Sie machen eine abschätzige Handbewegung.
- ❏ Sie schütteln den Kopf.
- ❏ Sie wenden den Kopf ab.
- ❏ Sie wenden den Körper ab.
- ❏ Sie meiden meine Nähe.
- ❏ Sie geben mir keine Hand.
- ❏ Sie zucken geringschätzig mit den Achseln.
- ❏ Sie zeigen mit dem Finger auf mich.
- ❏ Sie ballen die Faust.
- ❏ Sie bauen sich herausfordernd vor mir auf.
- ❏ Sie zeigen mit dem Daumen nach unten.
- ❏ Sie stoßen mich weg.
- ❏ Sie kommen mir zu nahe.
- ❏ Sie zucken mit den Schultern.
- ❏ Sie trommeln mit den Fingern.
- ❏ _____
- ❏ _____

c) In welchem Ton müssen sie sprechen?
- ❏ Sie kommandieren mich.
- ❏ Sie schreien mich an.

- ❏ Sie belehren mich.
- ❏ Sie machen Vorwürfe.
- ❏ Sie klagen mich an.
- ❏ Sie sind anmaßend.
- ❏ Sie tuscheln.
- ❏ Sie jammern.
- ❏ Sie sind rechthaberisch.
- ❏ Sie sind arrogant und besserwisserisch.
- ❏ Sie kritisieren mich abwertend.
- ❏ Sie beschimpfen mich.
- ❏ Sie haben einen barschen Ton.
- ❏ Sie sind sarkastisch.
- ❏ Sie reden abschätzig.
- ❏ Sie bedrohen mich.
- ❏ Sie murmeln etwas fast unhörbar.
- ❏ Sie haben einen süffisanten Ton.
- ❏ Sie schweigen mich an.
- ❏ Sie seufzen/stöhnen.
- ❏ Sie sind kalt und unnahbar.
- ❏ Sie verspotten mich.
- ❏ _____
- ❏ _____

d) Was müssen sie zu mir sagen?
Um welches Thema geht es? (z.B. Sie sprechen abschätzig über meinen Körper, mein Alter, meine Intelligenz, meinen Charakter, meine Menschenkenntnis, meine Leistung, mein Verhalten, meine Kleidung, kritisieren meine Fahr-/Kochkünste, meine Einstellungen. Es geht um die Kindererziehung, meine Rolle als Mann/Frau, die Sexualität, meine Fehler und Schwächen. Sie geben mir

die Schuld für etwas, was nicht in meiner Verantwortung liegt. Sie sprechen mich auf einen wunden Punkt/eine Schwäche von mir an. Sie tun mir Unrecht).

❑ _____

❑ _____

e) Welches Verhalten müssen sie zeigen?

❑ Sie reden nicht mit mir.

❑ Sie informieren mich nicht.

❑ Sie hören mir nicht zu.

❑ Sie wollen mich nicht verstehen.

❑ Sie laden mich nicht ein.

❑ Sie verbreiten Lügen über mich.

❑ Sie missbrauchen mein Vertrauen.

❑ Sie halten sich nicht an Absprachen.

❑ Sie trennen sich von mir.

❑ Sie gehen fremd.

❑ Sie schauen anderen Frauen/Männern nach.

❑ Sie wollen keinen Sex mit mir.

❑ Sie gehen mir aus dem Weg.

❑ Sie erfüllen meine Erwartungen nicht.

❑ Sie machen mich lächerlich.

❑ Sie nehmen mich nicht ernst.

❑ Sie lügen mich an.

❑ Sie kommandieren mich.

❑ Sie geben mir einen »guten« Rat.

❑ Sie tadeln mich.

❑ Sie sprechen für mich.

❑ Sie unterbrechen mich.

❑ Sie machen Anspielungen.

❑ Sie unterstützen mich nicht.

❑ Sie hacken auf meinen Fehlern herum.
❑ Sie kritisieren mich.
❑ Sie betiteln mich mit einem Schimpfwort.
❑ Sie kanzeln mich ab.
❑ Sie drohen mit Konsequenzen.
❑ Sie machen mir Vorwürfe.
❑ Sie geben mir keine Antwort.
❑ Sie erniedrigen/demütigen mich.
❑ Sie werten meine Bemühungen ab.
❑ Sie machen mir Schuldgefühle.
❑ _____
❑ _____

4. Gibt es bestimmte Redewendungen, auf die ich grundsätzlich empfindlich reagiere? Welche?

(z. B. Der andere sagt: Du machst immer alles falsch. Du bist unzuverlässig. Du bist ein Streber. Du bist eingebildet. Du bist zu dick. Du denkst bloß an dich. Du verstehst das ohnehin nicht. Benimm dich wie ein normaler Mensch. Du bist faul. Führ dich nicht so auf. Du musst immer das letzte Wort haben. Du bist wie deine Mutter. In deinem Alter sollte man das wissen. Du bist hysterisch. Was hast du schon wieder kaputt gemacht. Von dir hätte ich das nicht erwartet. Du bist frigide/impotent. Redewendungen wie: Du hättet nicht … Du musst … Wie kann man nur …)

❑ _____
❑ _____

5. Gibt es ein bestimmtes Verhalten, auf das ich grundsätzlich empfindlich reagiere? Welches?

(z.B. Der andere hat keine Zeit für mich, kommt unpünktlich, vergisst den Hochzeitstag, putzt mich vor anderen herunter, unterbricht mich beim Reden, bevormundet mich, behandelt mich wie ein kleines Kind, redet mit mir wie mit einem Dummchen. Der andere kritisiert mich für etwas, wofür ich nichts kann. Der andere schläft nach dem Sex gleich ein.)

❑ _____

❑ _____

6. Wenn der andere sich in dieser Art und Weise verhält, was denke ich dann über ihn?

❑ So darf er mich nicht behandeln.
❑ Mit ihm will ich nie mehr etwas zu tun haben.
❑ Dem werde ich es noch zeigen.
❑ Der hat es gerade nötig.
❑ Der will mir absichtlich wehtun.
❑ Er hat recht, ich bin eben so, wie er mich sieht.
❑ Dem muss ich zeigen, wie schlecht er mich behandelt.
❑ Schade, dass er sich nicht so verhält.
❑ Mir gefällt nicht, wie er sich verhält.
❑ Der gehört bestraft.
❑ _____
❑ _____

7. Was denke ich dann über mich?

❑ Ich habe es nicht besser verdient.
❑ Ich bin nicht liebenswert.
❑ Ich hätte mich mehr anstrengen sollen.

❑ Ich bin ein Versager, unfähig, mache es nie richtig.

❑ Ich bin unwichtig.

❑ Ich kann das nicht aushalten.

❑ Ich darf mir das nicht bieten lassen.

❑ Ich muss ihm zeigen, wie stark er mir wehtut.

❑ Ich werde ihn fragen, was er sich dabei gedacht hat.

❑ Ich werde ihm sagen, dass mich dies verletzt hat.

❑ Ich bin ausgeschlossen.

❑ Ich bin gedemütigt.

❑ Ich bin entwertet.

❑ Ich bin bloßgestellt.

❑ Ich bin erniedrigt.

❑ Ich darf mir nicht anmerken lassen, dass er mich getroffen hat.

❑ Ich habe es nicht verdient, so schäbig behandelt zu werden.

❑ _____

❑ _____

8. Wie verhalte ich mich unmittelbar in dieser Situation dem anderen gegenüber?

❑ Ich werde sprachlos.

❑ Ich flüchte aus der Situation.

❑ Ich werde ausfallend und beschimpfe ihn.

❑ Ich sinne auf Rache.

❑ Ich werde trotzig.

❑ Ich versuche, ihm Fehler nachzuweisen.

❑ Ich streite alles ab.

❑ Ich gebe ihm die Schuld an der Situation.

❑ Ich sage ihm, dass ich ihn nicht brauche.

❑ Ich versuche, ihn klein zu machen.

- [ ] Ich lasse mir nichts anmerken.
- [ ] Ich lasse es ihn spüren, indem ich beleidigt bin.
- [ ] Ich versuche, meine Betroffenheit vor ihm zu verbergen.
- [ ] Ich spreche über meine Gefühle und wie die Worte und sein Verhalten bei mir angekommen sind.
- [ ] Ich bin beleidigt und antworte kurz angebunden.
- [ ] Ich gebe ihm nach außen hin recht, um keinen Streit zu bekommen, innerlich grolle ich ihm.
- [ ] Ich beginne zu weinen.
- [ ] Ich rede mir ein, dass das alles nicht so schlimm ist.
- [ ] Ich sage mir, dass es anderen noch schlechter geht.
- [ ] Ich bemühe ich, besonders freundlich und lieb zu ihm zu sein.
- [ ] Ich versuche, gleich wieder Frieden zu schließen.
- [ ] _____
- [ ] _____

9. Wie fühle ich mich unmittelbar in dieser Situation?

- [ ] Ich bin wütend.
- [ ] Ich fühle mich verletzt.
- [ ] Ich bin verzweifelt.
- [ ] Ich fühle mich abgelehnt.
- [ ] Ich fühle mich minderwertig.
- [ ] Ich fühle mich allein gelassen.
- [ ] Ich bin ängstlich.
- [ ] Ich fühle mich angegriffen.
- [ ] Ich fühle mich schuldig.
- [ ] Ich bin erregt/beunruhigt.
- [ ] Ich bin abgespannt.
- [ ] Ich bin beleidigt.

❑ Ich fühle mich getroffen.
❑ Ich bin traurig.
❑ Ich bin enttäuscht.
❑ Ich bin verbittert.
❑ Ich fühle mich bedroht.
❑ Ich bin beschämt.
❑ Ich fühle mich einsam.
❑ Ich bin empört.
❑ Ich fühle mich unwohl.
❑ Ich fühle mich ohnmächtig.
❑ _____
❑ _____

10. Was spüre ich unmittelbar in dieser Situation in meinem Körper?

❑ Schwitzen
❑ Zittern
❑ Herzklopfen/Herzrasen
❑ Kloßgefühl im Hals
❑ Magendrücken
❑ Schwindel
❑ Engegefühl in der Brust
❑ Atemnot
❑ Tränen
❑ Kopfschmerzen
❑ Verspannung
❑ Übelkeit
❑ Mundtrockenheit
❑ Die Stimme versagt
❑ Wackelige Knie
❑ Kann keinen klaren Gedanken fassen

- ❏ Gänsehaut/Frösteln/kalte Hände
- ❏ Druck auf der Blase
- ❏ Verlangen nach einer Zigarette oder einem anderen Suchtmittel
- ❏ _____
- ❏ _____

11. Wie verhalte ich mich später dem anderen gegenüber?

- ❏ Ich gehe ihm aus dem Weg.
- ❏ Ich breche den Kontakt grundsätzlich ab.
- ❏ Ich gehe wieder auf ihn zu, grolle ihm aber innerlich.
- ❏ Ich zahle es ihm indirekt heim (z. B. rede schlecht über ihn; verweigere die Mithilfe, wenn er sie mal braucht; mache ihm etwas kaputt).
- ❏ Ich versuche, einfach darüber hinwegzugehen.
- ❏ Ich bleibe distanziert und kalt ihm gegenüber.
- ❏ Ich lasse es ihn spüren, was er mir angetan hat.
- ❏ Ich spreche mit ihm über meine Gefühle und Wünsche.
- ❏ Ich sage ihm deutlich meine Meinung.
- ❏ Ich mache ihm Vorwürfe.
- ❏ Ich setze mich auch weniger für die Beziehung zu ihm ein/reduziere stillschweigend meinen Einsatz.
- ❏ Ich bemühe mich, besonders entgegenkommend zu sein.
- ❏ _____
- ❏ _____

12. Wie gehe ich mit der Erinnerung an den Vorfall um?

- ❏ Ich bin nachtragend.

❑ Ich versinke in Selbstmitleid.

❑ Ich führe mir die kränkende Situation immer wieder vor Augen.

❑ Ich merke mir den Vorfall gut, um ihm diesen irgendwann unter die Nase zu reiben.

❑ Die Erinnerung verblasst mit der Zeit.

❑ Ich versuche, sein Verhalten zu verstehen und den Vorfall innerlich abzuschließen.

❑ Ich frage mich, was ich daraus für die Zukunft lernen kann.

❑ _____

❑ _____

13. Was tue ich gewöhnlich, um mich zu beruhigen und die Kränkung zu überwinden?

❑ Ich führe Tagebuch.

❑ Ich spreche mit Freundinnen/Freunden darüber.

❑ Ich trinke Alkohol, um ruhiger zu werden und abschalten zu können.

❑ Ich nehme Beruhigungstabletten.

❑ Ich rauche erst mal eine.

❑ Ich stürze mich in Arbeit.

❑ Ich esse etwas Süßes.

❑ Ich gehe einkaufen oder tue mir sonst etwas Gutes.

❑ Ich sage mir, dass der Vorfall nicht so schlimm ist.

❑ Ich male mir aus, wie ich es dem anderen heimzahle.

❑ Ich stelle mir vor, wie ich dem anderen die Meinung sage.

❑ Ich rede mir ein, dass es Schlimmeres gibt.

❑ Ich sage mir, dass ich den anderen nicht benötige.

❑ Ich versuche, den Vorfall zu vergessen.

❑ Ich schreibe dem anderen einen Brief.
❑ Ich versuche, mich mit dem anderen auszusprechen.
❑ Ich versuche, den anderen zu verstehen.
❑ Ich verändere die Situation, trenne mich von ihm.
❑ Ich versuche, das Ereignis zu relativieren.
❑ Ich lenke mich ab.
❑ Ich schaue fern/gehe ins Internet/höre Musik.
❑ Ich gehe spazieren oder betätige mich sportlich.
❑ _____
❑ _____

14. Welche Ereignisse in meinem Leben haben mich besonders gekränkt?

❑ 1 _____
❑ 2 _____
❑ 3 _____

15. Kann ich diese Ereignisse heute anders sehen? Wenn ja, wie sehe ich sie heute?

❑ _____
❑ _____

16. Haben diese Ereignisse auch etwas Positives in meinem Leben bewirkt? Wenn ja, was genau?

❑ _____
❑ _____

17. Gibt es Personen, die ich generell meide, aus Angst davor, verletzt zu werden? Wenn ja, welche?

❑ _____
❑ _____

18. Vermeide ich bestimmte Verhaltensweisen aus Angst vor Verletzung?

❏ Ich äußere meine **Wünsche** nicht wie z.B.

_____

_____

❏ Ich sage meine **Meinung** nicht wie z.B.

_____

_____

❏ Ich lehne die **Forderungen** anderer nicht ab wie z.B.

_____

_____

❏ Ich lebe mein Leben nicht nach meinen **Vorstellungen** wie z.B.

_____

_____

❏ Ich spreche nicht über meine **Gefühle** wie z.B.

_____

_____

❏ Ich verstecke, was ich an meinem Körper nicht mag, wie z.B.

_____

_____

❏ Ich meide neue **Aktivitäten**, gehe kein Risiko ein wie z.B.

_____

❏ Ich **tue** nichts, wovon ich nicht glaube, dass ich gut darin bin, wie z.B.

_____

_____

❏ Ich **kritisiere** andere nicht.
❏ Ich gehe keine **Partnerschaft** ein.

❑ Ich habe keine **Freunde.**
❑ Ich spreche nicht über meine **Schwächen** wie z. B.

_____

_____

19. Was wünsche ich mir in den Situationen, in denen ich mich gewöhnlich verletzt fühle, von meinem Gegenüber?

❑ Anerkennung
❑ Lob
❑ Zuwendung
❑ Aufmerksamkeit
❑ Unterstützung
❑ Verständnis
❑ Fairness
❑ Dass der andere meine Wünsche erfüllt
❑ Dass ich berücksichtigt werde
❑ Dass ich miteinbezogen werde
❑ Dass der andere mit mir spricht
❑ _____
❑ _____

Konnten Sie sich dazu ermutigen, den Fragebogen aus-zufüllen? Dann bin ich gespannt, was Sie herausgefun-den haben. Gewöhnlich funktioniert das Ganze wie ein Schlüssel-Schloss-Prinzip. Ist es bei Ihnen auch so? Der andere sagt oder tut etwas bzw. sagt oder tut etwas nicht, und Sie reagieren verletzt. Sie beide sind ein eingespiel-tes Team. Es scheint, als ob der andere genau wüsste, mit welchem Verhalten er bei Ihnen ins Schwarze treffen kann. Es scheint, als ob Sie die Menschen anziehen, deren Schlüssel in Ihr Schloss passt. Und es scheint, als ob Sie immer wieder auf dieselbe Art und Weise versuchen, den Schlüssel aus dem Schloss zu entfernen, um wieder Ihre Ruhe zu haben. Manch ein Schlüssel scheint sogar festgeklemmt zu sein, sodass Sie ihn immer mit sich herumtragen müssen. Alte seelische Verletzungen schmerzen Sie noch immer täglich.

Diese Zusammenhänge zu entdecken, das mag Sie im ersten Moment jeglicher Hoffnung auf Besserung berauben. Doch so aussichtslos ist die Lage auf gar keinen Fall. Sie können aus diesem Kreislauf aussteigen. Wenn Sie wissen, mit welchen Schlüsseln der andere bisher Ihr Schloss öffnen und sich über Ihre gute Stimmung und Ihre innere Sicherheit hermachen konnte, können Sie das Schloss austauschen. Sie sind der Hausherr in Ihrem Haus und können einen Platzverweis aussprechen. Der andere hat mit seinem Schlüssel nur Erfolg, wenn Sie ein und dasselbe Schloss beibehalten. Was spricht dagegen, wieder die Schlüsselgewalt fürs eigene Haus zu übernehmen?

Außerdem können Sie die Sicherheitsvorkehrungen an Ihrem Haus verbessern und eine Sicherheitstür einbauen. Sie können die Mauern des Hauses generell verstärken, sodass andere erst gar nicht auf die Idee kommen, die Festung einnehmen zu wollen.

3 Warum bin ich verwundbar?

Ist Ihnen der Vorwurf wohlvertraut, dass Sie einfach zu empfindlich oder gar hysterisch seien? Sie würden alles gleich in den falschen Hals bekommen, jedes Wort auf die Goldwaage legen, sofort alles persönlich nehmen und aus jeder Mücke einen Elefanten machen? Kennen Sie den coolen Kommentar Ihres Gegenübers: »Jetzt hab dich nicht so. Da muss man doch nicht gleich die beleidigte Leberwurst spielen«?

Wie soll man auf solche Kommentare reagieren?

Ich selbst habe reichlich Erfahrung mit solchen Vorwürfen und lasse mich zu den unterschiedlichsten Reaktionen hinreißen. Manchmal streite ich es ab, überhaupt verletzt und beleidigt zu sein.

Manchmal gehe ich zum Angriff über, gebe meinem Gegenüber die Schuld und lasse mich auf Diskussionen ein: Hätte er in einem anderen Tonfall mit mir gesprochen, dann wäre ich auch nicht verletzt. Überhaupt ist er derjenige, der taktlos und herzlos ist. Er muss doch wissen, dass so ein Verhalten kränkt. Er muss sich ändern, dann geht es mir wieder gut. Wenn er sich nicht mehr so rücksichtslos verhält, dann werde ich nicht mehr getroffen und empfindlich reagieren. Manchmal ziehe ich mich aber auch trotzig in mich zurück, begleitet von dem Selbstvorwurf, zu empfindlich zu sein. In mir nagt der Zweifel, dass mit mir doch grundsätzlich etwas nicht stimme.

Ich gehe mit mir ins Gericht, warum ich denn immer gleich so überreagieren müsse, und schäme mich für mein Verhalten.

Ist unsere Empfindlichkeit vererbt?

Sie haben zu diesem Buch gegriffen und zählen sich wahrscheinlich auch nicht zu den beneidenswerten »dickhäutigen« Menschen, die in sich ruhen und nur schwer aus dem Gleichgewicht zu bringen sind. Aber Vorsicht mit Neidgefühlen: Nicht jeder, der dickhäutig wirkt, ist auch wirklich dickhäutig. Manche Menschen wirken nach außen hin nur so und können sich gut tarnen. Sie reißen sich zusammen, weil sie glauben, wenn sie auch noch zugeben würden, dass sie sich getroffen fühlen, dann wären sie noch verwundbarer. Da wir nicht in sie hineinsehen können, erliegen wir der Illusion, dass sie durch nichts zu erschüttern sind. Doch gibt es in der Tat Menschen, die wenig verwundbar sind und wie ein Fels in der Brandung stehen. An ihnen prallt nahezu jede Kritik und jede Nichtbeachtung ab wie ein fetter Regentropfen an einer dichten Regenhaut. Manchmal bewundern wir auch die Menschen, die sofort schlagfertig reagieren und »sich nichts einschenken« lassen – Menschen, die dem anderen gleich ordentlich den Zahn ziehen und sagen, wo es langgeht und was ihnen nicht passt. Doch auch dieses aggressive Verhalten ist kein sicheres Zeichen für eine geringe Verwundbarkeit. Im Gegenteil, wer sich heftig verteidigt, fühlt sich angegriffen.

Woher kommt nun aber unsere Empfindlichkeit? In den letzten Jahren mehren sich die Hinweise darauf, dass ein dickes Fell zum Teil auch angeboren ist. Manche Menschen werden mit einer erhöhten Reaktionsbereitschaft geboren, andere nicht. Menschen mit einer erhöhten Reaktionsbereitschaft reagieren schneller und heftiger auf Stress und Veränderungen. Sie haben mehr

Schwierigkeiten, sich an neue Situationen anzupassen. Auch beim Erlernen von Bewältigungsstrategien tun sie sich schwerer. Sie reagieren zudem schneller mit körperlichen Symptomen wie Herzrasen oder Muskelanspannung.

Nun können wir nichts dafür – und leider auch nichts daran ändern –, welche genetische Ausstattung wir mitbekommen haben. Doch bedeutet dies auf gar keinen Fall, dass wir damit leben müssen, »eine Mimose« oder »ein unerschütterlicher Eichenbaum« zu sein. Auch Mimosen können gut gedeihen, wenn man ihnen optimale Bedingungen gibt. Außerdem besitzt die Mimose ein großartiges Schutzsystem: Sie zieht bei Gefahr ihre Blätter zusammen, macht sich kleiner. Ist die Gefahr vorbei, entfaltet sie ihre Blätter wieder. Und Mimosen erbringen darüber hinaus einen einzigartigen Beitrag zu der Vielfalt der Pflanzenwelt! Lassen Sie uns deshalb danach suchen, wie Mimosen sich optimal entfalten können. Es gibt Wege, wie wir uns als Mimosen daran erfreuen können, sensibel für unsere Umwelt zu sein, und uns nicht wegen unserer Empfindlichkeit unsere Daseinsberechtigung absprechen müssen. Es gibt Wege, wie wir uns schützen und auch einen kräftigen Sturm überstehen können. Ja, es kann uns sogar gelingen, etwas Positives im Sturm zu entdecken – z. B. dass er uns dabei hilft, geschmeidig zu bleiben und uns zu stärken.

Was tragen wir zu unserer Verwundbarkeit bei?

Gott sei Dank, sind wir Menschen so geschaffen und konstruiert, dass wir kein Opfer unserer Vererbung sind.

Die Natur hat es so eingerichtet, dass es auch für uns Wege gibt, unseren »Trainingspartnern« und vermeintlichen Feinden zu trotzen. Wir können unser seelisches und körperliches Gleichgewicht auf vielfältige Weise beeinflussen. Wir können unsere Gedanken, unsere Gefühle, viele unserer Körperreaktionen und unser Verhalten steuern. Auch wenn wir bisher immer wieder in denselben Situationen an unserem wunden Punkt getroffen wurden und verletzt reagiert haben, ist dies kein Beweis dafür, dass wir in der Zukunft immer so reagieren müssen. Auch wenn wir gewöhnt sind, uns in ganz bestimmter Art und Weise zu verhalten, können wir neue hilfreichere Gewohnheiten entwickeln. Wie wir unsere Verwundbarkeit überhaupt beeinflussen, damit wollen wir uns nun befassen.

Sie haben im Fragebogen von Kapitel 2 zusammengetragen, in welchen Situationen Sie gekränkt reagiert haben oder immer wieder reagieren. Ich hoffe, dass Sie einige wichtige »Schlüssel« gefunden haben, die bisher in Ihr Schloss gepasst haben. Im Grunde genommen können wir auf jede Situation gekränkt reagieren. Um dies zu erreichen, benötigen wir zwei Dinge: erstens ein Ereignis und zweitens eine ganz bestimmte Einstellung diesem Ereignis gegenüber.

Nehmen wir einmal an, Sie wollten sich von Ihrem Partner gekränkt fühlen. (Zugegeben, als Vorsatz formuliert, klingt dies schon merkwürdig, zur Verdeutlichung ist diese Vorstellung jedoch sinnvoll.) Dann müsste Ihr Partner etwas tun oder nicht tun, und Sie müssten ihm das krumm nehmen. Er könnte zum Beispiel Ihren Geburtstag vergessen oder Ihren Eltern voll und ganz beipflichten, wenn diese Sie als schwierigen Menschen bezeichnen. Um sich gekränkt zu fühlen, würde das Verhalten Ihres Partners alleine jedoch nicht genügen. Sie müssten sein Verhalten ernst nehmen und als negativ für Ihre gesamte Person bewerten. Beispielsweise könnten Sie denken: »Ich bin ihm nicht wichtig. Ich mache mir immer so viel Mühe mit den Geschenken, und er vergisst meinen Geburtstag«. Oder: »Als mein Partner darf er mir auf gar keinen Fall vor meinen Eltern in den Rücken fallen. Das ist gemein und hinterhältig. Dies beweist nur ein weiteres Mal, dass er mich nicht wirklich liebt.« Bei solchen Gedanken würden Sie sich verletzt, traurig und auch wütend fühlen, und der ganze Vorfall würde so richtig an Ihnen nagen. Ihre Kränkung wäre die logische Folge aus den beiden Teilen: dem Verhalten Ihres Partners und Ihrer persönlichen Bewertung dieses Verhaltens.

Das Ganze funktioniert natürlich auch anders herum. Unser Partner (oder irgendeine andere Person) kann sich verletzt und von uns auf die Füße getreten fühlen, obwohl es nicht in unserer Absicht liegt. Seine Kränkung entsteht dann aus unserem Verhalten und seiner persönlichen Bewertung unseres Verhaltens. Sicher haben Sie dies auch schon mehr als einmal erlebt: Sie machen z.B. Ihrer Freundin ein Kompliment, und diese reagiert beleidigt. Sie sagen »Toll, dass du so abgenommen hast«, und die Freundin reagiert verletzt. Obwohl Sie ganz genau wissen, dass Sie das Kompliment ernst, ehrlich und nett gemeint haben, fasst es die Freundin als persönlichen Affront auf. Sie hört aus Ihrer Bemerkung z.B. die Kritik: »Vorher warst du zu fett« und fühlt sich als Person abgelehnt. Oder sie glaubt, Sie meinen das ironisch, weil sie sich selbst immer noch als zu dick ansieht. Also liegt es an der Freundin selbst, an deren Bewertung, dass sie das Kompliment in den falschen Hals bekommt und sich beleidigt sieht.

> **Unsere Bewertung ist der Schlüssel
> zu unserer Verwundbarkeit.**

Da wir bei der Bewertung eines Ereignisses immer ein Wörtchen mitzureden haben, sind unseren Möglichkeiten, uns verletzt zu fühlen, keine Grenzen gesetzt. Wir selbst bestimmen das Revier. Wir bestimmen, ob überhaupt, wie tief und wie lange uns etwas verletzt. Die Dramaturgie einer Kränkung, man nennt dieses Schema auch das ABC der Gefühle, sieht so aus:

A – Situation: Was passiert?
❑ Ein anderer tut oder sagt etwas.
❑ Ein anderer tut oder sagt etwas nicht.
❑ Es passiert etwas.

B – Bewertung: Wie denke ich darüber? Was bedeutet das für mich?
❑ Dies ist ungerecht, rücksichtslos, gemein, hinterhältig, herzlos, furchtbar und bedeutet:
❑ Ich bin unwichtig.
❑ Ich gehöre nicht dazu.
❑ Ich mache alles falsch.
❑ Ich bin unfähig.
❑ Mich versteht keiner.
❑ Ich bin immer schuld.

- ❏ Ich bin an allem schuld.
- ❏ Ich habe versagt.
- ❏ Der andere will mir Böses.
- ❏ Er mag mich nicht.
- ❏ Er darf mir das nicht antun, und deshalb muss ich ihn bestrafen.
- ❏ Menschen dürften nicht so schlecht sein.
- ❏ Er liebt mich nicht und verlässt mich.
- ❏ Ich kann das nicht aushalten.
- ❏ Ich habe es nicht verdient, so behandelt zu werden.

C – Gefühle, körperliche Reaktionen und Verhalten: Wie fühle ich mich körperlich und seelisch? Was tue ich?

- ❏ Ich bin traurig, habe Magenschmerzen, ziehe mich zurück.
- ❏ Ich bin wütend, mein Herz rast, ich greife den anderen an.
- ❏ Ich bin verletzt und beginne zu weinen.
- ❏ Ich bin enttäuscht und sage dies meinem Gegenüber.
- ❏ Ich schäme mich, werde rot und senke meinen Kopf.

Wollen wir verstehen, weshalb wir gekränkt sind, müssen wir also das Ereignis UND unsere Bewertung und Schlussfolgerung, die wir daraus ableiten, anschauen. Das ist zunächst leichter gesagt als getan. Meist müssen wir erst einmal bewusst nach unseren Bewertungen und Schlussfolgerungen suchen, denn sie laufen automatisch und blitzschnell ab. Was wir bewusst wahrnehmen, sind das Verhalten des anderen, unsere Gefühle und unsere körperlichen Reaktionen. (Manche Menschen nehmen sogar noch weniger, beispielsweise nur ihr Verhalten, bewusst wahr). Dies verführt uns dann zu der falschen Schlussfolgerung, dass andere uns kränken und verletzen. Tatsächlich sind unsere eigenen Gedanken jedoch notwendig, um uns verletzt zu fühlen. Was andere tun, genügt nicht, um in uns seelischen Schmerz auszulösen. Lediglich dann, wenn wir tatsächlich körperlich verletzt werden, der andere uns eine Ohrfeige gibt oder uns etwas auf den Kopf schlägt, kann er uns ohne das Zutun unserer Gedanken verletzen. Wie stark wir den körperlichen Schmerz empfinden, das können wir jedoch bereits wieder durch unsere Gedanken beeinflussen.

Dass unsere Bewertung entscheidend für unsere Kränkung ist, zeigt uns folgendes Beispiel: Stellen Sie sich vor, Sie reisen nach Japan, und in der U-Bahn würde ein Japaner wild gestikulierend etwas zu Ihnen sagen. Selbst wenn er Sie ganz wüst beschimpfen und beleidigen würde, könnte er Ihnen nichts anhaben (vorausgesetzt, Sie sprechen kein Japanisch). Sie würden nämlich sein Verhalten und seine Worte nicht als kränkend bewerten, da Sie nicht verstehen, was er sagt.

Noch ein Beispiel: Angenommen, ein Mann geht vor Ihnen durch die Tür eines Kaufhauses und lässt den Flügel der Tür einfach vor Ihnen zuschlagen. Sie denken: »Wie kann man nur so rücksichtslos sein. Ich bin halt nicht mehr jung und attraktiv genug, als dass er auf die Idee kommen könnte, Kavalier zu sein.« Sie fühlen sich gekränkt, bis zu dem Augenblick, an dem Sie bemerken, dass der Mann ein Blindenband am Arm trägt.

Wollen wir nachvollziehen, weshalb andere gekränkt sind, müssen wir gezielt danach fragen, was sie verstanden und aus unserer Botschaft oder unserem Verhalten abgeleitet haben. Manches Mal werden wir vollkommen überrascht sein, wie kreativ andere darin sind, unser Tun mit bestimmten Dingen in Verbindung zu bringen und Schlussfolgerungen zu ziehen. Uns würde es oft im Traum nicht einfallen, dass andere unsere Worte oder unser Verhalten so interpretieren könnten. Mich erinnert es manchmal an ein Spiel meiner Kindheit: die stille Post. Alle sitzen in einer Reihe. Einer beginnt und flüstert seinem Nachbarn zur Linken etwas ins Ohr. Dieser sagt es seinem nächsten Nachbarn leise weiter usw. Es ist verblüffend, wie stark ein einzelnes Wort sich auf seiner Reise durch die Ohren verändern kann. Am Ende hat das Wort in keinster Weise mehr etwas mit dem Anfangswort zu tun.

Um wieder auf die Kränkung zurückzukommen: Wir müssen nicht viele Personen dazwischenschalten, um eine Botschaft zu verfälschen. Es genügt unsere Person und ein Gegenüber, das sie in den falschen Hals bekommt. Wir sagen etwas und geben damit die Kontrolle aus der Hand. Der andere interpretiert unsere Worte und unser Verhalten anhand seiner Lebenserfahrungen, Erwartungen, momentanen Stimmung und Wertvorstellungen. Unser Partner entscheidet z.B., ob er unseren Satz: »Im Kühlschrank ist kein Mineralwasser« als eine einfache Feststellung auffasst, dass kein Wasser da ist, oder als Vorwurf: »Sie behauptet: Ich habe versagt. Auf mich kann man sich nicht verlassen.« Unser Partner hat sogar noch weitere Interpretationsmöglichkeiten. Er könnte aus dem Satz die Aufforderung heraushören: »Sie erwartet, dass ich jetzt Sprudel einkaufe«, oder die Botschaft: »Sie hat Durst und findet nichts, um ihn zu löschen«. Je nachdem, in welche Schublade unser Partner den Satz einordnet, wie er ihn bewertet, fühlt und verhält er sich. Er bleibt bei der bloßen Feststellung gelassen; hört er aber einen Vorwurf oder eine Aufforderung heraus, fühlt er sich angegriffen, verletzt oder wütend.

Was unterscheidet Mimosen von Dickhäutern?

Robuste Menschen sind nicht so sensibel darin, die Botschaften anderer wahrzunehmen, beziehen diese nicht sofort auf sich und stellen sich nicht sofort generell infrage. Sie vertrauen sich und anderen und haben wenig Angst vor Abwertung, Zurückweisung und dem Verlassenwerden.

»Ist seelische Kränkung wirklich eine Eigenleistung?«

Diese Frage stellen mir meine Klienten ungläubig oder sogar leicht gereizt. Sie haben manchmal den Eindruck, ich wollte ihnen am Ende noch die Schuld für ihre Verletzlichkeit in die Schuhe schieben – und das tun sie häufig genug schon selbst. Mir geht es hier jedoch auf gar keinen Fall darum, jemandem eine Schuld zu geben. Es geht darum, wie viel Kontrolle wir über unsere Gefühle haben. Wenn wir glauben, dass andere uns verletzen können, dann machen wir uns zum Opfer. Andere haben dann Macht über uns und können bestimmen, wann wir uns gut und schlecht fühlen.

Dieser These widerspricht jedoch, dass nicht jeder, der das Gleiche sagt, das Gleiche in uns auslöst. Bei Personen, die uns wichtig sind, berührt es uns, bei anderen, die uns nicht interessieren, die wir z. B. lediglich für einfältig oder gestört halten, reagieren wir gleichgültig. Ein und dasselbe Verhalten berührt uns – abhängig von unserer Stimmung – auch nicht immer gleich stark. Sind wir generell gut drauf, kann uns so schnell keiner etwas anhaben. Wir können mit der Annahme, dass die anderen uns und wir die anderen verletzen, auch nicht erklären, weshalb Freunde eine Aussage von uns in den falschen Hals bekommen können und sich persönlich angegriffen fühlen, obwohl dies absolut nicht unsere Absicht war. Würde unsere Annahme zutreffen, dann würde es keine Missverständnisse mehr geben, und andere würden sich immer so fühlen, wie wir es wollen. Außerdem: Wie würden wir uns dann erklären, dass wir eine Kränkung, obwohl der andere sie nicht zurücknimmt, überwinden können? Wodurch kommt es sonst, dass wir manche Ereignisse aus der Distanz locker sehen oder sogar darüber schmunzeln können?

Kurz gesagt, zu einer erfolgreichen Kränkung gehören immer zwei: der andere und wir, die wir ganz bestimmte Erwartungen und negative Einstellungen haben und seine Worte oder sein Verhalten persönlich nehmen. In einem Bild ausgedrückt: Wir können das Wetter nicht beeinflussen, aber wir sind verantwortlich für die Regenbekleidung und dafür, was wir vom Regen halten.

Das, was der andere tut, können wir häufig nicht verhindern und auch nicht ändern, aber unsere Einstellungen können wir zu jedem Zeitpunkt in unserem Leben verändern. Wir können lernen, uns weniger stark bedroht zu fühlen und unser Verletztsein in ein Betroffensein oder Traurigkeit umzuwandeln. Auch wenn eine Kränkung schon viele Jahre zurückliegt, uns aber immer noch Schmerzen bereitet, haben wir Einflussmöglichkeiten. Wir können das Vergangene loslassen. Wir können aufhören, uns das Ereignis immer wieder mit denselben negativen Gedanken vor Augen zu führen und uns damit immer wieder erneut selbst zu kränken.

»Die Menschen, die heutzutage die Worte anderer hören, sind in vieler Hinsicht voreingenommen; diese Voreingenommenheit bewirkt, dass sie nicht hören, was gesagt wird. Der Hauptgrund für diese Voreingenommenheit ist die Verhaftung an Zuneigung und Abneigung. Wer nach Osten schaut, der sieht die Wand im Westen nicht; wer nach Süden blickt, der sieht den Norden nicht. Seine Gedanken verlaufen allein in einer bestimmten Richtung.«

Lü-shih Ch'un Ch'iu

Viele Faktoren bestimmen, ob und wie stark wir uns angegriffen fühlen. Diese wollen wir uns jetzt einmal näher anschauen.

Wovon hängt es ab, wie stark wir uns getroffen fühlen?

Von der Stärke unseres Selbstwertgefühls
Wenn wir bestimmte Eigenschaften, Körpermerkmale oder Verhaltensweisen von uns ablehnen, hören wir bei anderen schneller eine Ablehnung heraus und fühlen uns schneller angegriffen. Je mehr wir uns dagegen selbst akzeptieren und mögen, desto weniger kann uns das

Verhalten anderer, beispielsweise eine Ablehnung, aus der Bahn werfen. Je mehr wir auch unsere Schwächen akzeptieren und Fehler zulassen, desto weniger verletzt es uns, wenn andere uns auf unsere Schwächen ansprechen und uns kritisieren. Je stärker unser Selbstwertgefühl ist, umso toleranter können wir anderen gegenüber sein, und umso weniger fühlen wir uns verletzt, wenn andere sich nicht nach unseren Vorstellungen verhalten.

Von der Beziehung zu unserem Gegenüber
Je wichtiger der andere für uns ist und je mehr er für uns bedeutungsvolle Macht besitzt, desto leichter fühlen wir uns von ihm bedroht. Je mehr wir für ihn »geopfert« haben, um so mehr kränkt es uns, wenn er sich nicht nach unseren Vorstellungen verhält. Je näher der andere uns steht, desto leichter kann er uns verletzen. Dies hängt damit zusammen, dass er unsere wunden Punkte gut kennt. Von einem guten Freund erwarten wir außerdem besonders, dass er uns liebevoll behandelt. Zum anderen sehnen wir uns mehr nach seiner Anerkennung und machen uns abhängiger von seiner Zuwendung. Aber es gilt auch: Je sicherer wir unserer Beziehung und der Liebe des anderen sind, desto weniger bedroht fühlen wir uns.

Von unserer seelischen und körperlichen Verfassung
Sind wir ohnehin schon gereizt, unter Druck, angespannt, ängstlich, wütend, verunsichert, ermüdet, depressiv oder überfordert, ist die Wahrscheinlichkeit viel höher, dass wir überempfindlich reagieren. Wir bewerten einerseits die Meinung anderer viel schneller als generelle Kritik oder Abwertung. Andererseits können wir uns

selbst nicht gut leiden und benötigen deshalb verstärkt Anerkennung und Bestätigung von außen. Auch körperliche Schmerzen, Erschöpfung während oder nach einer Virusinfektion, hormonelle Veränderungen im Laufe des Zyklus (Prämenstruelles Syndrom), einer Schwangerschaft oder in den Wechseljahren, Mangelzustände infolge einer Suchtmittelabhängigkeit oder Hunger können ebenfalls dazu beitragen, dass wir schneller aus dem seelischen Gleichgewicht geraten.

Vom Ort und Zeitpunkt, an dem der Verfall stattfindet
Die meisten von uns erleben es als besonders entwürdigend, wenn andere unbeteiligte Personen Zeugen des Vorfalls sind oder besonders wichtige Menschen diesen mitverfolgen. Wenn eine Kränkung unerwartet erfolgt, fühlen wir uns meist auch stärker getroffen.

Von Erfahrungen in ähnlichen Situationen
Haben wir in bestimmten Bereichen schon einmal schmerzliche Erfahrungen gemacht und unser Gegenüber oder die Situation erinnert uns in irgendeiner Weise an diese Erfahrungen, können unsere alten Gefühle hierdurch wieder wachgerufen werden, und wir reagieren umso heftiger. Umgekehrt kann es jedoch durchaus auch so sein, dass wir in unserem Leben Kränkungen gewöhnt sind, uns dafür Abwehrstrategien zugelegt haben und nur noch reagieren, wenn wir unseren Selbstwert stark bedroht fühlen.

Von unserer Lebenssituation und Lebenseinstellung
Wenn wir mit unserem Leben im Allgemeinen unzufrie-

den sind und anderen Menschen generell misstrauen, ist die Wahrscheinlichkeit höher, dass wir verletzt reagieren. Auch in akuten Krisensituationen wie Arbeitslosigkeit, Trennung, Scheidung, Umzug, Todesfall eines nahen Angehörigen, in denen wir ohnehin in einer negativen Gemütsverfassung sind, neigen wir dazu, etwas schneller als Kränkung anzusehen.

Von unserem Geschlecht
Untersuchungen haben gezeigt, dass Frauen sich schneller verletzt fühlen als Männer. Dies hängt jedoch nicht mit dem Geschlecht als solchem zusammen, sondern mit den Einstellungen, die viele Frauen haben. Vielen Frauen ist eine friedliche, harmonische Atmosphäre im Zusammenleben mit anderen sehr wichtig. Sie haben ein geringes Selbstvertrauen und machen ihr Selbstwertgefühl sehr stark von der Anerkennung durch andere abhängig. Sie verlangen von sich ein hohes Maß an Perfektion. Sie äußern ihre Wünsche eher selten, erwarten aber, dass andere sie sozusagen instinktiv erahnen. Diese Einstellungen führen dazu, dass sie schneller verwundbar sind, wenn andere sie kritisieren, ablehnen oder sich nicht nach ihren Erwartungen richten.

Von den Gründen, welche wir hinter dem Verhalten unseres Gegenübers vermuten
Stärker verletzt fühlen wir uns, wenn wir hinter dem Verhalten des anderen die »böse« Absicht vermuten, dass er uns verletzen will. Nehmen wir an, dass er es nicht anders kann oder es nur Gedankenlosigkeit war, können wir gelassener mit seinem Verhalten umgehen.

Davon, was wir von dem anderen erwarten und wie wir die Situation infolgedessen bewerten

Fordern wir vom anderen, dass er sich in bestimmter Weise verhalten muss, sind wir gekränkt, wenn er sich anders verhält. Je unrealistischer unsere Erwartungen an andere sind, desto häufiger laufen wir Gefahr, uns herabgewürdigt oder beschämt zu fühlen.

Davon, was wir in der Situation wahrnehmen

Wenn wir aus dem, was der andere sagt, bestimmte Aspekte ausblenden oder seine Worte für uns eine andere Bedeutung haben als für ihn, dann fühlen wir uns manchmal vollkommen überflüssigerweise verletzt.

> **»Spielt es denn überhaupt keine Rolle,**
> **wie andere sich mir gegenüber verhalten?«**

Diesen Einwand kenne ich nur zu gut von meinen Klienten – und vielleicht ist er Ihnen im Augenblick auch gerade durch den Kopf gegangen. Ja, möglicherweise fühlen Sie sich sogar ziemlich unverstanden von mir. Vielleicht haben Sie die Vorstellung, wenn ich Ihre persönliche Lage kennen würde, dann würde ich nicht so leichtfertig das ABC der Gefühle erklären. Dann würde ich ganz klar erkennen und Ihnen letztlich auch zustimmen, dass das, was der Andere Ihnen angetan hat, Sie einfach verletzen musste. Dann würde ich verstehen, dass Sie nicht einfach über einen solchen Vorfall hinwegsehen und hinweggehen können.

Ich kann gut verstehen, wenn Sie sich im Augenblick schwer tun, meine Gedankengänge zu akzeptieren. Zu lange haben Sie bisher nach der Einstellung gelebt, dass andere für Ihre Gefühle verantwortlich sind und Sie nur wenig oder keinen Einfluss darauf haben. Zu häufig haben Sie aus dieser Einstellung heraus Situationen bewertet und andere für schuldig befunden. Zu häufig haben Sie sich in der Vergangenheit als Opfer anderer gesehen. Zu oft wurden Sie vielleicht auch in Ihrer Meinung, dass man sich an Ihrer Stelle verletzt fühlen muss, von anderen bestätigt. Ich muss deshalb zunächst vor Ihren geballten Erfahrungen kapitulieren. Ich kann mit meinen wenigen Sätzen im Augenblick Ihre Erfahrungen nicht entkräften. Ich möchte Sie deshalb lediglich bitten, sich einfach nur rein theoretisch diese Frage zu stellen: Welchen Vorteil könnte es Ihnen bringen, sich meiner Sichtweise anzuschließen, dass Sie zu Ihren seelischen Verletzungen etwas beitragen und dass Sie den anderen das geeignete Schloss für deren Schlüssel zur Verfügung stellen?

Was halten Sie von den folgenden Vorteilen?

Wenn ich durch meine Gedanken zu meinem Verletztsein beitrage, dann

→ kann ich lernen, in Zukunft weniger schnell verletzt zu sein.

→ fühle ich mich nicht mehr als hilfloses Opfer anderer.

→ bestimme ich, wann, wie stark und wie lange ich mich verletzt fühle.

→ kann ich bestimmen, wann ich etwas als Kritik ansehe und ob mich diese verletzt oder nicht.

→ kann ich entscheiden, ob und wann ich mich abgelehnt und unwichtig fühle.

→ bin ich selbst für meine Gefühle verantwortlich und

muss und kann anderen nicht mehr die Schuld an meinen Gefühlen geben.

→ bedeutet dies, dass andere ebenfalls selbst für ihre Verletzungen zuständig sind und ich weniger Schuldgefühle haben muss.

→ brauche ich, um mich wieder besser zu fühlen, nicht zu warten, bis der Andere sein Fehlverhalten einsieht.

→ kann ich aus eigener Kraft meine Kränkung überwinden.

→ kann ich alte Verletzungen loslassen, und Ereignisse aus der Vergangenheit werden mich nicht mehr quälen.

→ kann ich selbst mein Selbstwertgefühl stärken und muss nicht mehr um Anerkennung buhlen.

→ brauche ich mich nicht mehr zu bemitleiden, sondern kann aktiv etwas tun, damit ich mich besser fühle.

Hört sich das nicht gut an? Sind dies keine verlockenden Ziele? Könnte es sich nicht lohnen, einfach einmal auszuprobieren, was die neue Sichtweise für Ihren Alltag bringen würde?

Gekränktsein ist ein Eigentor

Ich hoffe, dass wir uns nicht missverstehen und dass Sie sich jetzt von mir nicht unverstanden oder gar verletzt fühlen: Ich möchte Ihnen keine Schuld für Ihre Gefühle in die Schuhe schieben oder Sie als überempfindlich hinstellen. Ich möchte Sie nicht mit Ihren Gefühlen der Kränkung allein lassen und behaupten, sie seien überflüssig. Ich sage nicht, dass andere Sie immer liebe- und achtungsvoll behandeln und Sie keinen Grund hätten, aus dem Gleichgewicht zu geraten. Am besten, ich stelle Ihnen meine Sichtweise noch einmal vor:

→ Sich gekränkt zu fühlen, ist nichts Negatives und auch keine Schwäche. Wenn Sie sich dafür entscheiden, dass es für Sie in Ordnung ist, sich wegen bestimmter Ereignisse zu kränken, und Sie sich wirklich gekränkt fühlen wollen, dann ist das in Ordnung.

→ Sie haben absolut das Recht, sich verletzt, gekränkt und persönlich angegriffen zu fühlen.

→ Ich und auch niemand sonst kann Ihnen diese Gefühle streitig machen, ausreden oder wegnehmen. Sie sind der Einzige, der das Verletztsein fühlt.

→ Wenn Sie sich gekränkt fühlen, dann gibt es auch immer einen Grund. Der Grund ist nicht das Verhalten des anderen, sondern Ihre Bewertung von dessen Verhalten.

→ Wenn Sie sich verletzt fühlen, sollten Sie dieses Gefühl auf jeden Fall zum Anlass nehmen, um herauszufinden, was genau nicht in Ordnung ist. Überbewerten Sie die Bedeutung der Ereignisse, ziehen Sie falsche Schlussfolgerungen daraus oder verstößt Ihr Gegenüber gegen wichtige Wertvorstellungen von Ihnen? Benötigen Sie vom anderen etwas, was er Ihnen in diesem Moment versagt?

→ Andere zeigen immer einmal wieder Verhaltensweisen, die nicht Ihren Vorstellungen entsprechen und eindeutig zum Ziel haben, Sie aus dem Gleichgewicht zu bringen und Ihre Person in Frage zu stellen.

→ Die Art und Weise, wie andere nonverbal und verbal oder durch ihr Verhalten etwas zum Ausdruck bringen und was sie sagen, hat Auswirkungen auf Sie.

→ Sie entscheiden jedoch letztendlich, ob und wie die Botschaft bei Ihnen ankommt, was sie bewirkt und wie lange sie in Ihnen wirkt – auch wenn Sie sich dieser Macht im Augenblick vielleicht nicht so bewusst sind.

→ Sie besitzen die Freiheit zu entscheiden, wie Sie auf das Verhalten des anderen reagieren möchten: wie lange Sie gekränkt sein oder schmollen wollen, ob Sie den anderen durch Ihr Verhalten bestrafen wollen, ob Sie sich von ihm generell zurückziehen, sich an ihm rächen, ihm die Meinung sagen, usw.

→ Sie besitzen die Freiheit zu entscheiden, was Sie unternehmen möchten, um Ihr Gegenüber auf Ihre Wünsche und Erwartungen hinzuweisen. Ja, Sie haben sogar die Verpflichtung, sich für Ihre Vorstellungen und Wünsche stark zu machen.

Welche Botschaften gehen von unserem Gegenüber aus?

Wir haben uns bisher damit befasst, welches der Hauptanteil – nämlich unser Anteil an unserer Kränkung ist. Schauen wir uns nun genauer an, welche Signale von unserem Gegenüber ausgehen – welches die Schlüssel sind, die er in unser Schloss steckt, um uns zu »knacken«.

Wir Menschen sind »Gewohnheitstiere«. Im Laufe unseres Lebens haben wir feine Antennen entwickelt. Wir haben uns ganz bestimmte Signale unseres Gegenübers ausgewählt, auf die wir sensibel reagieren. Es sind Signale, die wir mit Gefahr für uns zu verknüpfen gelernt haben. Bei diesen brauchen wir gar nichts mehr bewusst zu denken, die Post geht quasi von alleine ab. Im Test von

Kapitel 2 haben Sie wahrscheinlich schon ganz bestimmte Merkmale herausgefunden, auf die Sie besonders heftig reagieren.

a) Wortwahl

Die meisten von uns reagieren auf bestimmte Worte oder Sätze »allergisch«. Beispielsweise sind Sätze wie die folgenden für viele ein rotes Tuch: »Du solltest … Du müsstest …«, »Wie kann man nur so leichtsinnig, so unzuverlässig, so egoistisch … sein«, »Du kannst einfach nicht …«, »Du musst immer das letzte Wort haben«, »Ich hätte von dir erwartet, dass …«, »Deinetwegen muss ich …«, »Du bist wie deine Mutter«, »Du hättest das … nicht tun sollen«, »Mir wäre das … nicht passiert«, »Deine Schwester hätte sich anders verhalten« oder Wörter wie »nie«, »immer« und »man«.

Wenn unser Gegenüber Worte wählt, die wir schon immer mit einem Angriff oder Kritik verknüpft haben, dann reagieren wir nicht nur auf ihn, sondern auch auf die Personen, mit denen wir diese Botschaft von früher her verbinden. Deshalb kann unser Gegenüber manchmal nicht verstehen, weshalb wir so heftig auf seine Worte reagieren. Unser Gegenüber kann uns auch besonders treffen, wenn er uns pauschal abwertet (»Du bist unfähig«, »Mit dir kann kein Mensch auskommen«) oder uns beschimpft (Idiot, …).

b) Nonverbale Signale

Untersuchungen haben gezeigt, dass wir nicht nur durch Worte kommunizieren, sondern auch mit unserem Körper. 85 Prozent der Kommunikation findet über nonverbale (nichtsprachliche) Körpersignale statt. Zu den nonverbalen Körpersignalen zählen unsere Körpersprache (Mimik, Gestik, Blickkontakt, Körperhaltung) sowie der Stimmklang, die Betonung, Tonhöhe und die Lautstärke unserer Worte. Auch das Sprechtempo und die Sprechpausen spielen in der Kommunikation eine große Rolle.

Manchmal ist an dem, was unser Gegenüber sagt, überhaupt nichts Verkehrtes zu entdecken. Das, was wir als kränkend erleben, kommt über seine nonverbalen Kanäle. Daraus ergibt sich häufig die Schwierigkeit, dass wir das für uns Verletzende nur schwer nachweisen können. Unser Gegenüber behauptet nämlich, er habe einfach nur diesen einen Satz gesagt, und wir hätten zu empfindlich reagiert. Auch bei den nonverbalen Signalen kann es passieren, dass wir eine abschätzige Armbewegung oder hochgezogene Augenbrauen schon von anderen Erfahrungen her kennen und diese schlechten Erfahrungen auf die uns aktuell gegenüberstehende Person übertragen. Wir fühlen uns getroffen, obwohl die Person es gar nicht so meint. Es kann aber auch sein, dass sie uns tatsächlich ablehnt oder unsere Fähigkeiten anzweifelt und wir diese Botschaft als Angriff bewerten. Bisweilen versucht unser Gegenüber auch, seine wahren Gefühle zu verstecken. Er wählt neutrale Worte und verpackt sie in einen ironischen Unterton. Oder er sagt, dass er uns mag, während er sich gleichzeitig mit seinem Körper von uns abwendet. Untersuchungen dazu haben gezeigt, dass wir uns im Zweifelsfall, dann wenn sich Worte und Körpersignale bei unserem Gegenüber widersprechen, nach den nonverbalen Signalen richten.

c) Geschlecht, Alter und andere Merkmale der Person

Bei manchen von uns genügt die Tatsache, dass ihnen ein Mann oder eine Frau gegenübersteht, um sich verletzt zu fühlen. Gleichzeitig, was dieser oder diese sagt oder tut, sie fühlen sich angegriffen. Auch ein ganz bestimmtes Alter, eine bestimmte Nationalität, Religionszugehörigkeit, ein bestimmter Beruf oder eine bestimmte Position unseres Gegenübers kann schon genügen, um empfindlicher auf dessen Verhalten zu reagieren.

d) Verhalten

Die Gesellschaft, die Religion, die Psychologie – jeder formuliert Regeln, wie wir uns anderen Menschen gegenüber verhalten sollen. Wir sollen andere nicht anschreien, nicht belügen, nicht schlagen, mit Achtung behandeln, nicht betrügen, aussprechen lassen, unsere Versprechen und Absprachen einhalten, usw. Leider gibt es keinen einheitlichen Regelkatalog, auf den sich alle Menschen einlassen bzw. immer einlassen. Insbesondere dann, wenn wir uns an unsere Regeln halten und andere gegen diese verstoßen, fühlen wir uns ausgenützt und verletzt. Wir fühlen uns auch gekränkt, wenn andere unsere Wünsche und Bedürfnisse übergehen und nicht beachten. Zeigt unser Gegenüber Verhaltensweisen, die wir an uns nicht leiden können oder die wir auch gerne zeigen würden, dann reagieren wir vielleicht besonders empfindlich auf sein Verhalten.

> »Wie wichtig ist meine Kindheit?
> Ist sie schuld an meiner Empfindlichkeit?«

Diese Frage stellen mir meine Klienten meist gleich zu Anfang der Therapie. Beeinflusst durch die Thesen von Sigmund Freud suchen sie, um sich ihre Verwundbarkeit zu erklären, nach Erlebnissen in ihrer Kindheit. Sie glauben, wenn sie endlich wissen, welche negativen Erfahrungen sie so empfindlich gemacht haben, wäre alles leichter, und es ginge ihnen automatisch besser.

Leider ist dies jedoch nicht so. Zu wissen, weshalb wir sind, wie wir sind, führt nicht automatisch dazu, dass wir uns verändern. Kurz zusammengefasst sehen die Zusammenhänge folgendermaßen aus:

Die Erfahrungen in unserer Kindheit haben einen Einfluss auf unsere Lebenseinstellungen. Unsere Lebenseinstellungen wiederum bestimmen, wie schnell wir uns aus dem Gleichgewicht bringen lassen. Unsere Vergangenheit ist jedoch nicht gleichbedeutend mit unserer Zukunft. Wir können unsere Einstellungen, unser Verhalten verändern und unseren Erfahrungen neue hinzufügen.

Unsere Erlebnisse in der Kindheit beeinflussen unsere Sichtweise zu uns, anderen Menschen und der Welt. Wir lernen durch unsere Bezugspersonen, wie wir uns sehen, was wir von uns und anderen erwarten, wie wir mit Gefühlen umgehen, welches Verhalten richtig und falsch ist, welche Merkmale und Verhaltensweisen anderer eine mögliche Gefahr für uns darstellen, ob wir anderen Menschen eher vertrauen können oder misstrauen müssen, nach welchen Wertvorstellungen wir leben sollten, usw. Wir lernen am Modell der Eltern und durch Belohnung, Bestrafung und Nichtbeachtung, wie wir uns verhalten sollen. Die Kirche, die Schule und unser Freundeskreis beeinflussen uns darüber hinaus in der späten Kindheit und Jugendzeit.

Als kleine Kinder haben wir noch nicht die Möglichkeit, die Verhaltensweisen und Kommentare der Erwachsenen zu hinterfragen. Die Erwachsenen sind für uns der Maßstab, und sie haben immer recht. Wir können uns noch nicht in die Eltern hineinversetzen und die Ursachen für deren Verhalten in deren Person statt in uns sehen. Weil wir ihnen glauben, sehen wir Eigenschaften an uns als schlecht an, die nur für unsere Eltern schlecht sind. Weil wir auf ihre Fürsorge und Liebe angewiesen sind, bemühen wir uns, es ihnen recht zu machen und sie nicht zu verärgern. Weil wir gemocht werden wollen, verstecken wir unseren Ärger und unsere Wut. Weil wir uns nach ihrer Anerkennung sehnen, fühlen wir uns schlecht, wenn sie uns nicht beachten oder kritisieren.

Als Kinder hören wir Botschaften wie z.B., dass wir unserer Mutter wehtun, dass die Mutter wegen uns Herzschmerzen bekommt, dass die Mutter gekränkt ist, weil wir nicht aufräumen, etc. Unsere erste Theorie über die Ursachen des Verletztwerdens entsteht auf diesem Wege. Wir lernen, dass wir andere verletzen können und uns deshalb schlecht und schuldig fühlen müssen. Wir lernen aber auch, dass wir uns schlecht und schuldig fühlen müssen, wenn andere uns kritisieren. Wir lernen, dass es schlimm ist, wenn unsere Eltern nicht »gut mit uns sind« und uns ablehnen. Wir lernen, dass es falsch ist, wütend zu sein, oder dass wir uns offen gegen andere zur Wehr setzen müssen. Wir lernen, dass Fehler gleichbedeutend sind mit grundsätzlichem Versagen und dass andere und wir uns selbst deshalb ablehnen müssen. Wir lernen, dass es schlimm ist, nicht zu bekommen, was wir wollen.

Schwierige familiäre Umstände oder traumatische Erlebnisse können unsere Sichtweisen so stark prägen, dass wir nur noch in eine Richtung denken können. Wir können nicht flexibel auf Ereignisse reagieren und unser Wissen nicht angemessen einsetzen. Beispielsweise habe ich mich als Kind – ich wurde mit 10 Jahren Halbwaise – immer weniger wert gefühlt als andere Kinder, die noch beide Elternteile besaßen. Ich erwartete von mir, besonders gut in der Schule zu sein, um zu beweisen, dass es auch ohne Vater geht. Meiner Mutter wiederum war es sehr wichtig, mir weiterzugeben, dass ich immer darauf achten musste, was andere denken. Gut anzukommen und gemocht zu werden, war deshalb eines meiner wichtigsten Ziele. Die Folge davon war, dass ich ganz empfindlich reagierte, wenn jemand mir beispielsweise sagte: »Kein Wunder, du hast ja nur noch eine Mutter« oder wenn jemand mich kritisierte.

Erfahrungen, die unser Vertrauen in uns und andere Menschen stark negativ beeinflussen können, aber nicht unbedingt müssen, sind beispielsweise:

→ Sie waren ein unerwünschtes Kind, und Ihre Eltern ließen Sie das immer wieder spüren.

→ Sie wurden sexuell missbraucht oder körperlich misshandelt.

→ Ihre Eltern oder andere nahe Bezugspersonen haben Sie sehr häufig getadelt, gehänselt, angebrüllt, bevormundet.

→ Sie wurden nur gemocht, wenn Sie gute Leistungen zeigten.

→ Eines Ihrer Elternteile war alkohol-, drogenabhängig, psychisch krank oder chronisch krank.
→ Sie oder Ihre Eltern unterschieden sich in Eigenschaften, Verhaltensweisen oder in einem körperlichen Merkmal (Religion, Sprache, bestimmte Schicht) von der Norm. Sie wurden deshalb oft von anderen Kindern gehänselt oder abgelehnt.
→ Es gab einen schwerwiegenden Bruch oder eine große Belastung in Ihrem Leben: den Tod eines Elternteils oder Geschwisterchens, die Trennung der Eltern, einen schweren Unfall, eine chronische Erkrankung, Auswanderung, eine Vergewaltigung.

Aber auch das Gegenteil kann sich nachteilig auswirken: Wenn Ihre Eltern Sie stark überbehütet und vergöttert haben, dann haben diese Sie schlecht auf das weitere Leben vorbereitet. Sie haben möglicherweise die Erwartung, dass die Menschheit sich ähnlich Ihnen gegenüber verhält wie Ihre Eltern, und fühlen sich demzufolge häufig gekränkt. Sie haben Schwierigkeiten, mit Kritik und Ablehnung umzugehen oder zu ertragen, dass Ihre Bedürfnisse nicht erfüllt werden.

Wie bereits angedeutet, führen negative Kindheitserfahrungen nicht zwangsläufig bei jedem Menschen zu leichter Verwundbarkeit. Wenn andere Bezugspersonen die Probleme mit den Eltern ausgleichen und dabei helfen, ein gesundes Selbstvertrauen zu entwickeln, wird die Basis für Robustheit gelegt.

Bringen wir von der Kindheit unsere wunden Punkte mit ins Erwachsenenleben, dann bleiben diese so lange bestehen, bis wir uns bewusst entscheiden, daran zu arbeiten! Wer als Kind oft kritisiert wurde, wird als Erwachsener bei Kritik möglicherweise überreagieren. Die Kritik löst bei ihm all die Gefühle der Vergangenheit wieder aus – Erinnerungen an Situationen, in denen er verbessert und beurteilt wurde. Er übersieht, dass er nun als Erwachsener ganz viele Möglichkeiten hat, auf Kritik zu reagieren. Andere haben nicht mehr die Macht über ihn, die sie hatten, als er ein Kind war. Er interpretiert Kritik weiterhin als Ablehnung, setzt sich nicht mit dem anderen auseinander, sondern reagiert mit beleidigtem Rückzug oder aber auch mit heftigen Gegenangriffen.

Wer von seinem Geschwisterchen ständig wegen seiner Größe gehänselt wurde, reagiert vielleicht allergisch auf Kommentare dieser Art. Wer als Kind den Eindruck hatte, nicht erwünscht zu sein, vermutet hinter jedem Verhalten anderer eine mögliche Ablehnung. Wer von seinen Eltern mit Schuldgefühlen manipuliert wurde, reagiert allergisch, wenn er glaubt, in seinen Freiheiten eingeengt und verantwortlich gemacht zu werden. Wer als Kind auf Perfektheit getrimmt wurde, wird jeden Kommentar als generelle Kritik an seiner Person auffassen. Wer immer alles bekam, reagiert bei Nichterfüllung seiner Vorstellungen schnell mit Kränkung, gefolgt von Wut oder Verzweiflung.

Welche grundsätzlichen Lebenseinstellungen machen uns verwundbar?

Unsere Bewertungen und die Schlussfolgerungen, die wir aus einem Erlebnis ziehen, bestimmen darüber, wie wir uns fühlen und verhalten. Wir schauen im Grunde genommen jede Situation unter einer ganz bestimmten Fragestellung an:

Bin ich liebenswert, wie ich bin?

Bin ich gut genug?

Mag mich der andere?

Verhält sich der andere nach meinen Vorstellungen?

Ist das gerecht?

Verhalte ich mich richtig? Es sind Grundthemen, die sich durch unser Leben ziehen. Jeder von uns hat Lieblingsthemen, die für ihn am wichtigsten sind und womit er sich am meisten beschäftigt.

Die folgenden Lebenseinstellungen, deren Grundstein wir in der Kindheit legen, sind von besonderer Bedeutung für unsere Verletzbarkeit:

1. Ich bin nicht liebenswert. Ich bin minderwertig. Ich bin nicht in Ordnung.

Wenn wir schlecht über uns denken und uns selbst ablehnen, dann werden wir andere argwöhnisch beobachten, ob sie uns ebenfalls ablehnen. Wir suchen quasi nach kritischen Bemerkungen und Hinweisen auf eine Ablehnung. Unsere Antenne ist darauf ausgerichtet, jeden kleinstmöglichen Hinweis auf unsere Minderwertigkeit, auf Ablehnung und Kritik zu entlarven. In der Erwartung einer möglichen Abwertung überbewerten wir die Worte der anderen in ihrer Bedeutung oder missdeuten Mimik und Gestik als Ablehnung. Lehnen andere uns tatsächlich ab, fühlen wir uns umso mehr verletzt und hilflos, je weniger wir uns selbst die Stange halten können. Wir überdramatisieren und sehen in der Kritik eines einzelnen Verhaltens die totale Vernichtung unserer Person.

2. Ich darf keine Fehler machen, muss perfekt sein. Wenn ich einen Fehler mache, bedeutet das, ich bin ein Versager.

Wenn wir von uns Perfektion erwarten, werden wir uns bei einem Fehler selbst beurteilen. Spricht uns ein anderer darauf an, äußert er Kritik, fühlen wir uns ertappt und verletzt, beschämt, abgelehnt und in unseren Grundfesten erschüttert. Wir sehen den Fehler nicht als kleines fehlerhaftes Mosaiksteinchen, sondern stellvertretend für das gesamte Mosaik, das von nun an wertlos ist.

3. Andere müssen sich nach meinen Vorstellungen verhalten. Ich habe es nicht verdient, schlecht behandelt zu werden. Wenn andere sich nicht nach meinen Erwartungen verhalten, dann ist das furchtbar. Wenn sie es nicht tun, kann ich das nicht ertragen. Wenn sie es nicht tun, sind sie schlecht und sollten dafür bestraft werden. Wenn sie es nicht tun, bedeutet das, dass sie mich nicht mögen und ich nicht wichtig bin.

Haben wir ein sehr festgefahrenes Weltbild und ganz konkrete Erwartungen an andere Menschen, dann fühlen wir uns verletzt und wütend, wenn andere unsere Erwartungen nicht erfüllen. Wir betrachten uns quasi als Nabel der Welt. Unsere Wertvorstellungen und unsere Sichtweise sehen wir als die einzig Richtigen. Wir sehen andere als Feinde und schuldig an unserer Missstimmung – weil sie sich nicht nach unseren Regeln und Vorstellungen verhalten. Wir sehen uns als berechtigt, andere für ihr Verhalten zu bestrafen. Wir unterschätzen unsere Fähigkeiten, damit umzugehen, nicht alles zu bekommen, was wir wollen. Wir machen das Verhalten anderer auch zum Maßstab für unseren Wert. Tun sie nicht, was wir verlangen, dann bedeutet dies, dass wir ihnen nicht wichtig oder generell unwichtig sind.

4. Ich brauche die Anerkennung anderer. Wenn andere mich ablehnen oder kritisieren, bin ich nichts wert.

Nehmen wir uns selbst nicht an und fühlen uns mit uns nicht wohl, brauchen wir andere, um ein gutes Gefühl zu bekommen. Bleibt die Anerkennung aus oder erfolgt nicht in der Form, wie wir es uns wünschen, fühlen wir uns ausgeliefert, allein gelassen, abhängig und gekränkt.

In Teil II werden wir nochmals sehr ausführlich auf diese grundlegenden Lebenseinstellungen eingehen. Wir werden überprüfen, ob sie angemessen und hilfreich für uns sind, und uns neue Sichtweisen erarbeiten.

Gibt es so etwas wie Selbstkränkung?

Diese Frage verneinen die meisten Menschen. Für sie ist es ganz klar, gekränkt kann man nur von anderen werden. Doch kehren wir noch einmal zurück zu unserer Definition der Kränkung: Kränkung hat immer etwas mit unserer gesamten Person zu tun. Wir fühlen uns als gesamte Person in Frage gestellt. So gesehen, gibt es durchaus auch eine Selbstkränkung. Wann immer wir uns wegen eines Fehlers total ablehnen, uns verurteilen, wenn wir unsere Erwartungen einmal nicht erfüllen, oder uns kritisieren, kränken wir uns quasi selbst. Unsere Kränkung ist ebenfalls begleitet von körperlichen Symptomen. Wir kämen nicht nur auf die Idee, davon zu sprechen, dass wir uns selbst gekränkt haben. Wir sind quasi Opfer und Täter in einem. Bei Selbstkränkung erübrigt es sich, darüber zu diskutieren, wer sich ändern muss. Wenn wir uns selbst kränken, sind wir auch diejenigen, die es in der Hand haben, uns nicht mehr zu kränken.

In den letzten Jahren rückt ein neues Krankheitsbild ins Zentrum des Interesses: Menschen, die sich selbst verletzen, indem sie sich mit Messern ins Fleisch ritzen, die Haare ausreißen oder ohne wirkliche Erkrankung immer wieder operieren lassen. Hier ist die Selbstverletzung sogar wörtlich genommen. Zur Selbstverletzung greifen meist Menschen, die ein schweres Trauma durchlebt haben und sich selbst hassen. Die ultimative Form von Selbstverletzung ist der Freitod.

Manche bewerten auch Schicksalsschläge als Kränkung. Sie fühlen sich gekränkt, wenn sie älter werden, ein naher Angehöriger stirbt oder wenn sie eine chronische Krankheit bekommen. Sie hadern mit dem Schicksal oder mit Gott: Warum nur ich? Was habe ich verbrochen, dass ich so bestraft werde? Das darf mir nicht passieren.

Wichtige Erkenntnisse aus diesem Kapitel

→ Wenn Sie sich gekränkt fühlen, dann gibt es auch immer einen Grund. Der Grund ist nicht das Verhalten des anderen, sondern Ihre Bewertung von dessen Verhalten.

→ Andere zeigen immer einmal wieder Verhaltensweisen, die nicht Ihren Vorstellungen entsprechen und eindeutig zum Ziel haben, Sie aus dem Gleichgewicht zu bringen. Sie entscheiden jedoch letztendlich durch Ihre Gedanken, ob überhaupt, wie tief und wie lange Sie etwas verletzt.

→ Sie haben das Recht, sich gekränkt zu fühlen, besitzen aber gleichzeitig auch die Freiheit zu entscheiden, wie lange Sie sich verletzt fühlen möchten.

→ Sie besitzen die Freiheit zu entscheiden, was Sie unternehmen möchten, um Ihr Gegenüber auf Ihre Wünsche und Erwartungen hinzuweisen.

→ Sie haben in Ihrer Kindheit ganz charakteristische Sichtweisen zu sich, anderen Menschen und der Welt gelernt, die beeinflussen, wie schnell Sie sich verletzt fühlen. Diese Grundeinstellungen können Sie heute, als Erwachsener verändern.

4 Meine Empfindlichkeit – kann ich sie auch positiv sehen?

Viele meiner Klienten kommen in Therapie, weil sie unter ihrer Empfindsamkeit leiden, gleichzeitig wollen sie diese aber auch nicht aufgeben. Im Grunde ihres Herzens ist es ihr Wunsch, weiterhin so empfindlich zu bleiben, aber die anderen zu ändern. Sie sind der Ansicht, wenn andere nicht mehr so gedankenlos, herzlos, niederträchtig und gemein zu ihnen wären, dann hätten sie auch kein Problem mehr. Wenn andere endlich so empfindlich wie sie sein würden, dann würden sie auch nicht mehr so hartherzig handeln und reagieren. Sie würden sich dann in sie hineinversetzen und vorhersehen, dass sie sich bei bestimmten Worten oder Verhaltensweisen gekränkt fühlen würden.

Leider hat diese Denkweise mehrere Haken. Zum einen können wir andere nicht verändern. Andere leben nach ihren Vorstellungen und Maßstäben. Sie verhalten sich genau so, wie sie in der Lage sind. Sie tun genau das, was sie in einem gegebenen Moment für richtig und angemessen halten.

Zum anderen könnten andere, selbst wenn sie sensibler und einfühlsamer wären, nicht in uns hineinschauen und unsere wunden Punkte erkennen. Vielleicht nicht so häufig, aber zumindest ab und zu würden sie etwas sagen oder tun, auf das wir gekränkt reagieren würden. Ja, und da unterschiedliche Menschen unterschiedliche Bedürfnisse und Wünsche haben, würden sie auch manchmal ihre eigenen Bedürfnisse durchsetzen und uns damit verletzen. Und dann gibt es natürlich noch die Menschen, die es – aus welchen Gründen auch immer – darauf absehen, uns persönlich anzugreifen.

Unser Wunsch, dass andere endlich empfindsamer und feinfühliger werden, kann also nur in Erfüllung gehen, wenn die anderen mitspielen. Macht es dann Sinn für uns, weiter um unsere Empfindlichkeit zu kämpfen und sie zu erhalten – obwohl wir so stark und häufig darunter leiden?

Ja und nein. Wir müssen uns gegenüber anderen öffnen und uns auf andere einlassen, sonst ist kein Austausch, kein intensiver Kontakt, keine Nähe, kein gutes Zusammenleben, keine Freundschaft, keine Partnerschaft möglich. Unser Einlassen auf andere bedeutet gleichzeitig, dass wir verletzlich sind. Wenn wir uns von anderen etwas wünschen, besteht die Gefahr, dass sie uns unsere Wünsche nicht erfüllen und wir enttäuscht sind. Wenn wir andere akzeptieren und lieben, dann besteht die Gefahr, dass sie uns ablehnen und verlassen und wir traurig, enttäuscht, einsam und gekränkt zurückbleiben. Wenn uns die Meinung anderer wichtig ist, besteht die Gefahr, dass wir uns durch deren Sichtweise und Kritik beschämt fühlen.

Sensibel sein in dem Sinne, den anderen wichtig zu nehmen und an einer guten Beziehung interessiert zu sein, ist erstrebenswert. Sensibel sein im Sinne, uns in den anderen hineinversetzen zu können und zu spüren, was ihm guttut, ist eine Gabe, die es sich zu pflegen lohnt. Sie hilft uns dabei, unsere Freundschaften zu erhalten. Wir hören anderen zu und bringen uns intensiv ins Gespräch ein. Wir überlegen uns, was der andere brauchen könnte, und versuchen, ein Gleichgewicht zwischen Geben und Nehmen zu schaffen. Wir vertrauen anderen, merken aber auch, wann es Zeit ist, sich zurückzuziehen. Indem wir uns offen für andere machen, bekommen wir Anregungen, wie wir uns weiterentwickeln können. Ja, wir sind nicht nur anderen Menschen gegenüber offen, sondern auch neuen Ideen gegenüber. Intensive Gefühle fördern zudem unsere Kreativität.

Ganz abgesehen davon, dass wir gar nicht zu gefühllosen Wesen werden können, kann es also nicht unser Ziel sein, Gefühle auszumerzen. Wir sollen lediglich lernen, zu intensive Gefühle, die uns nur Nachteile bringen, zu vermeiden oder zu überwinden. Wir wollen lernen, uns Gefühle, die nicht der Situation angemessen sind, zu ersparen. In dem Augenblick, in dem wir uns zu sehr für den anderen und dessen Gefühle zuständig fühlen, besteht die Gefahr, dass wir uns aufgeben oder uns mit Schuldgefühlen geißeln. In dem Augenblick, in dem wir zu große Erwartungen an andere haben, glauben, dass diese unsere Gedanken und Gefühle hellsehen können, oder glauben, die Liebe anderer unbedingt zu benötigen, wird aus der Sensibilität Verwundbarkeit. Diese Verwundbarkeit ist mit vielen Nachteilen verbunden.

Wichtige Erkenntnisse aus diesem Kapitel

→ Es ist unrealistisch, zu erwarten, dass andere sich in Zukunft so verhalten, dass Sie sich nie mehr verletzt fühlen. Andere leben so, wie sie es für richtig halten, und verhalten sich, wie sie können.

→ Für eine gute Beziehung zu anderen ist es notwendig, dass Sie sich auf andere einlassen und sich ihnen gegenüber öffnen.

→ Es ist nicht das Ziel, in Zukunft gefühllos zu sein, sondern zu lernen, allzu intensive Gefühle, die nicht der Situation angemessen sind und nur Nachteile bringen, zu vermeiden oder zu überwinden.

5 Meine Empfindlichkeit – Was beschert sie mir an Nachteilen?

Wir wissen und spüren im Grunde nur allzu gut, was uns unsere Empfindlichkeit an Nachteilen bringt. Wer sich verletzt fühlt, fühlt sich körperlich und seelisch schlecht. Unsere Verletzung erfasst unsere gesamte Person und zeigt sich meist in den vier Bereichen: in unserem Denken, in unseren Gefühlen, in unserem Körper und in unserem Verhalten. Jeder von uns verspürt seine persönlichen Alarmsignale, wann er sich aus dem Gleichgewicht gebracht und bedroht sieht.

Seelische Verletzung als Alarmreaktion?

Die Fähigkeit, bei Gefahr blitzschnell zu reagieren, ist uns angeboren. Unsere frühen Vorfahren mussten vor feindlichen Stämmen und wilden Tieren flüchten, mit den Feinden kämpfen oder im Gebüsch mucksmäuschenstill abwarten, bis der Feind abgezogen ist. Sie hatten bei Gefahr die Möglichkeit, sich zwischen Kampf, Flucht und Erstarrung zu entscheiden. Diese Entscheidung mussten sie blitzschnell treffen. War die Gefahr vorüber, kam ihr Körper wieder zur Ruhe.

Auch wir besitzen noch die Fähigkeit zum Kämpfen, Flüchten oder Erstarren. Wir müssen heute zwar nur noch selten um unser nacktes Leben kämpfen, dafür aber um unseren Selbstwert, unser Image, um die Erfüllung unserer Wünsche und die Anerkennung durch andere. Indem wir etwas als persönlichen Angriff bewerten, geben wir unserem Körper das Alarmsignal: Es geht um unser Leben. Entsprechend »aufgebracht« reagieren wir in Gedanken, Gefühlen, im Verhalten und in unserem Körper. Vergleichbar unseren Vorfahren sind wir bereit zu Flucht, Kampf oder zum Erstarren.

Was passiert nach einem Vorfall, den wir als verletzend erleben, in unseren Gedanken?

Unsere Gedanken kreisen um die Verletzung. Sie hat oberste Priorität. Wir sehen uns als Opfer, das keine Kontrolle über die Situation hat. Wir können uns nur schlecht oder gar nicht auf unsere Arbeit und erfreuliche Dinge konzentrieren. Wir sind gefährdet, wichtige Dinge zu vergessen, zu übersehen und Unfälle zu bauen. Wir leben in der Vergangenheit und hadern mit der anderen Person. Wir sinnen auf Rache und fantasieren, dass wir dem anderen etwas antun oder dass ihm etwas Schlimmes zustößt. Wir stellen uns vor, wie wir es ihm eines Tages heimzahlen oder ihm tüchtig die Meinung sagen. Wir grübeln darüber nach, warum sich der andere uns gegenüber in dieser Art verhält und ob wir dies verdient haben. Wir geben uns oder dem anderen die Schuld an dieser Situation. Wir zweifeln an der Gerechtigkeit der Welt, an unserem Wert, und glauben an das Böse im Menschen. Nachts werden wir von Albträumen gequält.

Unsere Konzentrationsfähigkeit und Merkfähigkeit sind erheblich eingeschränkt. Wenn wir das Erlebnis, das wir als kränkend bewerten, immer wieder in unserer Erinnerung abspulen, kann es langfristig zu einem Nachlassen unserer Belastungs- und Leistungsfähigkeit und sogar zum Verlust unseres Arbeitsplatzes kommen. Unsere Partnerschaft ist gefährdet, wenn wir unseren Partner beispielsweise immer wieder des (einmaligen)

Fremdgehens beschuldigen. Wir riskieren die gute Beziehung zu den Kindern, wenn wir ihnen immer wieder vorwerfen, sich nicht nach unseren Vorstellungen verhalten zu haben.

Was fühlen wir nach einem Vorfall, den wir als verletzend erleben?

Wir fühlen uns angsterfüllt, wütend, voller Groll, verzweifelt, enttäuscht, einsam, verlassen, isoliert, schuldig, beschämt, gereizt, ruhelos, minderwertig, verbittert. Indem wir aus unserer Erinnerung das für uns belastende Ereignis immer wieder hervorholen, rufen wir in uns immer wieder die damit verbundenen negativen Gefühle wach. Langfristig begeben wir uns in die innere Emigration, ziehen uns von bestimmten Menschen oder allen Menschen zurück, werden nörglerisch, aggressiv, verbittert oder vermeiden aus Angst vor erneuten Kränkungen, unsere Meinung und Wünsche zu äußern. Wir werden depressiv und haben Selbstmordgedanken.

Was passiert nach einem Vorfall, den wir als verletzend erleben, in unserem Körper?

Wir sind angespannt, zittern, weinen, haben ein Kloßgefühl im Hals und bekommen Schmerzen in den Bereichen, in denen wir besonders empfindlich sind, wie etwa Kopfschmerzen, Rückenschmerzen, Magenschmerzen, Unterleibsschmerzen. Unser Herz-Kreislauf-System gerät aus dem Takt. Wir bekommen Herzrasen, Herzstolpern, Schwindel, ein Engegefühl in der Brust, schwitzen, frieren, erröten. Unsere Atmung verändert sich, wir atmen zu schnell und bekommen keine Luft mehr. Unser

Magen-Darm-Bereich macht uns Schwierigkeiten. Wir bekommen Verstopfung, Durchfall, Harndrang, Übelkeitsgefühle.

Wir haben Schwierigkeiten, einzuschlafen oder durchzuschlafen. Tragen wir ein Ereignis, das wir als verletzend erleben, lange mit uns herum, ohne es zu verarbeiten, kann es beispielsweise zu chronischem Kopfschmerz, Gastritis, Magengeschwüren, Bluthochdruck, Hautausschlag, Juckreiz, erhöhter Infektionsanfälligkeit, Rückenschmerzen oder Angina pectoris beitragen.

Wie verhalten wir uns nach einem Vorfall, den wir als verletzend erleben?

Wir reagieren mit Kampf, Rückzug, Flucht oder Erstarrung. Wir reagieren verdeckt oder offen aggressiv.

Beim Rückzug oder bei Flucht versuchen wir unser Gleichgewicht zu finden, indem wir dem anderen die Zuwendung entziehen oder den Kontakt abbrechen. Wir versuchen, ihn durch Nichtbeachtung und Verweigern der Zusammenarbeit zu bestrafen. Er soll merken, was er uns angetan hat, indem wir nicht mehr freundlich sind oder seine Nähe meiden. Er soll sehen, wie er alleine zurecht kommt, sich einen anderen Dummen suchen. Das Problem, das sich hieraus ergibt, ist häufig, wie soll ich wieder den Schritt auf ihn zu machen oder wer soll den Schritt aufeinander zu machen?

Wir verleugnen die Kränkung (wenn ich zugebe, dass ich gekränkt bin, bedeutet das, dass ich schwach bin), verfallen in ein Trotzverhalten, grollen im Stillen, schmollen, sind beleidigt. Wir versuchen darüber hinaus indirekt unsere Kontrolle wiederzubekommen, indem wir ihn bei anderen schlecht machen, ihm einen Wunsch nicht erfüllen, ihm etwas kaputt machen, eines seiner Geheimnisse verraten, intrigieren, schnippische Bemerkungen hinter dem Rücken machen, den Kränkenden bei anderen anschwärzen, usw.

Wir sprechen unsere Bedürfnisse auf gar keinen Fall direkt an. Der andere wird darüber im Unklaren gelassen und muss raten, was mit uns ist. Häufig geben wir dem anderen keine Chance, die Situation zu klären. Spricht er uns an, »ob wir was hätten«, streiten wir es ab.

Beim Angriff oder Kampf versuchen wir, die Kontrolle wiederzubekommen, indem wir den anderen angreifen. Wir weisen ihn auf seine Schwächen hin, schieben ihm die Schuld zu, streiten unsere Zuständigkeit ab, greifen sein Selbstwertgefühl an, wollen seinen wunden Punkt treffen, usw. Wir sagen ihm, dass er sich falsch verhält, und werfen ihm vor, unsere Bedürfnisse nicht zu erfüllen. Wir sinnen auf Rache, sind kurz angebunden, wollen ihn genauso stark verletzen wie er uns, machen ihm bittere Vorwürfe, verlangen die Einsicht in sein Unrecht und eine Wiedergutmachung, rechtfertigen uns. Wir verweigern eine zukünftige gute Zusammenarbeit oder ein friedliches Zusammensein.

Ein jugendlicher Gewalttäter aus den USA beschrieb seine Gefühle und sein Verhalten so: »Hass treibt mich an. In dem Moment, in dem meine letzte Hoffnung gestorben ist, werden Menschen sterben.«

Aus unserer Verletztheit heraus lassen wir uns möglicherweise auch zu unüberlegten Handlungen hinreißen, kündigen einen guten Job, brechen eine langjährige Beziehung ab, fahren mit überhöhter Geschwindigkeit, bedrohen den anderen mit körperlicher Gewalt, machen Telefonterror. Häufig geißeln wir uns nach unserem Ausbruch deswegen mit Schuldgefühlen.

Im Zustand der Erstarrung sind wir wie gelähmt. Unser Gehirn scheint wie abgestorben, und wir können keinen klaren Gedanken fassen, geschweige denn einen passenden Konter abgeben. Kluge Gegenargumente kommen erst in der Stille zu Hause. Dort kommen dann auch die Selbstvorwürfe, warum uns die passende Reaktion nicht unmittelbar in der Situation eingefallen ist.

Manche von uns sind auch Experten darin, sich den Zustand des Verletztseins nach außen hin überhaupt nicht anmerken zu lassen. Sie bemühen sich, besonders lieb zu sein und »Gut Wetter beim anderen zu machen«. Sie wollen seine Anerkennung nicht verlieren und schlucken die bittere Pille.

Um unsere Unruhe, Gereiztheit und Betroffenheit in den Griff zu bekommen, trinken wir Alkohol, nehmen Beruhigungstabletten, essen Süßigkeiten, kaufen Überflüssiges, verletzen uns selbst oder stürzen uns in Arbeit.

Alles in allem fühlen wir uns miserabel, und unser Körper ist in großem Aufruhr, wenn wir uns stark verletzt fühlen. Uns fällt es schwer, angemessen zu handeln. Wir verlieren unsere wirklichen Ziele aus den Augen und handeln uns sehr viele Nachteile ein. Es lohnt sich also, zu lernen, ruhiger und gelassener zu reagieren.

Wichtige Erkenntnisse aus diesem Kapitel

→ Indem Sie eine Handlung oder die Worte Ihres Gegenübers als persönlichen Angriff bewerten, geben Sie Ihrem Körper das Alarmsignal: Es geht um mein Leben. Vergleichbar unseren Vorfahren sind Sie dann bereit zu Kampf, Flucht oder Erstarrung.

→ Wenn Sie sich verletzt fühlen, schlägt sich das in Ihrem Denken, in Ihren Gefühlen, in Ihrem Körper und in Ihrem Verhalten nieder.

→ Wenn Sie sich stark verletzt fühlen, fällt es Ihnen schwer, angemessen zu handeln. Es lohnt sich also für Sie, zu lernen, ruhiger und gelassener zu reagieren.

6 Das Verhalten anderer: Warum tun sie mir so etwas an?

Die Frage »Warum tut mir der andere so etwas an?« ist als solche sehr manipulativ und lockt uns auf die falsche Fährte. Es steckt nämlich die Vorannahme dahinter, dass der andere uns etwas antun will, dass er also beabsichtigt, uns zu verletzen. Besser wäre die Formulierung: Warum verhält sich der andere in dieser Art und Weise?

Dennoch grübeln wir, wenn wir uns gekränkt fühlen, meist darüber nach, weshalb der andere so gemein zu uns ist und uns kränkt. Wir sinnen nicht ernsthaft über die möglichen Gründe nach, die ihn zu seinem Handeln veranlasst haben, sondern meinen damit eher: »Der darf mir so etwas nicht antun! Ich habe es nicht verdient, so gemein behandelt zu werden.« Manche von uns sind vielleicht aber auch der Ansicht, es nicht anders verdient zu haben, als so schlecht behandelt zu werden: »Mit mir kann man es ja machen. Immer auf die Schwachen«.

Der Frage nachzugehen, welche Ursachen sich hinter dem Verhalten des anderen verbergen, kann durchaus hilfreich sein. Zugegeben, wenn wir wissen, weshalb er sich in einer bestimmten Art und Weise verhält, macht dies sein Verhalten nicht ungeschehen und rechtfertigt es auch nicht. Wissen wir etwas mehr über seine Motive, fällt es uns jedoch leichter, über die Kränkung hinwegzukommen.

Drei mögliche Motive können sich hinter dem Verhalten unseres Gegenübers verbergen:

1. Der andere will etwas Positives für uns und die Beziehung zu uns tun.

2. Sein Verhalten hat gar nichts mit uns zu tun, sondern ist lediglich Ausdruck seiner Person und Lebensgeschichte.
3. Der andere will uns tatsächlich treffen.

> **Was andere uns zutrauen, ist meistens bezeichnender für sie als für uns.**

Lassen Sie uns einmal einen kurzen Blick auf einige Motive werfen. Wir werden nicht intensiv darauf eingehen, da wir grundsätzlich unser Gegenüber benötigen, um genau herauszufinden, was ihn zu seinem Verhalten veranlasste. Wir alleine können über seine Motive nur Mutmaßungen anstellen. Ich will Ihnen hier nur vor Augen führen, dass es sehr häufig nicht das Ziel des anderen ist, Sie zu verletzen. Es gibt sehr viele Ursachen für sein Verhalten, die absolut nichts mit Ihrer Person zu tun haben.

Was kann sich also Positives hinter dem Verhalten unseres Gegenübers verbergen? Welche gut gemeinten Motive können ihn zu seinem Handeln uns gegenüber veranlasst haben?

❏ Er drückt damit sein persönliches Interesse an unserer Person aus.
❏ Er will uns zur Weiterentwicklung und Veränderung anregen und anspornen.
❏ Er will die Beziehung zu uns verbessern.
❏ Er will uns zum Lachen bringen oder uns helfen, uns zu entspannen.
❏ Er will seine Gefühle ausdrücken.
❏ Er glaubt, uns etwas Gutes zu tun (hat dabei keine Ahnung davon, dass es uns verletzt).

Was kann Neutrales hinter dem Verhalten unseres Gegenübers stecken? Welche persönlichen Gründe, die nichts mit unserer Person zu tun haben, können ihn zu seinem Tun bewegt haben?

- ❑ Er ist vergesslich.
- ❑ Er weiß es nicht besser.
- ❑ Er steckt in einer Krise und lebt momentan in einem Gefühlschaos.
- ❑ Er ist ungeschickt.
- ❑ Er ist gedankenlos.
- ❑ Er ist unhöflich.
- ❑ Er ist taktlos.
- ❑ Er ist tollpatschig.
- ❑ Er hat von zu Hause aus ein geringes Einfühlungsvermögen.
- ❑ Er ist spontan.
- ❑ Er sucht nach Anerkennung.
- ❑ Er bemüht sich um Aufmerksamkeit.
- ❑ Er will Spannung abbauen.
- ❑ Er will eigene Schuldgefühle abwehren, sich nicht damit auseinandersetzen.
- ❑ Er will sich schützen (will z.B. seine Fehler und Schwächen nicht zeigen).
- ❑ Er hat Angst vor Konflikten.
- ❑ Er hat Angst vor Veränderung.
- ❑ Er ist ein Tagträumer und mit seiner Aufmerksamkeit nicht bei uns.
- ❑ Er weiß nicht, wie man mit seinen Gefühlen angemessen umgeht.
- ❑ Er traut sich nicht, Wünsche offen anzusprechen.
- ❑ Er hat Angst, zu kurz zu kommen.

❏ Er hat Angst vor unseren Gefühlen und unserer Reaktion.
❏ Er will Mitleid erheischen.
❏ Er ist neugierig.
❏ Er will seine Bedürfnisse befriedigen – ohne uns zu schaden.
❏ Er traut sich nicht, eine Bitte zu äußern.
❏ Er hat nicht gelernt, sich in andere hineinzuversetzen.
❏ Wir erinnern ihn an einen Menschen, mit dem er unangenehme Erfahrungen gemacht hat.
❏ Er steht unter Alkohol- oder Drogeneinfluss.
❏ Er hat körperliche Schmerzen.
❏ Er hat schlechte Stimmung.

> **Der Empfänger einer Kritik
> hat mehr Macht als der Sender.**

Nun kommen wir zu den Motiven, weshalb uns andere bewusst verletzen wollen. Was kann sich Negatives hinter dem Verhalten unseres Gegenübers verstecken? Weshalb nimmt dieser einen Stein auf, zielt auf uns und will uns treffen?
❏ Er will sich an uns rächen.
❏ Er neidet uns.
❏ Er ist eifersüchtig auf uns.
❏ Er will seine Macht erhalten.
❏ Er will uns manipulieren.
❏ Er will uns kontrollieren.
❏ Er will uns abwerten und sich damit aufwerten.
❏ Er will uns bestrafen.
❏ Er ist wütend auf uns.

- ❑ Er hasst uns.
- ❑ Er fühlt sich unsicher.
- ❑ Er hat Angst vor uns.
- ❑ Er fühlt sich hilflos uns gegenüber.
- ❑ Er hasst sich selbst.
- ❑ Er ist enttäuscht von uns.
- ❑ Er will uns provozieren.
- ❑ Er fühlt sich minderwertig uns gegenüber.
- ❑ Er will sein Selbstwertgefühl steigern.
- ❑ Er will sich verteidigen.
- ❑ Er will eigene Interessen durchsetzen.
- ❑ Er hat die Einstellung, dass er immer recht haben muss.
- ❑ Er will Verantwortung und Schuldgefühle abwehren.
- ❑ Er hat die Einstellung, alles besser zu wissen und zu können.
- ❑ Er will uns Schuldgefühle machen.

Fest steht, wenn der andere es auf uns abgesehen hat und uns aus dem Gleichgewicht bringen will, ist dies kein Zeichen von Stärke.

Der andere braucht uns quasi, um sein Seelenleben zu regulieren. In Wirklichkeit sieht er sich als ein Opfer von uns oder von anderen! Er fühlte sich möglicherweise schon vor seinem Angriff auf uns hilflos und ohne Kontrolle. Häufig sind wir gar nicht der Grund für seine Verunsicherung, sondern Erfahrungen mit anderen Menschen.

Wichtige Erkenntnisse aus diesem Kapitel

→ Meist gehen andere nicht durch die Welt mit dem Ziel, Sie zu verletzen.

→ Hinter dem Verhalten anderer können sich positive Motive wie persönliches Interesse und der Wunsch, Sie zur Veränderung anzuregen, verbergen.

→ Häufig hat das Verhalten anderer absolut nichts mit Ihnen zu tun, sondern beispielsweise mit deren momentaner seelischer Verfassung und deren Bedürfnissen.

→ Wenn ein anderer Sie bewusst treffen will, dann um sein eigenes Seelenleben zu regulieren und eigene Interessen durchzusetzen. In Wirklichkeit ist er nicht stark, sondern sieht sich als Opfer anderer.

Teil II
Strategien der Bewältigung

Wie kann ich besser mit dem Verhalten anderer klarkommen?

Jetzt kommen wir aus Ihrer Sicht vielleicht »endlich« zu den Strategien. Sie wollen sicher nicht nur wissen, weshalb Sie und andere sich in bestimmter Weise verhalten, sondern auch, wie Sie in Zukunft besser reagieren können. Sie wollen endlich das Gefühl haben, anderen nicht mehr so ausgeliefert zu sein. Sie wollen anderen nicht mehr schutzlos ausgesetzt sein, sondern sich in sich selbst geborgen und sicher fühlen.

Vor Ihnen steht eine Kiste, prall gefüllt mit wirkungsvollen Strategien, mit deren Hilfe Sie sich selbst beeinflussen können. Sie verspüren die Kränkung in Ihren Gedanken, im Körper und im Verhalten. Deshalb werden Sie im Folgenden auch psychologische Strategien der Selbstbeeinflussung zu den drei Bereichen Gedanken, Körper und Verhalten finden.

Nicht jede der Strategien wird gleich gut bei Ihnen wirken und für jede Situation gleichermaßen gut geeignet sein. Experimentieren Sie deshalb mit den Strategien. Probieren Sie diese nacheinander aus und ergründen Sie, welche besonders gut in Ihren kritischen Situationen greifen. Finden Sie heraus, womit Sie am schnellsten wieder zum seelischen Gleichgewicht zurückfinden. Viele der Strategien können Sie vorbeugend erlernen, um Ihre Immunität gegenüber Verletzungen zu steigern. Sie können diese aber auch unmittelbar in der Situation einsetzen, dann wenn Sie sich verletzt fühlen. Die Strategien helfen Ihnen dabei, aus dem Zustand der Kränkung schnell wieder herauszukommen.

Doch bevor Sie sich mit den neuen Strategien befassen, ist es wichtig, genau zu beschreiben, wo Ihre Reise hingehen soll, welches Ihr konkretes Ziel ist.

7 Welches Ziel will ich mir aus-
wählen?

In der Therapie hat es sich bewährt, zu Therapiebeginn ein konkretes Ziel zu formulieren. Wahrscheinlich planen Sie Ihren Sommerurlaub auch ganz genau im Voraus. Sie wählen ein Reiseziel aus, überlegen, was Sie mitnehmen möchten und wie Ihre Anreise aussehen soll. Sie malen sich lange vor Reiseantritt aus, wie schön es am Strand oder in den Bergen sein wird und wie gut Sie sich erholen werden. Dies motiviert Sie dann, die zum Teil lästigen Vorbereitungen zu treffen und für die Urlaubskasse zu sparen. Im Gegensatz zum Urlaub wollen Sie auf dem Weg zu größerer seelischer Stabilität natürlich nicht mehr zum Ursprungsort, Ihrer großen Verwundbarkeit, zurück-reisen. Doch die Vorgehensweise, der Weg bis zum Ziel, ist vergleichbar.

> **Jede Reise beginnt mit dem ersten Schritt.**

Lassen Sie uns also beginnen. Zunächst brauchen Sie ein positives und realistisches Ziel. Dies bedeutet, dass dieses Ziel für Sie erreichbar sein soll und Sie genau wissen, wie es aussehen soll.

Folgende Ziele, die meine Klienten zunächst formu-liert haben, sind wenig hilfreich: *Nerven wie Drahtseile haben, eine Elefantenhaut zulegen, ein starkes Nervenkos-tüm besitzen, dickhäutig werden, sich nie mehr verletzt füh-len, nie mehr aus der Fassung geraten, unverwundbar sein, nie mehr etwas persönlich nehmen, sich nie mehr abgelehnt fühlen, nie mehr übergangen werden.*

Diese Ziele sind entweder unerreichbar oder negativ formuliert. Wählen wir ein unrealistisch hohes Ziel, sind wir sehr schnell von uns enttäuscht, weil wir es nicht erreichen können. Wir laufen Gefahr, uns als aussichtslosen Fall einzuschätzen und uns nicht mehr um eine Veränderung zu bemühen. Negativ formulierte Ziele, die eine Verneinung beinhalten, sind deshalb nicht geeignet, weil unser Gehirn sich keine Verneinung vorstellen kann. Oder wie sieht es bei Ihnen aus, wenn ich Sie auffordere, jetzt nicht an einen blauen Bären zu denken? Höchstwahrscheinlich sehen Sie zunächst einen blauen Bären, bis Sie sich daran erinnern, dass Sie sich keinen blauen Bären vorstellen sollen. Dann müssen Sie sich erst mühsam auf die Suche danach machen, woran Sie stattdessen denken möchten – vielleicht an einen roten Bären oder an einen Elch? Dieser Weg ist sehr umständlich und erfordert Zeit.

Wenn Sie konkret und positiv formulieren, was Sie sich unmittelbar vorstellen möchten, ersparen Sie Ihrem Gehirn zum einen die Suche, zum anderen sind Sie viel schneller handlungsfähig. Wenn Sie sich ein positiv formuliertes Ziel vorstellen, dann tun Sie sich auch leichter darin, sich zur Übung und zum konkreten Handeln zu bewegen.

Ein realistisches Ziel könnte so aussehen: Nicht so häufig verletzt, nicht so stark verletzt und nicht so lange gekränkt sein.

Halt, Sie haben es sicher bemerkt, das Ziel beinhaltet immer noch Verneinungen. Realistisch und positiv formuliert sind folgende Ziele:

❑ Ich möchte häufiger ruhig, gefasst, souverän oder selbstsicher reagieren.

❑ Ich möchte häufiger entspannt und locker auf die Kommentare anderer eingehen.

❑ Ich möchte häufiger zunächst ruhig überlegen, wie ich reagieren möchte.

❑ Ich möchte häufiger Kritik lediglich als Meinung ansehen.

❑ Ich möchte häufiger anderen Grenzen setzen und meine Auffassung mitteilen können.

❑ Wenn ich aus dem Gleichgewicht gerate, möchte ich schneller wieder gelassen und ruhig werden und meine Aufmerksamkeit der augenblicklichen Situation zuwenden.

❑ Ich möchte schneller wieder auf den anderen zugehen können.

❑ Ich möchte mit dem anderen häufiger offen über meine Gefühle sprechen.

❑ Ich möchte bei Kritik häufiger nachfragen, wie sie gemeint ist.

❑ Ich möchte mir beistehen und mich, was auch immer passiert, achten und annehmen.

Vielleicht haben Sie bemerkt, dass ich von »häufiger … ruhig reagieren« spreche und nicht von »immer«. Sobald Sie das Wörtchen »immer« verwenden, wird das Ziel unrealistisch. »Häufig« soll beinhalten: so oft es Ihnen gelingt. Es soll bedeuten: Sie arbeiten daran und tun alles dafür, um ruhig und souverän zu reagieren. Dennoch werden Sie ab und zu so empfindlich wie früher reagieren.

Sie können Ihr Ziel sogar noch konkreter machen, indem Sie nochmals zu dem Fragebogen in Kapitel 2 zurückblättern. Gehen Sie zu den Fragen 4 und 5: ›Bestimmte Redewendungen und Verhaltensweisen anderer, auf die Sie grundsätzlich verletzt reagieren‹. Ergänzen Sie Ihr Ziel, indem Sie eine dieser Situationen eintragen. Etwa:

❑ Ich möchte lernen, in der Situation … offen über meine Gefühle zu sprechen.
❑ Ich möchte in der Situation … Herrn X eine Grenze setzen und ihm meine Auffassung mitteilen.
❑ Ich möchte meiner Freundin, wenn Sie … tut, sagen, dass ich enttäuscht von ihr bin.
❑ Ich möchte ruhig bleiben und genau nachfragen, wenn mein Partner zu mir … sagt.

Wenn Sie sich ein Ziel auswählen, achten Sie auch darauf, dass Sie es selbst kontrollieren können. Sie haben keinen Einfluss darauf, was Ihr Gegenüber, Ihre Freundin, Ihr Partner, Ihr Chef, die Arbeitskollegin oder Ihr Mitarbeiter tut. Ziele wie »Ich möchte, dass mein Partner mir gegenüber sensibler wird, nicht mehr meine wunden Punkte anspricht«, »Ich möchte, dass andere mir nicht mehr so wehtun«, »Ich möchte, dass andere mich gerecht behandeln«, können Sie nicht erreichen, weil die anderen sich dafür ändern müssten. Bitte tragen Sie nun ein, welches realistische, positive und von Ihnen kontrollierbare Ziel Sie sich auswählen:

Ich möchte in der Situation
❑ _____
❑ _____

Was erwartet uns auf dem Weg zu unserem Ziel?

Die Phasen des Umlernens

»Jedes Mal, wenn ich jemanden rügen muss, sage ich ihm, er soll es nicht persönlich nehmen. Aber manchmal fasst der andere es doch persönlich auf, weil er es mit einem Fehlschlag assoziiert. Wenn ich Feedback bekomme, mache ich zweierlei: Erstens schaue ich, von wem es stammt. Wenn ich denjenigen nicht achte, schalte ich ab. Zweitens, wenn ich denjenigen und sein Feedback schätze, betrachte ich sein Feedback als Chance zur Weiterentwicklung. Und dennoch verletzt es mich manchmal ein wenig. Aber entscheidend ist, dass ich besser werde.«

Nancy Adamo

Wir Menschen erleichtern uns unser Leben durch Gewohnheiten. Wir haben ganz bestimmte Verhaltensgewohnheiten, wie wir beispielsweise essen, gehen, sprechen, einschlafen, schreiben, Zähne putzen, usw. Wir haben aber auch bestimmte Gewohnheiten, zu denken, zu fühlen und mit unseren Gefühlen umzugehen. Manche von uns geraten bei Wut aus der Fassung und schreien andere an, anderen wiederum verschlägt es die Sprache. Manche glauben, überhaupt keine Wut verspüren zu können, sondern reagieren eher mit Trauer und Verzweiflung. Manche sehen immer nur das Negative oder die Fehler, während andere die Chancen und Erfolge sehen. Sie kennen sicher das Beispiel, dass man ein halbleeres Glas auch als halbvoll beschreiben kann. All diese Gewohnheiten sind entstanden, indem wir immer wieder in ein- und derselben Weise gedacht und gehandelt haben.

Am besten haben Sie wahrscheinlich noch vor Augen, wie Ihre Gewohnheiten, Auto zu fahren, Schreibmaschine zu schreiben, oder mit dem Euro zu rechnen, entstanden sind. Sind Gewohnheiten erst einmal installiert, erfordern sie keine Mühe und Aufmerksamkeit mehr von uns. Wir brauchen uns dann nur noch auf unseren Körper zu verlassen. Dieser meldet uns, wenn unser Verhalten von den Gewohnheiten abweicht. Er meldet, wenn zu wenig Salz in der Suppe ist, wenn wir auf der falschen Seite einschlafen, wenn wir im Linksverkehr fahren, usw. Wir fühlen uns dann unwohl.

Worauf wir verletzt reagieren und wie wir mit der Verletzung umgehen – auch das sind Gewohnheiten. Wir haben die Gewohnheit, bei Kritik z.B. verlegen mit einem roten Kopf zu reagieren, oder uns zu kränken, wenn uns jemand ins Wort fällt. Wir haben gelernt, uns eingeschnappt zurückzuziehen oder eher laut und heftig mit Gegenvorwürfen zu reagieren. Vergleichbar sind Gewohnheiten mit einem Canyon, in dem sich jahrhundertelang das Wasser tief eingegraben hat. Wollen wir gelassener reagieren, müssen wir quasi einen neuen Canyon graben. Dabei wird das Wasser dazu neigen, immer wieder in den alten Canyon zu fließen, so lange, bis der neue Graben mindestens genauso tief ist wie der alte. Wir müssen deshalb geduldig das Wasser ganz bewusst und mit Anstrengung in das neue Flussbett lenken. Übertragen auf unsere Verletzbarkeit müssen wir ganz bewusst neue Gewohnheiten, zu denken und zu reagieren, einüben, bis sie automatisch ablaufen. Wir müssen umlernen und durchlaufen dabei fünf unterschiedliche Phasen des Umlernens:

1. Theoretische Einsicht

Wir wissen rein vom Kopf her, welche Einstellungen und Bewertungen hilfreich für uns sind und uns weniger verwundbar machen. Uns ist beispielsweise klar, dass der andere sich nicht nach unseren Vorstellungen verhalten muss oder wir nicht zu einem Versager werden, nur weil er uns auf einen Fehler hinweist.

2. Bewusste Übung

Wir rufen uns in den Situationen, in denen wir uns verletzt fühlen, die neuen hilfreichen und angemessenen Bewertungen bewusst in Erinnerung und setzen sie ein.

3. Widerspruch zwischen Kopf und Bauch

Wir haben den Eindruck, uns etwas vorzumachen und uns zu belügen. Unser Kopf sagt uns, dass die neue Sichtweise richtig ist, während unser Bauch uns »meldet«, dass sie nicht zutrifft. Wir haben den Eindruck, uns nicht glauben zu können. Wir fühlen uns, als ob uns der andere mit seiner Kritik vernichtet habe, obwohl wir wissen, dass es nicht so ist. Wir fühlen uns vollkommen ablehnenswert, obwohl wir vom Kopf her wissen, dass der andere lediglich seine persönliche Meinung kundgetan hat. In dieser Phase müssen wir ganz bewusst das Wasser in den neuen Canyon leiten und dürfen uns nicht von unseren altgewohnten Gefühlen beirren lassen. Unser Unwohlsein ist lediglich das Ergebnis unserer altgewohnten Denkweise. Wir benötigen einige Zeit, bis sich unser Gefühl umstellt. Die Devise dieser Phase heißt deshalb: »So tun, als ob« wir die neue Einstellung bereits glauben würden, obwohl wir uns noch genauso verletzt wie immer fühlen. Wir müssen uns unsere neue Sicht-weise und Beurteilung der Situation immer wieder vor Augen halten und uns dementsprechend verhalten.

4. Übereinstimmung zwischen Kopf und Bauch

Wenn wir weiterhin unsere neuen Einstellungen wieder-holen und uns entsprechend diesen verhalten, kommt es zu einer Übereinstimmung zwischen Kopf und Bauch. Die neuen Einstellungen fühlen sich richtig an. Wir sind jetzt an dem Punkt, an dem das Umlernen fast schon wie von selbst verläuft. Es gibt keine Krämpfe mehr zwischen Kopf und Bauch. Wir werden an diesem Punkt teilweise sogar über uns erstaunt sein und es fast nicht glauben können, etwas so locker nehmen oder so schnell abha-ken zu können.

5. Neue Gewohnheit

Eine neue Gewohnheit ist entstanden. Endlich ist der neue Canyon tiefer als der alte. Automatisch fallen uns die neuen hilfreichen Bewertungen ein und bestimmen unsere Gefühle. Es kostet uns in den meisten Situationen keine Mühe und Aufmerksamkeit mehr, gelassener zu reagieren. Wir sind jetzt so weit, dass uns die alten, über-trieben negativen Bewertungen gar nicht mehr oder nur noch ganz selten einfallen.

Hürden auf dem Weg zu einer erfolgreichen Veränderung

Die meisten meiner Klienten erleben das Umlernen als sehr mühselig und frustrierend. Sie machen es sich schwer, einen Therapieerfolg zu erleben, weil sie fordern, dass Veränderungen kontinuierlich verlaufen sollten (es also keinen Stillstand oder Rückfall gibt), dass irgendwann ein endgültiger Sieg erreicht ist und sie sich dann nie mehr gekränkt fühlen. Eine Veränderung verläuft jedoch nicht nach dem Alles-oder-Nichts-Prinzip. Wir haben bereits in Kapitel 3 davon gesprochen, dass viele Faktoren eine Rolle bei unserer Verletzlichkeit spielen (unsere Tagesform, die konkrete Situation, unser Gegenüber …).

Wir sollten deshalb nicht von uns erwarten, dass es uns immer gelingt, unsere neuen Strategien einzusetzen.

Wir sollten mit unserem Eigenlob nicht darauf warten, bis wir uns nie mehr verletzt fühlen – was ohnehin unrealistisch ist.

Warum wir ab und zu einen Rückfall oder Hänger haben werden

Manches Mal werden uns unsere neuen Strategien einfach nicht einfallen.

Auch wenn wir etwas wissen, muss es uns nicht unbedingt immer im richtigen Augenblick zur Verfügung stehen.

Dies bedeutet aber keineswegs, dass wir unfähig zu einer Veränderung sind. Dies bedeutet lediglich, dass wir die neuen Sichtweisen noch mehr verinnerlichen müssen.

Es ist vergleichbar mit Prüfungssituationen, in denen uns sehr gut Gelerntes plötzlich nicht mehr einfällt, weil wir so angespannt sind. Wir müssen dann einfach noch mehr üben und unsere Gedanken automatisieren.

Manches Mal werden wir unsere neuen Strategien nicht nutzen, weil wir der Meinung sind, in dieser Situation funktionieren und passen sie nicht.

Dies ist auch in Ordnung, wenn wir uns bewusst dafür entscheiden, die neuen Strategien nicht einzusetzen. Wir können uns beispielsweise dafür entscheiden, zu urteilen, dass wir uns in einer bestimmten Situation unbedingt gekränkt fühlen müssen. Zu einem späteren Zeitpunkt können wir dann immer noch auf unsere neuen Strategien zurückkommen – dann, wenn wir uns lange genug verletzt gefühlt haben.

Manches Mal wollen wir einfach verletzt sein.

Wir haben vielleicht den Eindruck, dann mehr Kraft zu besitzen, den anderen zu bestrafen und ihn so richtig spüren zu lassen, dass er mit uns so nicht umgehen kann. Wir glauben, dass wir durch unser Verletztsein zeigen können, wie unfair und unpassend wir sein Verhalten finden. Bisweilen sind wir vielleicht auch der Ansicht, dass wir eine solche Behandlung verdient haben. Vielleicht erhoffen wir uns auch Mitleid oder fühlen uns wohl mit unserem Selbstmitleid.

Manches Mal sind wir bereits vorab emotional so erregt und aus dem Gleichgewicht, dass wir nicht auf hilfreiche Strategien zugreifen können, sondern uns schnell bedroht und verletzt fühlen.

Dann haben wir besondere Streicheleinheiten verdient. So wie wir ein kleines hilfloses Kind, das sich den Kopf gestoßen hat, nicht nochmals auf den Kopf hauen, sondern es liebevoll in den Arm nehmen, sollten wir uns jetzt nicht auch noch mit Selbstvorwürfen bestrafen. Wir sollten uns stattdessen annehmen und uns bewusst machen: Wir dürfen jetzt verletzt sein – auch wenn wir schon eine Zeit lang daran arbeiten, eine dickere Haut zu bekommen.

Manches Mal gehen wir eher den einfachen Weg.
So wählen wir vielleicht den Weg, den Kontakt abzubrechen, weil wir die Auseinandersetzung mit dem anderen scheuen.

Oder wir geben ihm die Schuld an unseren Gefühlen, weil wir nicht bereit sind, uns mit seiner Sichtweise zu befassen.

Oder wir bleiben bei der Forderung, dass der andere erst sein Unrecht einsehen und sich ändern müsste, bevor wir ihm eine neue Chance geben.

Lassen Sie sich also von einem »Rückfall« nicht erschüttern und nicht auf dem Weg zum Ziel blockieren: *Ein Rückfall ist kein Anlass zur Resignation. Jedes Mal, wenn Sie ihre neue Einstellung und Ihr neues Verhalten einsetzen, zählt.*

Mit jedem Mal wird der neue Canyon etwas tiefer, die neue Denk- und Verhaltensweise ein Stück mehr zur Gewohnheit. Mit jedem Üben gehen Ihr neues Denken und Verhalten ein Stück mehr in Fleisch und Blut über, wie man umgangssprachlich sagt.

Es gibt keine perfekten Menschen, die immer und überall richtig und angemessen reagieren. Sie sind und bleiben wie alle Menschen ein fehlbares menschliches Wesen.

»Ich dürfte einfach nicht so empfindlich sein«: Selbstverurteilung und ihre Folgen

Es gibt noch eine weitere Ursache dafür, dass manche Klienten in der Therapie zunächst einmal nicht so gut vorankommen. Es ist Ihre Forderung an sich selbst, nicht so überempfindlich sein zu dürfen. Sie gehen sehr hart mit sich ins Gericht, verurteilen sich für ihre Dünnhäutigkeit und glauben, nicht in Ordnung zu sein. Sie halten ihre Empfindlichkeit für schlimm und unerträglich.

Wenn wir uns wegen unserer schnellen Verwundbarkeit ablehnen, hat dies jedoch viele schädliche Auswirkungen:

→ Wir fühlen uns ertappt, wenn andere uns darauf ansprechen und dabei »erwischen«.

→ Wir streiten vor anderen ab, dass wir uns getroffen fühlen.

→ Wir schämen uns für unsere leichte Kränkbarkeit.

→ Wir »bestrafen« uns quasi doppelt. Wir machen uns verwundbar, indem wir vieles als Angriff auf unsere Person bewerten, und verwunden uns dann nochmals selbst, indem wir uns wegen unserer Verletzlichkeit ablehnen.

→ Wir schmälern unser Selbstwertgefühl und Selbstvertrauen.

→ Wir tun uns schwer, uns mit unserer Verwundbarkeit auseinanderzusetzen, weil sie uns an unsere Schwächen erinnert. Und mit Schwächen befassen sich die meisten von uns nicht gerne.

→ Wir verleugnen unsere Vergangenheit und die Gesetzmäßigkeiten des Lebens. Es gibt genügend Gründe, weshalb wir im Augenblick so fühlen und reagieren, wie wir es tun. Wir haben uns aufgrund unserer Erfahrungen ganz bestimmte Einstellungen zugelegt, die uns leicht verwundbar machen. Nur weil wir unsere Reaktionen nicht leiden mögen, lösen sich diese Einstellungen nicht in Luft auf. Wir können Einstellungen nur aktiv verändern. Dies erfordert Zeit und Übung.

Um aus diesem Kreislauf zu gelangen und an uns arbeiten zu können, müssen wir uns zuerst so annehmen, wie wir im Moment sind. Das mag für Sie wie ein Widerspruch klingen, doch es ist in der Tat so: Wer von sich fordert, nicht so sein zu sollen, wie er ist, kann sich nicht ändern.

> **Der Königsweg für Sie heißt: Sich im Augenblick akzeptieren und nach Lösungen suchen.**

Gehen Sie mit folgender Einstellung ans Werk: Im Augenblick habe ich ganz bestimmte Einstellungen, die mich verwundbar machen. Es gibt Gründe in meiner Lebensgeschichte und in mir selbst, weshalb ich mich so entwickelt habe. Es schadet mir nur, mich deshalb zu verurteilen. Ich bin bereit, mich für den Augenblick mit meiner Verwundbarkeit zu akzeptieren. Ich werde mich nun darauf konzentrieren, was ich benötige, um in Zukunft weniger verwundbar zu sein und schneller wieder ins Gleichgewicht zu kommen. Ich werde mir einige hilfreiche Strategien aussuchen, die ich täglich übe. Sollte ich ab und zu in mein altes Muster zurückfallen, ist das normal. Es bedeutet nur, dass ich meine neuen Einstellungen und Verhaltensmuster weiter trainieren muss.

Woran wir unseren Fortschritt erkennen können

Viele von uns neigen dazu, sich unrealistisch hohe Ziele zu setzen und von sich Perfektion zu fordern. Nichts ist jedoch enttäuschender, als immer wieder zu erleben, dass wir unsere Erwartungen nicht erfüllen. Verbitterung und Resignation sind mögliche Folgen davon.

Wir alle lernen hingegen schneller, wenn wir in unserem Fortschritt bestätigt werden bzw. uns selbst dafür loben. Deshalb ist es wichtig, dass wir uns viele Möglichkeiten schaffen, Erfolg zu erleben. Schaffen Sie sich also auf Ihrem Weg zu mehr Gelassenheit und Souveränität möglichst viele Anlässe, um sich auf die Schulter klopfen zu können. Suchen Sie gezielt auch nach den kleinsten Hinweisen für eine positive Veränderung und Ihre Weiterentwicklung.

> **Erinnern Sie sich daran: Sie machen Fortschritte und haben jedes Mal ein dickes Lob verdient,**

Loben Sie sich,
→ wenn Sie erkennen, mit welcher Bewertung Sie einen Kommentar oder ein Verhalten eines anderen in einen persönlichen Angriff verwandeln.
→ wenn Sie erkennen, wie Sie sich selbst kränken.
→ wenn Sie sich in eine Situation wagen, die Sie aus Angst vor Kränkung bisher gemieden haben.
→ wenn Sie nach einer Kränkung nicht zu Beruhigungstabletten, Alkohol etc. greifen.
→ wenn Sie sich hilfreiche Gedanken (→ Kap. 9) sagen und sich dabei verletzt fühlen.

→ wenn Sie Atemübung, Muskelentspannung oder selbstsichere Körpersprache (siehe Kap. 8) einsetzen.

→ wenn Sie Ihr hilfreiches Selbstgespräch immer wieder voller Überzeugung laut wiederholen.

→ wenn Sie enttäuscht sind, anstatt sich verletzt zu fühlen.

→ wenn Sie sich nicht mehr so stark verletzt fühlen.

→ wenn Sie Ihren Blick auf Ihre Stärken und Erfolge lenken.

→ wenn Sie bei einer Kritik ruhig bleiben und sie als Meinung ansehen.

→ wenn Sie bei der Erinnerung an eine lang zurückliegende Kränkung keinen so intensiven oder überhaupt keinen Stich mehr verspüren.

→ wenn Sie mit jemandem über eine Kränkung sprechen können, was Sie bisher nie geschafft haben.

→ wenn Sie weniger starke körperliche Auswirkungen bei einer von Ihnen erlebten Kränkung verspüren.

→ wenn Sie sich nach einer von Ihnen erlebten Kränkung schneller wieder auf den Alltag konzentrieren können.

→ wenn Sie dem anderen verzeihen können.

→ wenn Sie weniger starke oder keine Rachegedanken haben oder sie schneller loslassen können.

→ wenn Sie weniger starke oder keine Schuldgefühle haben oder sie schneller aufgeben können.

→ wenn Sie dem anderen nicht die Schuld geben müssen.

→ wenn Sie ruhig bleiben und sich nicht zu einer unüberlegten, für Sie nachteiligen Handlung hinreißen lassen.

→ wenn Sie nicht mehr schmollen müssen oder Ihr schmollendes Verhalten schneller aufgeben können.

→ wenn Sie eine Beziehung nicht ganz und gar abbrechen und schneller wieder auf den anderen zugehen.

→ wenn Sie den anderen nicht angreifen und klein machen oder ihn zumindest weniger heftig bedrohen.

→ wenn Sie eine der Strategien aus diesem Buch einsetzen.

Bitte hüten Sie sich auch davor, sich mit anderen Menschen zu vergleichen. Sie selbst sind der Maßstab für Ihren Fortschritt. Ihr Startpunkt ist ausschlaggebend. Es kommt nur darauf an, wie tief Ihr alter Canyon ist und welche Fortschritte Sie beim Bau des neuen Canyons machen.

Wichtige Erkenntnisse aus diesem Kapitel

→ Wenn Sie weniger empfindlich reagieren möchten, ist es hilfreich, sich ein positiv formuliertes, realistisches und von Ihnen kontrollierbares Ziel auszuwählen, auf das Sie dann hinarbeiten.

→ Ihre alteingefahrenen Denk- und Verhaltensmuster sind vergleichbar einem tiefen Canyon, bei dem Sie durch Geduld und Arbeit das Wasser in einen neuen Graben umleiten wollen.

→ Während des Umlernens durchlaufen Sie eine dritte Phase, in der Sie bereits Ihre neuen Einstellungen denken, aber gefühlsmäßig den Eindruck haben, sich zu belügen.

→ Es liegt in der Natur des Menschen, dass Sie immer einmal wieder einen Rückfall in altes Verhalten oder einen Hänger haben werden.

→ Sie müssen sich zunächst mit Ihrer Empfindsamkeit akzeptieren. Erst dann können Sie sich verändern.

→ Setzen Sie sich auf dem Weg zu Ihrem Ziel möglichst viele kleine Zwischenschritte, für die Sie sich loben können.

8 Wie kann ich positiv auf meinen Körper einwirken?

Fühlen wir uns getroffen, spüren wir das in unserem Denken, in unseren Gefühlen und in unserem Körper. Da es den meisten Menschen am leichtesten fällt, auf ihren Körper einzuwirken, beginnen wir nun mit den Strategien, mit denen Sie Ihren Körper beeinflussen können.

Unser gesamter Körper reagiert bei Ereignissen, die wir als persönlichen Angriff bewerten. Sie erinnern sich an Kapitel 5: »Wir sind bereit zu Kampf, Flucht oder erstarren«? Wir bewerten eine Situation als gefährlich, und blitzschnell reagiert unser Körper. Ist die Gefahr unserer Einschätzung nach nicht allzu groß, sind wir gerade so stark aktiviert, wie wir es benötigen, um gut zu reagieren. Wir sind hochkonzentriert, voller Energie und Tatkraft. Bei außergewöhnlichen Belastungen oder chronischer Anspannung kann es umschlagen: Wir können keinen klaren Gedanken mehr fassen, fühlen uns kraftlos, uns wird schwindelig, wir laufen »kopflos« und übererregt umher. Es verändern sich u. a. unsere Körpersprache, die Atmung und die Muskelanspannung. In diesen drei Bereichen können wir nun ganz gezielt und unmittelbar auf unseren Körper Einfluss nehmen.

Setzen Sie Ihre Körpersprache gezielt ein
Unter Körpersprache verstehen wir Mimik, Gestik, Blickkontakt, Körperhaltung, Stimmklang, Sprechtempo, Lautstärke und Abstand von anderen im Raum. Unsere Körpersprache und unsere Gedanken beeinflussen sich gegenseitig.

Sehen wir etwas als persönliche Verletzung an, so wird sich das unmittelbar in unserer Körpersprache niederschlagen. Wir senken vielleicht den Kopf, um uns kleiner zu machen. Wir ziehen die Schultern hoch, um uns zu schützen. Unsere Mimik erstarrt, die Stimme wird leise, unsicher oder versagt, wir weichen einen Schritt zurück, usw.

Oder wir verkrampfen äußerlich, weil wir uns zusammenreißen und uns nichts anmerken lassen wollen. Wir lächeln gequält und zwingen uns, Blickkontakt zu halten.

Oder aber wir verfallen ins Gegenteil, »fletschen die Zähne«, werden laut und beschimpfen unser Gegenüber, gestikulieren wild, bedrängen unser Gegenüber, usw.

Verharren wir in unserer Körpersprache, haben wir nur noch Zugriff zu einem eingeschränkten Repertoire an Gedanken. Uns fallen nur noch Gedanken und Reaktionsweisen ein, die sich auf Gefahr«, »Verletzung«, »Schutz« und »Verteidigung« beziehen.

Ein kleines Experiment hierzu:
Legen Sie gleich einmal Ihr Buch aus der Hand und bringen Sie sich in eine total gelangweilte Körperhaltung. Denken Sie sich: »Es ist ja alles so langweilig. Am liebsten möchte ich jetzt einschlafen«. Verharren Sie 2 Minuten in diesem Zustand. Dann sprechen Sie laut und enthusiastisch zu sich: »Das Leben ist großartig. Ich will mal schauen, was mich heute noch Tolles erwartet!« Vorsicht: Bleiben Sie dabei aber in der gelangweilten Körperhaltung! Beobachten Sie lediglich, was in Ihnen abläuft.

Nach ungefähr einer Minute greifen Sie wieder zum Buch und kommen zu mir zurück.

Haben Sie anhand dieser kleinen Übung bemerkt, dass Sie nahezu automatisch Ihre Körperhaltung ändern, wenn Sie sich die positive Anweisung (»Das Leben ist großartig ...«) geben? Ganz charakteristische Einstellungen (z. B. »Alles ist so öde und langweilig«) führen zu ganz bestimmten Gefühlsreaktionen (Langeweile) und einer »müden, gelangweilten« Körperhaltung. Ändern wir unsere Gedanken, verändert sich auch die Körperhaltung. In unserem kleinen Experiment sind Sie bei dem Gedanken »Das Leben ist großartig« in eine dynamische Körperhaltung umgeschwenkt. Das Ganze funktioniert aber auch umgekehrt. Indem wir bewusst unsere Körperhaltung ändern, verändern wir unsere Gefühle und rufen auch andere Einstellungen ab. Diese Wirkungsweise können Sie sich zunutze machen, um Ihre Angst vor möglichen verletzenden Situationen abzubauen und um Ihre Kränkung schneller zu überwinden.

Anleitung: So finden Sie eine hilfreiche Körpersprache

Schließen Sie die Augen und suchen Sie in Ihren Erinnerungen nach einem Erlebnis, bei dem Sie sich absolut geborgen und geliebt gefühlt haben. Holen Sie sich dieses Ereignis so konkret wie möglich vor Ihr inneres Auge. An welchem Ort waren Sie? Waren Sie allein? Wer war dabei? Was hat der andere gesagt oder getan? Was haben Sie gehört, gefühlt und gesehen? Wo in Ihrem Körper haben Sie etwas verspürt? Wie haben Sie geatmet und sich bewegt? Wie haben sich Ihre Muskeln angefühlt? Welche Körperhaltung haben Sie eingenommen? Wie waren Ihre Mimik und Gesten? Was haben Sie gesagt oder getan? Was haben Sie innerlich zu sich gesagt?

In welchem Ton haben Sie innerlich zu sich gesprochen?

Je lebendiger Sie die Erinnerung wachrufen können, umso besser ist es. Wenn Sie genauso fühlen, wie Sie sich damals gefühlt haben, dann prägen Sie sich alle Einzelheiten bewusst ein. Suchen Sie nach einem Wort oder Bild, mit dem Sie die Erinnerung verknüpfen möchten. Dieses Signal (Wort oder Bild) soll Ihnen in Zukunft dabei helfen, sich schnell wieder in diese wohltuende Stimmung zu bringen.

Üben Sie am besten täglich, dieses Gefühl von Geborgenheit und Geliebtwerden wachzurufen, indem Sie sich an das Ereignis mit all seinen Einzelheiten erinnern. Nehmen Sie dabei bewusst dieselbe Körperhaltung ein. Atmen Sie in gleicher Art und Weise. Entspannen Sie Ihre Gesichtsmuskeln oder legen Sie ein Lächeln auf Ihre Lippen.

Sie können sich auch eine Erinnerung an ein Ereignis auswählen, bei dem Sie sich selbstsicher und unverwundbar gefühlt haben. Ein Ereignis, mit dem Sie die Einstellung verbinden: Was auch immer auf mich zukommt, ich finde eine Lösung. Auch hier gilt, dass Sie sich die Erinnerung möglichst lebendig vor Augen führen und sich die Körpersprache, die Sie dort hatten, einprägen. Atmen Sie tief und ruhig und lockern Sie Ihre Gesichtsmuskeln. Suchen Sie auch hier nach einem Wort oder Symbol, das Sie mit diesem Ereignis verknüpfen möchten.

Wenn Sie sich generell schwer tun, eine Erinnerung zu finden, bei der Sie sich geliebt oder stark fühlen, dann schlüpfen Sie in die Rolle eines Schauspielers. Stellen Sie sich vor, Sie spielen einen Menschen, der sich stark, erfolgreich und geliebt fühlt. Versetzen Sie sich voll und ganz in diese Person. Stellen Sie sich mit beiden Füßen fest auf den Boden. Stellen Sie sich vor, aus Ihren Füßen wachsen Wurzeln in den Boden, sodass Sie unerschütterlich sind. Nehmen Sie eine aufrechte Haltung ein. Atmen Sie ruhig und tief.

Lockern Sie Ihre Oberkörpermuskulatur und lassen Sie die Arme locker hängen. Spielen Sie die Rolle aus der Überzeugung heraus: »Ich bin wichtig und liebenswert. Ich habe viele Stärken. Ich lebe mein Leben bewusst und kann meine Ziele verwirklichen.«

Wenn Sie es bisher noch nicht getan haben, dann legen Sie jetzt Ihr Buch beiseite und spielen nun einmal den Helden. Nehmen Sie die Körpersprache eines erfolgreichen und vielleicht starken Menschen ein – auch wenn Sie sich dabei vielleicht ein wenig albern vorkommen.

Die erste Strategie lautet also:

Holen Sie sich, wann immer Sie sich gekränkt fühlen, ein Gefühl von Stärke zurück, indem Sie sich an die Situation, in der Sie sich geliebt/geborgen oder selbstsicher/ stark gefühlt haben, erinnern und die entsprechende Körperhaltung einnehmen. Wenn Sie sich ein Stichwort oder passendes Bild für diese Erfahrung ausgewählt haben, genügt es, sich an dieses Stichwort zu erinnern. Oder nehmen Sie die Körperhaltung eines Schauspielers ein, der die Heldenrolle innehat. Wenn für Sie das Bild eines alten dicken Baumes besonders hilfreich war, stellen Sie sich vor, wie Ihre Füße fest mit dem Boden verwurzelt sind und Sie unerschütterlich dem Sturm trotzen. Ihr Körper ist aufgerichtet, und Ihre Füße stehen fest parallel nebeneinander auf dem Boden.

Die veränderte Körpersprache wird Ihre Stimmung verbessern und Sie auch eher in die Lage versetzen, angemessen auf den anderen zu reagieren. Ihnen kommen bessere Ideen, ob und wie Sie einen Angriff erwidern.

Verändern Sie Ihren Atemrhythmus

Bei Angst, Wut, Anspannung und auch wenn wir uns gekränkt fühlen, verändern wir automatisch unseren Atemrhythmus. Wir atmen schneller und mit den Brustmuskeln, statt mit dem Zwerchfell. Ja, manchmal kommt es gar zum Hyperventilieren, d.h. wir atmen schneller und/oder tiefer, als es für die Versorgung des Körpers mit Sauerstoff und den Abbau des Kohlendioxids nötig ist. Das falsche Atmen bewirkt dann, dass wir zu viel Sauerstoff einatmen und zu viel Kohlendioxid ausatmen. Symptome wie Schwindel, Benommenheit, Zittern, Schwitzen, Kribbeln in den Händen und Füßen, etc. können auftreten. Um die körperlichen Symptome zu reduzieren und auch wieder ruhiger zu werden, können wir unseren Atem bewusst verlangsamen.

Es gibt viele unterschiedliche Atemtechniken. Ich möchte Ihnen zwei vorschlagen, die ohne allzu lange Übung und Zeitaufwand gut funktionieren. Sie reduzieren durch diese Atemtechniken die Sauerstoffzufuhr, und Ihr Körper hat weniger Energie zur Anspannung. Außerdem lenken Sie sich davon ab, an die Kränkung zu denken, indem Sie sich auf Ihren Atem bzw. das neutrale Zählen konzentrieren.

Beide Techniken sind auch besonders dazu geeignet, die Anspannung abzubauen, bevor Sie in eine Situation gehen, die Sie als bedrohlich erleben. Sie können damit in Ihrem Körper ganz gezielt ein Gefühl der Entspannung erzeugen.

Anleitung zur Bauchatmung

Legen Sie Ihre Hand flach zwei Zentimeter unterhalb des Nabels auf die Bauchdecke. Atmen Sie tief ein und stellen Sie sich vor, wie der Atem langsam bis hinunter zu Ihrer Hand fließt und schließlich Ihre Hand hochatmet. Dann stellen Sie sich vor, wie der Atem langsam wieder über den Brustraum zurück über die Nase nach außen entweicht, und konzentrieren sich darauf, wie die Hand wieder nach unten sinkt. Wiederholen Sie diese Technik mehrere Minuten.

Üben Sie die Bauchatmung am besten zunächst morgens vor dem Aufstehen und abends vor dem Schlafengehen im Liegen. Wenn das klappt, gehen Sie zur Übung im Stehen und dann erst zur Übung im Sitzen über. Den meisten Menschen fällt die Bauchatmung im Sitzen nämlich am schwersten. Führen Sie die Bauchatmung täglich zwei- bis dreimal durch. Mit zunehmender Erfahrung und Übung brauchen Sie die Hand nicht mehr auf Ihren Bauch zu legen, sondern spüren auch so, wann der

Atem im Zwerchfell angekommen ist und Sie in die Tiefe des Körpers atmen. In Situationen, in denen Sie Stress, Angst, Anspannung und Wut verspüren, können Sie die Bauchatmung dann sofort einsetzen und sich wieder in einen lockeren Zustand bringen.

Anleitung zur Spontan-Entspannungs-Technik

Atmen Sie etwas tiefer ein, als sie das gewöhnlich tun. Dann atmen Sie in einer Bewegung wieder aus, ohne den Atem nach dem Einatmen anzuhalten. Wenn Sie ausgeatmet haben, halten Sie Ihren Atem für ca. 6 bis 10 Sekunden an. Finden Sie selbst heraus, welche Zeit für Sie am angenehmsten ist. Zählen Sie in Gedanken von 1001 bis 1006 oder 1010 (eintausendundeins ... eintausendundsechs). Nachdem Sie den Atem angehalten haben, atmen Sie wieder ein, atmen in einer Bewegung wieder aus, ohne den Atem anzuhalten, und halten ihn dann für weitere 6 bis 10 Sekunden. Wiederholen Sie diese Atemübung für 2 bis 3 Minuten bzw. so lange, bis Sie sich deutlich entspannter und ruhiger fühlen.

Auch die Spontan-Entspannungs-Technik sollten Sie zunächst täglich in Ruhe und ohne Erregung am besten morgens vor dem Aufstehen und abends vor dem Einschlafen üben. Dann haben Sie diese auch in Stresssituationen automatisch parat, ohne sich lange besinnen zu müssen, wie sie eigentlich geht.

Entspannen Sie gezielt Ihre Muskeln

Unsere Bewertungen »Gefahr; der andere greift mich an; der lehnt mich ab; das bedeutet, ich bin nicht in Ordnung; ich bin nicht wichtig; Das … darf er nicht tun; Ich muss es ihm zeigen« laufen blitzschnell ab. Ebenso blitzschnell spannen sich unsere Muskeln an. Häufig sind wir uns gar nicht bewusst, wie stark wir quasi unter Strom stehen und bereit zur Verteidigung sind.

Die Progressive Muskelentspannung kann uns nun zum einen dabei helfen, unsere Muskelentspannung schneller oder überhaupt zu verspüren. Zum anderen können wir lernen, einzelne Muskelgruppen gezielt zu entspannen. Die Progressive Muskelentspannung können Sie einsetzen, um die Angst vor bestimmten Situationen im Vorhinein abzubauen, sodass Sie entspannter in die Situation gehen können.

Im Nachhinein, dann, wenn Sie sich bereits verletzt fühlen, können Sie sich die Progressive Muskelentspannung in Kurzform zunutze machen, um sich schneller wieder zu beruhigen.

Die Technik der Progressiven Muskelentspannung wurde von Jacobson entwickelt. Sie beruht auf der wechselseitigen Anspannung und Entspannung der Muskulatur. Im Gegensatz zum Autogenen Training sind Sie bei dieser Form der Entspannung aktiv dabei. Wenn Sie das Autogene Training beherrschen, können Sie aber auch diese Strategie zur Entspannung einsetzen. Indem Sie bei der Progressiven Muskelentspannung Ihre Muskeln bewusst entspannen, beruhigen Sie das autonome Nervensystem und ersetzen Ihre Anspannung durch Gefühle der Ruhe und Entspannung. Freilich benötigen Sie zu dieser Form der Entspannung mehr Übung und anfangs auch mehr Zeit als bei den Strategien zur Beeinflussung des Atems. Das langfristige Ziel ist jedoch auch hier, die

Entspannungsreaktion in kritischen Situationen schnell abrufen zu können. Klären Sie, falls Sie Kreislaufprobleme haben, zuvor bei Ihrem Arzt ab, ob die Entspannungsübung für Sie geeignet ist.

Anleitung zur Progressiven Muskelentspannung

Nehmen Sie sich 20 bis 30 Minuten Zeit. Suchen Sie sich zum Entspannen einen ruhigen Raum aus, wo Sie ungestört im Liegen oder in einer bequemen Sitzhaltung Ihre Entspannungsübung durchführen können. Dämpfen Sie tagsüber das Licht ein wenig ab.

Machen Sie nun einige tiefe Atemzüge ein und aus und lassen Sie Ihren Körper locker und angenehm schwer werden. Spannen Sie dann nacheinander jeden einzelnen der unten aufgeführten Muskeln Ihres Körpers etwa 5 Sekunden lang an – gerade so deutlich, dass Sie ein leichtes Ziehen verspüren und ein deutliches Gefühl für die Lage der Muskeln haben; es soll nicht zu einer Verkrampfung kommen. Dann lösen Sie die Spannung wieder, ohne sich viel dabei zu bewegen. Machen Sie sich etwa 10 Sekunden lang das Gefühl der Entspannung bewusst. Wiederholen Sie Anspannung – Entspannung, wenn Sie die Entspannung nicht gleich beim ersten Mal empfinden. Während Sie die jeweiligen Muskeln anspannen, versuchen Sie, alle anderen Muskeln so entspannt wie möglich zu halten. Beginnen Sie nun mit der rechten Faust.

1. Ballen Sie die rechte Faust, zählen Sie langsam von 1 bis 5, dann lassen Sie die Spannung los. Genießen Sie das Gefühl der Entspannung. (10 Sekunden)

2. Nun ballen Sie die linke Faust, zählen langsam von 1 bis 5, und dann lassen Sie wieder locker.

3. Nun spannen Sie die Oberarmmuskeln (Bizeps). Beugen Sie dabei die Unterarme, dass sie im rechten Winkel zum Oberarm stehen. Dann entspannen Sie wieder.

4. Spannen Sie nun die Unterarmmuskeln (Trizeps), indem sie mit den Handflächen flach auf die Unterlage drücken, dann entspannen Sie wieder.

5. Runzeln Sie nun die Stirn. Öffnen Sie die Augen dabei ganz weit. Ziehen Sie die Augenbrauen hoch, sodass Querfalten auf der Stirn entstehen, dann entspannen Sie wieder.

6. Ziehen Sie nun die Augenbrauen zusammen, sodass eine senkrechte Falte über der Nase entsteht – dann entspannen Sie wieder und glätten die Stirn.

7. Nun kneifen Sie die Augen ganz fest zusammen und zählen langsam von 1 bis 5, dann entspannen Sie wieder.

8. Pressen Sie nun die Lippen aufeinander, ohne die Zähne zusammenzubeißen, dann entspannen Sie wieder.

9. Nun drücken Sie mit der Zunge gegen den Gaumen, dann entspannen Sie wieder und lassen die Zunge locker im Mund liegen.

10. Beißen Sie nun die Zähne zusammen und entspannen dann wieder.

11. Drücken Sie nun den Nacken fest gegen die Unterlage oder nach hinten, dann entspannen Sie wieder.

12. Pressen Sie nun das Kinn fest auf die Brust, dann entspannen Sie wieder.

13. Ziehen Sie nun die Schultern hoch bis zu den Ohren, dann lassen Sie sie wieder fallen und entspannen sich.

14. Nun drücken Sie die Schulterblätter nach hinten zur Wirbelsäule hin zusammen, dann entspannen Sie wieder.

15. Nun atmen Sie tief ein, dass sich der Brustkorb wölbt. Halten Sie nun den Brustkorb so und atmen nur flach weiter. Dann lassen Sie den Brustkorb zusammenfallen und entspannen sich wieder.

16. Nun drücken Sie den Bauch heraus und halten ihn eine Weile, während Sie weiter atmen. Dann ziehen Sie den Bauch ein und entspannen wieder.

17. Wenn Sie in der Liegeposition sind, heben Sie nun das Gesäß ab und machen ein Hohlkreuz. Beim Sitzen spannen Sie nur die Gesäßmuskeln zusammen, dann entspannen Sie wieder.

18. Spannen Sie die Oberschenkel an, indem Sie so tun, als ob Sie mit den Knien etwas wegdrücken wollten. (Wenn Sie liegen, müssen Sie die Beine erst anziehen und aufstellen). Dann entspannen Sie wieder.

19. Spannen Sie die Unterschenkel an, indem Sie die Füße nach unten auf die Unterlage drücken, dann entspannen Sie wieder.

Bleiben Sie nun noch einige Minuten ganz ruhig liegen oder sitzen und genießen Sie die Entspannung. Gehen Sie in Gedanken noch einmal alle Muskelgruppen durch und lockern Sie sie weiter. Fragen Sie sich: »Fühle ich noch Anspannung im Schulterbereich, fühle ich noch Anspannung im Gesäßbereich, fühle ich noch Anspannung im …?« Dann zählen Sie vier, drei, zwei und eins. Bei eins sagen Sie sich: »Ich fühle mich wohl und erfrischt, hellwach und ruhig«, und stehen auf.

Atmen Sie bei der Übung tief, langsam und gleichmäßig aus und ein. Denken Sie am Ende der Übung beim Einatmen das Wort »ganz«, beim Ausatmen das Wort »ruhig«. Störende Gedanken lassen Sie vorüberziehen, indem Sie sich wieder auf die Entspannung konzentrieren. Später, nach der Entspannungsübung, können Sie sich eingehend damit beschäftigen.

Für manche Menschen ist es auch hilfreich, sich eine schöne angenehme Situation vorzustellen, statt die Worte »ganz ruhig« zu denken.

Führen Sie die Entspannungsübung täglich durch und beobachten Sie, wie Ihnen die Entspannung immer besser gelingt. Nutzen Sie dabei immer die gleichen Worte (ganz ruhig) oder die gleiche schöne Fantasie als Signal zur Entspannung. Mit der Zeit werden schon die Worte »ganz ruhig« oder die Vorstellung der angenehmen Situation eine Entspannung auslösen. Sie werden immer schneller in einen entspannten Zustand gelangen, denn Sie haben Ihrem Körper eine neue Gewohnheit beigebracht, nämlich auf das Signal »ganz ruhig« oder die Vorstellung des angenehmen Bildes mit Entspannung zu reagieren. In von Ihnen als bedrohlich bewerteten Situationen müssen Sie sich dann lediglich an das Bild oder die Worte erinnern, und schon kommt automatisch die Entspannung.

Wenn Sie möchten, sprechen Sie die Anleitung zur Progressiven Muskelentspannung auf Band oder kaufen

Sie sich eine bereits besprochene Kassette. Auf der CD/ Kassette »Tiefenentspannung nach Jacobson« (→ Anhang) finden Sie beispielsweise eine Kurzform der Progressiven Muskelentspannung nach Jacobson (Dauer 20 Minuten) und eine gelenkte Fantasiereise (Dauer 20 Minuten). Beide Seiten sind zur Unterstützung der Entspannungsreaktion mit klassischer Musik untermalt.

Eine andere Möglichkeit, sich gezielt zu entspannen, bietet das Yoga. Hilfreich für die Entspannung sind auch Massage, Shiatsu oder ein Entspannungsbad. Aus dem entspannten Zustand heraus fällt es uns dann leichter, die Welt positiver und lockerer zu sehen.

Werden Sie aktiv und bewegen Sie Ihren Körper
Manche von uns haben, wenn sie sich verletzt fühlen, die Neigung, zu erstarren. Ihnen gefriert, wie die Umgangssprache sagt, das Blut in den Adern. Im Tierreich findet man vergleichbar dazu den Totstellreflex: Bedrohte Tiere verfallen für eine bestimmte Zeit in Erstarrung. Bei uns erstarren meist nicht nur die Glieder, sondern auch unsere Gedanken. Wir sind sprachlos, können keinen klaren Gedanken fassen, geschweige denn angemessen reagieren und uns wehren. Um unser Blut und unsere Gedanken wieder zum Fließen zu bringen, ist es gut, wenn wir uns körperlich bewegen.

Hierzu sind natürlich alle sportlichen Aktivitäten geeignet, aber es bieten sich auch ein simples Treppen steigen, Fahrrad fahren, die Generalreinigung im Haushalt, das Ausmisten des Kellers oder die gründliche Unkrautbekämpfung im Garten an. Jede Beschäftigung ist besser, als in der Bewegungslosigkeit zu verharren. Die körperliche Bewegung hat sich sogar bei mittelschweren Depressionen als wirksame Therapieform bewährt.

Besonders entspannt werden Sie, wenn es Ihnen gelingt, dabei noch ein Lächeln auf Ihr Gesicht zu zaubern oder bei der Aktivität eine Melodie vor sich hinzusummen. Ich weiß, dass Ihnen in solchen Situationen ganz sicher nicht danach ist, aber Sie befinden sich in der dritten Phase des Umlernens. Sie müssen so tun, als ob es Ihnen schon besser gehen würde, und dann werden Sie sich zumindest auch ein wenig besser fühlen. Ihre Mimik wird sich aus der Erstarrung lösen. Viele Untersuchungen haben inzwischen nämlich ergeben, dass ein aufgesetztes Lächeln – also ohne dass es uns nach Lächeln zumute ist – schließlich doch dazu führt, dass unsere Stimmung sich aufhellt.

Drücken Sie Ihren Ärger mit Ihrem Körper aus
Wenn wir uns bedroht fühlen, spannen sich unsere Muskeln automatisch an. Wir beschreiben diese Anspannung möglicherweise nicht als Ärger, weil wir gelernt haben, ärgerlich zu sein, sei etwas Schlechtes. Besonders Frauen haben ein Problem damit, ihrem Ärger Luft zumachen.

Wir können die Anspannung oder den Ärger abbauen, indem wir an unser Gegenüber denken und diesen Gedanken gleichzeitig mit einer Aktivität verknüpfen. Beispielsweise können wir uns beim Fahrradfahren oder Joggen vorstellen, bei jeder Tretbewegung oder jedem Schritt geben wir dem anderen einen Tritt. Beim Tennisspielen können wir uns vorstellen, der Tennisball sei der Kopf unseres Gegenübers. Jeder Schlag befreit uns ein wenig mehr von der Anspannung. Natürlich können wir die Bewegung auch noch durch Gedanken wie »Mit mir machst du das nicht« oder »Dir werde ich es zeigen« »garnieren«.

Dieser Vorschlag mag für Sie reichlich rabiat und gefährlich klingen. Er ist es jedoch nicht, wenn Sie es bei der Fantasie belassen und Ihr Gegenüber nicht tätlich angreifen. Die Übung soll Sie nur darin unterstützen, ruhiger zu werden und aus der Hilflosigkeit zu gelangen. Sie sollten sie auch auf gar keinen Fall als einzige Strategie einsetzen, sondern sie mit einer mentalen Übung aus Kapitel 9 ergänzen. Langfristig müssen Sie lernen, Ihre Einstellung dem anderen gegenüber zu verändern, denn das Ausdrücken des Ärgers führt nicht automatisch dazu, dass er verschwindet. Im Gegenteil, behalten Sie Ihre negative Bewertung bei, wird die Wut am Leben erhalten und möglicherweise noch verstärkt.

Wichtige Erkenntnisse aus diesem Kapitel

→ Ihre Körpersprache und Ihre Gedanken beeinflussen sich gegenseitig. Indem Sie die Körpersprache verändern, können Sie wieder klarer denken und fühlen sich auch sicherer. Einige Strategien, wie Sie Ihren Körper wieder ins Gleichgewicht bringen:

→ Nehmen Sie die Körpersprache ein, die Sie zeigen, wenn Sie sich geborgen und geliebt oder selbstsicher und unverwundbar fühlen. Rufen Sie sich hierzu Ihr Signalwort oder Bild in Erinnerung.

→ Verändern Sie Ihren Atemrhythmus mit Hilfe der Bauchatmung oder Spontan-Entspannungs-Technik.

→ Entspannen Sie Ihre Muskulatur durch die Progressive Muskelentspannung.

→ Bringen Sie Ihren Körper in Bewegung und werden Sie aktiv.

→ Drücken Sie Ihren Ärger aus, indem Sie während Ihrer Aktivität an die Person denken, durch die Sie sich gekränkt fühlen.

9 Wie komme ich wieder ins seelische Gleichgewicht?

Wir leisten einen Eigenbeitrag zu unserer seelischen Verletzung. Andere können uns nur verletzen, wenn wir uns dafür bereit machen und es zulassen. Wir müssen uns von dem Stein treffen lassen, den andere werfen, um verletzt zu werden. Deutlich wird das im ABC der Gefühle, das wir uns in Kapitel 3 näher betrachtet haben. Da das ABC der Gefühle von zentraler Bedeutung ist und Sie es jederzeit gedanklich parat haben sollten, möchte ich es hier zum Einprägen nochmals aufführen:

→ *A Situation:* Was passiert? Was nehme ich wahr?
→ *B Bewertung:* Wie denke ich darüber? Was bedeutet das für mich?
→ *C Gefühle, körperliche Reaktion und Verhalten:* Wie fühle ich mich körperlich und seelisch? Was tue ich?

Aus dem ABC der Gefühle wird auch deutlich: Es bringt uns nichts, uns lediglich vorzunehmen, dass wir uns nicht mehr kränken lassen wollen oder dass uns das Ereignis nichts (mehr) ausmacht. Wir müssen die Ursachen für unsere Kränkungsgefühle, nämlich unsere negativen Bewertungen und Schlussfolgerungen, aus dem Weg räumen.

Die mentalen Strategien – also Strategien, die mit unserem Denken zu tun haben – mit denen wir uns nun befassen werden, setzen an diesem Punkt B an. Wir können das, was der andere sagt oder tut, nicht immer verhindern oder ändern, aber behalten immer die Kontrolle über B, unsere Gedanken, und C, unsere Gefühle, unseren Körper und unser Verhalten. Nur wenn der andere uns tatsächlich körperlich verletzt, misshandelt, foltert oder unter Drogen setzt, erschweren oder reduzieren sich unsere Einflussmöglichkeiten. Jedoch gibt es nicht nur im James-Bond-Film immer wieder Menschen, die auch dann noch die Kontrolle über ihre Gefühle und ihr Verhalten behalten. Der Psychotherapeut Victor Frankl ist ein solches Beispiel. Er hat das Konzentrationslager überlebt und dort seine therapeutischen Techniken entwickelt, die er in seiner von ihm entfalteten Logotherapie weitergab. Gott sei Dank, haben wir es im Alltag aber meist nicht mit solch schweren Formen der psychischen und körperlichen Verletzung zu tun. Menschen, die in derartig schwierigen Situationen ihr seelisches Gleichgewicht erhalten haben, können uns jedoch Mut machen. Wenn diese Menschen solch lebensbedrohliche Situationen überleben und bewältigen können, dann haben wir mindestens ebenso viele Einflussmöglichkeiten und Erfolgschancen!

»Nicht der beleidigt, der die Kränkung zufügt, sondern unsere Ansicht, sie sei beleidigend.«

Epiktet

Die folgenden Strategien sind sehr wirksam. Wir können sie immer einsetzen, wenn wir unsere Gefühle beeinflussen wollen. Ob wir uns ärgerlich, verzweifelt, ängstlich, traurig, eifersüchtig oder gekränkt fühlen, immer sind unsere Gedanken daran beteiligt. Mit unseren Gedanken geben wir quasi unsere Gefühle in Auftrag. Unsere Gefühle sind eine Auftragsarbeit. Wir sind uns dessen jedoch nicht immer bewusst, weil unser Canyon der Denkgewohnheiten (Sie erinnern sich an Kapitel 7) bereits sehr tief gegraben ist. Die Gedanken laufen automatisch ab, wir spüren nur noch unsere Gefühle. Sie können sich diesen Automatismus mit folgender Übung noch einmal verdeutlichen.

Ein kleines Experiment
Sagen Sie mir bitte spontan, welcher Ihrer beiden Daumen obenauf liegt, wenn Sie Ihre Hände falten. Wahrscheinlich müssen Sie, um mir antworten zu können, erst die Hände falten und dies überprüfen.
Gehen wir noch eine Schritt weiter. Jetzt falten Sie Ihre Hände so, dass der andere Daumen (der bisher nicht obenauf lag) oben liegt und die Finger der linken und rechten Hand abwechselnd nebeneinander zum Liegen kommen.

Wie fühlt sich das an? Verkehrt? Dann haben Sie eine Gewohnheit aufgedeckt. Irgendwann in Ihrer Kindheit haben Sie es sich angewöhnt, die Hände in dieser charakteristischen Art zu falten. Um diesen Automatismus zu durchbrechen, müssten Sie eine ganze Weile bewusst die Hände in entgegengesetzter Reihenfolge der Finger falten, bis Sie schließlich wieder automatisch die Finger in der neuen Reihenfolge sortieren und sich dies richtig anfühlt.

**Unsere Gefühle sind eine
Auftragsarbeit unserer Gedanken.**

Kommen wir nun aber wieder zurück zu unserer Gewohnheit, uns kränkbar zu machen. Wir wollen unsere Fähigkeit, umzudenken, nutzen, um uns weniger schnell persönlich angegriffen zu fühlen und um unsere innere Harmonie schneller wieder herzustellen. Die nun folgenden Strategien können uns dabei helfen.

Die Kraft Ihrer Gedanken

Im Alltag erscheint es uns, als ob unsere Gedanken ganz automatisch ohne unser Zutun fließen. Irgendwann haben wir jedoch einmal gelernt, uns genau diese Gedanken zu machen. Deshalb können wir sie auch jederzeit in eine andere Richtung lenken.

Ändern Sie Ihre grundlegenden Lebenseinstellungen
Wir alle haben uns im Laufe unseres Lebens bestimmte Sichtweisen zu uns, zu anderen und der Welt zurechtgelegt. Diese Grundeinstellungen sind die Stützpfeiler unseres Weltbildes. Viele ähnliche Erfahrungen in unserem Leben bilden den Zement für diese Pfeiler. Jede Erfahrung, die eine bestimmte Grundeinstellung bestätigt, zementiert deren Pfeiler etwas fester ein. Wir festigen diese Pfeiler aber auch gezielt, indem wir in unserem Alltag nach Beweisen für diese Grundeinstellung suchen. Wir laufen beispielsweise mit der vorgefassten Meinung durch die Welt, dass wir nicht in Ordnung sind, keine Fehler machen dürfen, die Anerkennung anderer benötigen oder andere sich nach unseren Vorstellungen verhalten müssen. Verhalten sich andere oder wir gemäß unserer Erwartungen, fühlen wir uns bestätigt. Was nicht in

unser Weltbild passt, sortieren wir meist aus. Wir erklären Ereignisse, die nicht in unser Bild passen, z. B. mit dem Zufall und Glück oder damit, dass andere sich täuschen oder uns manipulieren wollen.

»Wie kann ich dann aber meine ›fest zementierten‹ Grundeinstellungen verändern?«, fragen Sie sich jetzt vielleicht. Meine Antwort lautet: So wie jede andere Gewohnheit auch. Wenn Sie sich zutrauen, eine neue Sprache oder eine neue Sportart zu erlernen, ein neues Essverhalten zu entwickeln oder das Rauchen aufzugeben, dann können Sie auch lernen, sich und die Welt mit neuen Augen zu sehen. Solange Sie lernfähig sind, besitzen Sie die Fähigkeit, umzudenken, neue Gewohnheiten aufzubauen und alte Gewohnheiten durch neue zu ersetzen. Wollen Sie alte, fest verankerte Gewohnheiten einreißen, so werden Sie allerdings eine Zeit lang den Eindruck haben, sich zu belügen. Sie werden, so wie wir es in Kapitel 7 besprochen haben, eine Phase durchlaufen müssen, in der Sie sich innerlich quasi gegen die neue Sichtweise sträuben. Sie kommt Ihnen falsch vor.

Bevor Sie allerdings diesen Widerspruch zwischen Kopf und Bauch verspüren, müssen Sie sich Ihre alten Einstellungen bewusst machen, sie überprüfen und gegebenenfalls korrigieren. Eine Überprüfung und Korrektur unserer Gedanken ist deshalb sinnvoll, weil wir immer wieder einmal Denkfehler machen. Was wir denken, hat nämlich nicht unbedingt etwas mit den tatsächlichen Ereignissen zu tun. Beispielsweise versäumen wir es manchmal, unsere Gedanken an veränderte Situationen anzupassen. Wir haben vielleicht noch dieselbe Sichtweise wie zu dem Zeitpunkt, als wir klein und von den Eltern abhängig waren. Oder wir übertragen Erfahrungen aus der Vergangenheit ungerechtfertigterweise auf zukünftige Ereignisse, oder wir übertreiben Ereignisse in ihrer Bedeutung für uns.

So weit, so gut, damit wollen wir es hier belassen. Später in diesem Kapitel werden wir noch ausführlicher auf unsere Denkfehler eingehen. Jetzt wollen wir uns um unsere grundsätzlichen Lebenseinstellungen kümmern. Ob Ihre Grundeinstellungen hilfreich für Sie sind, können Sie mit folgenden beiden Fragen überprüfen:

1. Entspricht der Gedanke den Tatsachen? Wo sind die Beweise?

Diese Frage soll Ihnen dabei helfen, die Welt weder nur rosarot, noch schwarz zu sehen. Es ist z. B. nicht hilfreich, sich vorzumachen, dass alles nach unseren Regeln passieren sollte oder dass wir unbedingt die Zuwendung eines bestimmten Menschen benötigen. Die Welt ist weder ein Albtraum, noch das Paradies. Am besten ist es, die Welt so zu sehen, wie sie ist.

2. Hilft mir der Gedanke, mich so zu fühlen und zu verhalten, wie ich es gerne möchte?

Diese Frage soll Ihnen helfen, sich Ihre Ziele bewusst zu machen und diese auch nicht aus den Augen zu verlieren.

Schauen wir uns jetzt der Einfachheit halber einige Grundeinstellungen an, die uns besonders verwundbar machen. Prüfen wir gemeinsam anhand der beiden Fragen, welche Auswirkungen diese Grundeinstellungen auf unser Leben haben und ob wir sie besser verändern sollten. Sie werden bemerken, dass die Grundeinstellungen sich teilweise überschneiden und nicht so ganz klar zu trennen sind. Ich habe sie jedoch getrennt voneinander aufgeführt, weil es dann für Sie als Leser einfacher ist, Ihre persönlichen Einstellungen wiederzuerkennen.

Nach der Überprüfung der jeweiligen Grundeinstellung schlage ich Ihnen alternativ eine hilfreiche Einstellung vor. Trifft eine bestimmte Grundeinstellung auf Sie zu, können Sie die neu formulierte, hilfreiche Denkweise dann einfach direkt übernehmen und sich zu Eigen machen. Sie können die neuen Gedanken aber auch mit Ihren eigenen Worten umformulieren, sodass sie Ihnen leichter von der Zunge gehen und Sie sich diese auch leichter einprägen können.

Schreiben Sie sich die neue Denkweise auf ein Kärtchen, das Sie immer mit sich führen. Prägen Sie sich den Text ein, sodass Sie ihn im Ernstfall abrufen können – dann wenn Sie sich angegriffen fühlen. Ganz besonders wirksam ist es, wenn Sie während des Einprägens eine selbstbewusste Körperhaltung einnehmen und die Einstellung mehrmals laut und aus voller Überzeugung »herausposaunen«. Sie tun also so, als ob Sie schon wirklich felsenfest von ihrem Inhalt überzeugt wären (3. Phase des Umlernens).

1. Ich bin nicht liebenswert. Ich bin minderwertig. Ich bin nicht in Ordnung.

Die möglichen Auswirkungen

Wenn Sie eine solch negative Sichtweise von sich haben, dann fühlen Sie sich oft traurig, einsam, unsicher und ungeliebt. Sie haben kein Selbstvertrauen und sehen nur

Ihre Schwächen. Sie fühlen sich sehr schnell verletzt, weil Sie jede Kritik, jede Meinung, jedes Verhalten persönlich nehmen.

Sie sehen alles als Beweis für Ihre Grundeinstellung, nicht in Ordnung zu sein. Sie haben Angst vor Menschen und ziehen sich von den Menschen zurück, weil Sie sich so oft abgelehnt fühlen. Sie greifen andere an, um zumindest nach außen hin Ihre Stärke zu dokumentieren. Sie wagen nicht nachzufragen, aus Angst, zu erfahren, dass Ihre negative Sichtweise von sich stimmt.

Sie haben Angst, sich zu binden, aus Angst verlassen zu werden. Sie wählen sich einen falschen Partner, der Sie missachtet und Ihnen wehtut, weil Sie glauben, keinen besseren verdient zu haben. Sie sind neidisch auf den Erfolg anderer Menschen und wachen eifersüchtig über die Menschen, die Ihnen wichtig sind. Sie versuchen, sich durch die Einnahme von Suchtmitteln zu mehr Lebensfreude zu verhelfen. Durch eine besonders liebenswerte und helfende Art hoffen Sie, die Zuwendung anderer zu bekommen.

Sie stellen eigene Bedürfnisse und Wünsche zurück, um gemocht zu werden. Geben andere Ihnen nichts zurück, sind Sie bitterlich enttäuscht. Sie geben anderen die Macht über sich, lassen diese über Ihr Leben bestimmen.

Sie können Komplimente nur schwer annehmen, glauben, der andere wolle Ihnen nur schöntun. Sie machen sich Sorgen um Ihr Aussehen. Wenn andere über Sie sprechen, dann denken Sie, dass diese schlecht über Sie sprechen. Sie vergleichen sich oft mit anderen und schneiden bei diesen Vergleichen regelmäßig schlecht ab.

Die Überprüfung

Wo ist der Beweis, dass Sie minderwertig, nicht liebenswert oder nicht in Ordnung sind?

Wahrscheinlich würden Sie mir jetzt am liebsten einen ganzen Katalog Ihrer Schwächen vorlegen. Sie wissen nur zu gut, wo Ihre Schwachstellen sind! Doch, einen Augenblick bitte, was macht Sie so sicher, dass diese Punkte genügen, Sie als minderwertigen Menschen einzustufen? Welche und wie viele negative Punkte muss man haben, um nicht liebenswert zu sein? Wer legt diese Kriterien fest? Wo stehen sie geschrieben? Wer bestimmt, welche Eigenschaften als negativ und welche als positiv zählen? Und, gibt es überhaupt so etwas wie einen minderwertigen Menschen?

Ist diese Einordnung in wertvolle und minderwertige, in liebenswerte und ablehnenswerte Menschen nicht eine ganz persönliche Entscheidung? Ihre Entscheidung? Sicher haben sie wie jeder andere Mensch Schwächen. Sicher haben Sie schon Misserfolge gehabt, und sicher lehnen manche Menschen Sie ab. Vielleicht wurden Sie auch schon einmal von einem Partner verlassen oder von Freunden nicht miteinbezogen. Doch genügt das, um Sie in Bausch und Bogen als ablehnenswert zu be- und verurteilen? Von Staats wegen hat sogar ein Mörder die Möglichkeit zu sühnen und kann bei guter Führung vorzeitig entlassen werden. Was werfen Sie sich vor, verbrochen zu haben, um sich in dieser Form zu verurteilen? Wie lautet Ihre Anklage, um lebenslang im selbst erbauten Gefängnis bleiben zu müssen?

Natürlich ist es wichtig, auch Schwächen und Fehler wahrzunehmen, aber nur diese zu sehen und dann daraus abzuleiten, dass absolut nichts anderes als diese Schwächen zählt, ist schädlich. Selbst wenn Sie eine Schwäche haben würden, die kein anderer Mensch besitzt, bedeutet dies nicht, dass Sie minderwertig sind. In Ordnung, Ihre Eltern oder andere haben Ihnen schon oft gesagt, dass Sie ein Versager sind, aber gehören diese etwa zum Jüngsten Gericht? Sind sie der Maßstab aller Dinge?

Welche stichhaltigen Beweise können Sie also anführen, um Ihre negative Sicht von sich aufrechtzuerhalten? Sehr wahrscheinlich keine. Sie haben sich lediglich dafür entschieden, sich als minderwertig und ablehnenswert anzusehen.

Hilft Ihnen diese negative Sichtweise, sich so zu fühlen und verhalten, wie Sie es möchten?
Höchstwahrscheinlich müssen Sie diese Frage verneinen. Wenn es Ihr Ziel ist, weniger schnell, weniger stark und weniger lange verwundbar zu sein, und wenn Sie gerne ruhig und gelassen auf andere reagieren möchten, dann können Sie diese mit einer solch negativen Einstellung nicht erreichen.

Ich möchte Ihnen deshalb vorschlagen, dass Sie Ihre Stärken und Schwächen (die wohlgemerkt erst einmal nur aus Ihrer Sicht Stärken und Schwächen sind) auflisten und sich bewusst dazu entscheiden, sich generell als liebenswert und wertvoll anzusehen. Suchen Sie ganz gezielt nach Menschen in Ihrer Lebensgeschichte, die Sie mögen und die gerne mit Ihnen zusammen sind. Kraft Geburt sind Sie ein Mensch, der es verdient hat, geliebt zu werden – insbesondere von sich selbst. Auch wenn Sie sich im Augenblick innerlich noch dagegen sträuben, sich so anzunehmen, wie Sie sind –, mit Ihrer Verwundbarkeit und Ihren Schwächen –, tun Sie es dennoch. Sie befinden sich in der dritten Stufe des Umlernprozesses. Sie brauchen nicht jede Ihrer Verhaltensweisen, Merkmale und Eigenheiten gutzuheißen: Es genügt, sich als Mensch voll und ganz anzunehmen.

**Sich als liebenswert anzusehen,
ist eine bewusste Entscheidung.**

Die hilfreiche Einstellung
Ich bin ein Mensch mit Stärken und Schwächen. Ich möchte mich in Zukunft für meine Stärken loben und daran arbeiten, meine Schwächen zu überwinden. Was auch immer der andere sagt oder tut, es hat nichts mit meinem Wert zu tun. Ich kann es ertragen, von Menschen, die mir etwas bedeuten, nicht gemocht zu werden. Ich bin und bleibe ein liebenswerter Mensch. Ich habe das Recht, nach meinen Vorstellungen zu leben und meine Wünsche zu äußern – solange ich niemandem schade.

Meine neue Einstellung zu mir lautet in meinen Worten:

_____

_____

Wenn Sie sich dafür entscheiden, sich annehmen zu wollen, dann gehen Sie noch einen Schritt weiter. Überlegen Sie sich, wie sich dieses Selbst-Annehmen ganz konkret positiv äußert:
In welchen Situationen, bei welchen Verhaltensweisen

anderer werden Sie sich deutlich besser fühlen? Wie genau werden Sie sich dann anders verhalten?

Wenn xy in Zukunft _____ *sagt oder tut, dann werde ich denken:* _____
Ich werde mich _____ *fühlen und* _____ *verhalten.*

Herr Z., 55 Jahre, kam wegen Depressionen zu mir in die Therapie. Schon immer hatte er Probleme mit seinem jähzornigen, despotischen Vater. Bereits sein ganzes Leben lang kämpfte er vergeblich um die Anerkennung durch seinen Vater. Er hatte aus dessen Sicht den falschen Beruf, den falschen Wohnort und die falsche Frau gewählt, in der Kindererziehung versagt, usw. Doch jetzt war der Konflikt eskaliert. Als sein Vater wieder einmal kein gutes Haar an ihm ließ, platzte Herrn Z. der Kragen, und er warf seinem Vater vor, dass er ihn sowieso als Versager betrachten und nie ein gutes Haar an ihm lassen würde. Daraufhin antwortete sein Vater: »Worauf soll man bei dir auch stolz sein?« Herr Z. fühlte sich verletzt, wütend, gleichzeitig aber auch in seiner eigenen negativen Einstellung bestätigt. Er entschied, dass es so nicht weitergehen konnte. Er wollte nicht mehr Opfer seines Vaters sein. Selbst wenn er seinen Vater jetzt eine ganze Zeit lang mal wieder nicht besuchen würde, das wäre nicht die Lösung. Im Innern würde er immer noch unter dessen Worten leiden. Im Laufe der Therapie erkannte er, dass er die negative Sichtweise seines Vaters übernommen hatte. Er sah sich selbst auch als minderwertig und nicht in Ordnung. Er legte die gleichen Kriterien wie sein

Vater an sich an und lief beständig mit dem Gefühl umher, ein Versager zu sein. Um aus dem Kreislauf auszubrechen, musste er eine neue Einstellung zu sich erarbeiten. Sie lautete: »Ich bin in Ordnung, wie ich bin. Ich bin erfolgreich und lebe mein Leben nach meinen Vorstellungen. Schade, dass mein Vater andere Ansichten hierzu hat. Wenn mein Vater mich in Zukunft wieder schlecht machen will, dann werde ich denken: Das ist seine Sichtweise. Die passt auf sein Leben, aber nicht auf meines. Ich werde ruhig bleiben und nicht mit ihm darüber diskutieren. Ich werde mich mit den Menschen umgeben, die mich unterstützen und mögen. Ich bin ein liebenswerter Mensch. Andere können mich mögen, wenn sie dazu bereit sind.«

2. Ich darf keine Fehler machen. Ich muss perfekt sein. Wenn ich einen Fehler mache, bedeutet das, ich bin ein Versager.
Die möglichen Auswirkungen
Wenn Sie sich diese Grundeinstellung zu Eigen gemacht haben, dann fühlen Sie sich ständig unter Leistungsdruck und Anspannung. Sie fühlen sich oft kraftlos, und Ihnen wird alles zu viel. Sie müssen alles richtig machen und wollen sich und anderen etwas beweisen. Machen Sie einen Fehler, verurteilen Sie sich und halten sich für unfähig. Spricht Sie ein anderer auf einen Fehler an, fühlen Sie sich verletzt. Sie fühlen sich bei einer Schwäche ertappt und glauben, dass der andere Sie ebenso ablehnen würde wie Sie sich selbst. Sie glauben, der andere halte Sie für einen Versager.

Möglicherweise greifen Sie ihn infolgedessen an, um

ihn auch abzuwerten, oder geben ihm die Schuld für Ihren Fehler. Manchmal streiten Sie Ihren Fehler auch generell ab oder versuchen ihn vor anderen zu verbergen. Sie haben Angst vor neuen Aufgaben, weil Sie befürchten, darin zu versagen. Jeder Fehler ist für Sie wie eine Frage auf Leben und Tod. Solange etwas nicht 100 Prozent ist, können Sie nicht entspannen. Deshalb kommen Entspannung und Spaß in Ihrem Leben zu kurz. Kritik ist für Sie sehr bedrohlich, weil Sie Kritik nicht als Anregung und Meinungsäußerung verstehen, sondern als grundsätzliche Kritik an Ihrer Person. Sie zweifeln oft an Ihren Fähigkeiten, weil Ihnen – wie jedem Menschen – immer einmal wieder etwas danebengeht, Sie etwas übersehen oder falsch einschätzen.

Die Überprüfung

Wo ist der Beweis, dass Sie alles immer hundertprozentig richtig machen müssen? Wo ist der Beweis, dass Sie ein Versager sind, wenn Sie einen Fehler machen?

Sicher ist es angenehm, alles richtig zu machen. Doch können Sie mir jemanden nennen, dem dies immer gelingt? Wenn ja, ist er dann wirklich ein besserer und wertvollerer Mensch? Wenn nein, ist er dann ein Versager in allen Lebensbereichen und für alle Zeiten? Und selbst wenn es diesen perfekten Menschen gäbe, ist es keine zwingende Notwendigkeit, dass Sie ebenfalls perfekt sein müssen.

Wer hat für Sie diese Regel aufgestellt, dass Sie perfekt sein müssen? Wer hat Ihnen gesagt, dass Sie nur ein Anrecht auf Anerkennung haben, wenn Sie perfekt sind?

Woher nehmen Sie die Überzeugung, dass ein Fehler Sie zu einem Versager macht?

Ich behaupte, dass es hier auf der Welt keine fehlerlosen Menschen gibt. Wir werden unwissend geboren – mit der Fähigkeit, Fehler zu machen und permanent hinzuzulernen. Wir müssen uns immer wieder an neue Lebensumstände anpassen. Wir können uns nur nach dem Wissen verhalten, das wir verinnerlicht haben und abrufen können. Schätzen wir eine Situation in einem Augenblick falsch ein, was sich erst später herausstellt, werden wir uns auch falsch verhalten. Wir können nicht in die Zukunft schauen und müssen damit leben, manchmal erst in mehreren Anläufen an unser Ziel zu kommen, und manchmal müssen wir unser Ziel sogar verändern. Wir können nur auf das Wissen und die Erfahrung, welche wir in unserem Leben bisher gemacht, uns angelesen und erlernt haben, zurückgreifen. Machen wir einen Fehler, bedeutet dies, dass wir in diesem Augenblick etwas nicht erinnert, falsch erinnert oder bisher überhaupt noch nicht gelernt haben. Oder wir waren in diesem Augenblick aufgrund unserer Sichtweisen, Gefühle oder körperlichen Verfassung einfach nicht in der Lage, uns anders zu verhalten.

Wenn wir einen Fehler machen, stellt dies keineswegs unsere gesamte Person, unsere Leistungen und Bemühungen in der Vergangenheit in Frage. Der Fehler ist nur ein Mosaiksteinchen in einem großen Mosaik, das wir von unseren Erfahrungen, Fähigkeiten, Stärken und Schwächen angelegt haben und täglich erweitern. Wir können dazulernen und vermeiden, dass uns der Fehler in Zukunft noch einmal passiert.

Hilft Ihnen Ihr Perfektionsstreben, sich so zu fühlen und verhalten, wie Sie es möchten?

Höchstwahrscheinlich müssen Sie diese Frage verneinen. Wenn es Ihr Ziel ist, weniger schnell, weniger stark und weniger lange verwundbar zu sein und ruhig und gelassen auf andere zu reagieren, dann können Sie dies so nicht erreichen.

Beginnen Sie damit, sich liebevoller zu behandeln. Es ist in Ordnung, danach zu streben, sein Bestes in jedem Augenblick zu geben. Manchmal wird das Beste eben nur 50 Prozent sein. Statt sich für Ihren Fehler zu verurteilen, sollten Sie sich ganz konkret überlegen, weshalb Sie sich so verhalten haben und wie Sie es wiedergutmachen oder in Zukunft besser machen können. Wenn Sie sich Fehler verzeihen, werden Sie sich bei Kritik auch nicht angegriffen und in Ihren Grundfesten erschüttert fühlen. Keine Angst, Sie werden dadurch nicht ins »Mittelmaß« abrutschen. Sie bemühen sich auch weiterhin, nur der Druck ist nicht mehr so groß. Was können Sie verlieren? Ihr Perfektionsanspruch hat bisher auch nicht dazu geführt, dass Sie keine Fehler gemacht haben, oder?

> **Wenn Sie sich mit Ihren Fehlern annehmen, kann Sie keine Kritik mehr erschüttern.**

Die hilfreiche Einstellung

Ich bin ein Mensch. Als solcher bin ich fehlerhaft und werde bis an mein Lebensende immer wieder Fehler machen. Ein Fehler sagt mir lediglich, dass ich etwas verändern muss. Er sagt mir, dass ich es erneut versuchen oder nach einer anderen Lösung suchen muss, wenn ich mein

Ziel erreichen will. Er sagt nichts über meine Person aus. Ich bin in Ordnung, wie ich bin. Wenn andere mich kritisieren oder auf meinen Fehler ansprechen, so werde ich dies zunächst als deren Sichtweise ansehen. Sie sagen lediglich ihre Meinung. Ich werde prüfen, ob ich ihr zustimme und was ich möglicherweise verbessern kann. Ich kann Fehler zugeben, ohne mich als Versager zu sehen. Ein Fehler ist lediglich ein einzelnes Mosaiksteinchen aus einem großen Mosaik, in dem alle meine Erfahrungen, Fähigkeiten, Eigenschaften und Merkmale zu finden sind.

Meine neue Einstellung zu mir lautet in meinen Worten:

_____

_____

Wenn Sie sich dafür entscheiden, Ihr Perfektionsstreben aufzugeben, dann überlegen Sie sich auch hier, wie sich Ihr Leben dadurch positiv verändern wird:

In welchen Situationen werden Sie weniger Druck verspüren? In Gegenwart welcher Personen werden Sie sich sicherer fühlen? Auf welche Kritik werden Sie gefasster reagieren? Was werden Sie Neues wagen, ohne Angst vor einem Versagen zu haben?

Wenn xy … mich auf einen Fehler hinweist oder kritisiert, dann werde ich in Zukunft denken: _____
Ich werde mich _____ *fühlen und*
_____ *verhalten.*
Ich werde in Zukunft _____ *tun*
(was ich bisher aus Angst vermieden habe) und mich

Frau T., 31 Jahre, lebt seit 5 Jahre mit ihrem Freund zusammen. Im Großen und Ganzen läuft die Partnerschaft gut. Ein kritischer Punkt ist jedoch das Autofahren. Ihre Freund fährt meist, sie hat als Co-Pilotin die Aufgabe, ihn zu dirigieren. Erst neulich haben sie sich wieder stundenlang während der Autofahrt angeschwiegen, weil er sie zuvor anschrie: »Du bist zu nichts zu gebrauchen. Jetzt fahr ich schon, und du bist nicht einmal in der Lage, mir zu sagen, wo ich lang fahren muss«. Frau T. fühlte sich ganz klein und schuldbewusst: »Er hat ja recht, das dürfte mir nicht passieren«, aber sie kann einfach nicht so schnell alle Straßenschilder beachten und gleichzeitig die Karte lesen. Im Innern hasste sie sich für diese Schwäche. In der Therapie fanden wir heraus, dass sie gelernt hatte, sich nur zu mögen, wenn sie perfekt war. Bei jedem Fehler ging sie mit sich ins Gericht. Noch schlimmer war es für sie, wenn andere eine Schwäche bei ihr entdeckten und sie darauf ansprachen. Ihr neues Gedankenprogramm, das sie sich in der Therapie erarbeitete, sah so aus: »Ich bin in Ordnung, auch wenn ich etwas falsch mache oder unangemessen reagiere. Ein Fehler macht mich nicht zu einer Versagerin. Fehler sind Chancen, dazuzulernen. Wenn mein Partner mich auf einen Fehler hinweist, dann werde ich mich fragen: Kann ich seiner Kritik zustimmen? Wenn ja, bleibe ich gelassen und nehme sie an. Fehler sind Möglichkeiten, sich zu verbessern. Wenn mir die Art, wie er die Kritik formuliert, nicht gefällt, werde ich ihm dies sagen.«

3. Andere müssen sich nach meinen Vorstellungen verhalten. Sie müssen fair zu mir sein. Wenn sie es nicht tun, kann ich das nicht ertragen. Wenn sie es nicht tun, dann ist das furchtbar, und ich muss mich verletzt fühlen. Wenn sie es nicht tun, dann sind sie schlecht und sollten bestraft werden. Wenn sie es nicht tun, bedeutet das, dass sie mich nicht mögen und ich nicht wichtig bin. Wenn sie mich so behandeln, bedeutet dies, dass ich ablehnenswert bin.

Die möglichen Auswirkungen

Wenn Sie die Grundhaltung haben, dass andere Ihre Regeln kennen, akzeptieren und befolgen sollten, dann fühlen Sie sich oft als Opfer der anderen. Sie sehen sich als guten Menschen, und Menschen, die sich nicht nach Ihren Vorstellungen verhalten, als böse Menschen. In Abhängigkeit von deren Verhalten fühlen Sie sich wütend, hilflos, traurig, enttäuscht, verletzt, ängstlich und ungeliebt. Sie gehen mit hohen Erwartungen durchs Leben. Andere sollen sich nach Ihren Maßstäben und Regeln verhalten, weil Sie diese als richtig ansehen. Sie bemühen sich, fair, rücksichtsvoll, hilfsbereit, etc. zu sein, und erwarten, dass andere Ihnen gegenüber dies auch tun. Die Enttäuschung ist vorprogrammiert, weil die anderen nach ihren eigenen Regeln handeln, eine andere Lebensgeschichte, andere Lebensvorstellungen, Wertvorstellungen und Bedürfnisse haben. Ja, manchmal fordern Sie sogar, dass andere Ihre Wünsche hellsehen können, und sind verbittert, wenn Ihre Wünsche nicht erfüllt werden. Für Ihren Ärger und die Verbitterung suchen Sie die Schuld bei den anderen. Sie fühlen sich verletzt durch deren »Fehlverhalten« und denken, dass sie Bestrafung verdient haben. Sie bestrafen durch Nichtbeachtung, Schmollen, Beleidigtsein und sinnen auf eine Retourkutsche. Oder aber Sie reagieren aggressiv und wütend, greifen Ihren vermeintlichen Feind an. Er soll erleben, dass er mit Ihnen nicht so umspringen kann. Aus Ihrer Wut heraus kann es auch passieren, dass Sie »unüberlegt« handeln und sich oder den anderen gefährden. Sie fahren beispielsweise zu schnell Auto, zerstören etwas oder setzen körperliche Gewalt ein.

Sie fühlen sich verletzt und nicht wichtig genommen, denn wenn der andere an Ihnen genügend interessiert wäre, so glauben Sie, würde er schon Ihre Erwartungen erfüllen. Sie versinken in Selbstmitleid, wenn Sie den Eindruck haben, nichts gegen die »bösen« Mitmenschen bewirken zu können. Um sich nicht mehr verletzen zu lassen, trennen Sie sich von Freunden und vielleicht auch von Ihrem Partner. Gegenüber anderen sind Sie grundsätzlich misstrauisch, weil Sie schon so oft enttäuscht wurden. Andere beginnen, Sie zu meiden, weil Sie aus deren Sicht launisch, schwierig und »ungenießbar« sind.

Die Überprüfung
Wo steht geschrieben, dass andere sich nach Ihren Vorstellungen verhalten müssen? Woher wissen Sie, dass Ihre Wertvorstellungen die einzig Richtigen sind? Wo sind die Beweise, dass Sie es nicht aushalten können? Wo steht geschrieben, dass die anderen schlecht sind und Sie diese wegen ihres Verhaltens bestrafen müssen? Woher wissen Sie, dass andere Sie nicht mögen, wenn diese Ihre Erwartungen nicht er-

füllen? Wo ist der Beweis, dass Sie ein ablehnenswerter Mensch sind, wenn andere Sie so behandeln?

Kurz gesagt: Es gibt keine Gesetzmäßigkeit, dass die Welt sich nach Ihren Vorstellungen und Maßstäben dreht. Es gibt keine Sicherheit, dass die Welt uns fair und gerecht behandelt. Es gibt keine Garantie, dass wir immer bekommen, was wir glauben, verdient zu haben.

Gehen wir davon aus, dass Sie ein durch und durch guter und moralischer, rücksichtsvoller Mensch sind und dass die Welt wirklich ein friedlicher Ort wäre, wenn sich alle Menschen wie Sie verhalten würden. Um sich jedoch in gleicher Weise verhalten zu können, müssten alle anderen eine ähnliche Lebensgeschichte und ähnliche Erfahrungen gemacht haben. Sie müssten dieselben Ziele, Bedürfnisse, Ansichten und dieselbe Stimmungslage wie Sie haben. Sie müssten zudem Ihre Erwartungen kennen und sich dafür entscheiden, sie zu erfüllen. Es ist ziemlich unwahrscheinlich, dass all diese Bedingungen erfüllt werden. Außerdem wäre die Welt dann ein reichlich langweiliger Ort, weil wir dann wie geklont umherlaufen würden. Wir Menschen unterscheiden uns in unserer Lebensgeschichte, unseren Zielen, Bedürfnissen, Einstellungen, Wertmaßstäben, unserer körperlichen Ausstattung, unserer momentanen Verfassung, usw. Wir alle bemühen uns, unser Leben zu erhalten und unsere eigenen Bedürfnisse zu erfüllen. Manchmal sind die Ressourcen knapp, und nur die Bedürfnisse weniger oder nur eines einzelnen Menschen können erfüllt werden. Manchmal kollidieren unsere Bedürfnisse mit denen anderer. Deshalb werden andere unsere Erwartungen immer wieder einmal nicht erfüllen. Die anderen haben das Recht, nach ihren persönlichen Vorstellungen zu leben. Es ist nicht ihre Aufgabe, an erster Stelle unsere Bedürfnisse zu setzen und zu erfüllen. Wir haben das Recht, darüber verwundert, enttäuscht, verbittert, wütend, empört, usw. zu sein.

Aber wir müssen damit leben, ab und zu von anderen enttäuscht zu werden.

Damit will ich nicht sagen, dass wir uns keine Vorstellungen mehr davon machen dürfen, was andere tun oder nicht tun sollen. Wir dürfen uns auch weiterhin Gerechtigkeit und Fairness wünschen. Das Problem sind unsere Forderungen. In dem Moment, in dem wir etwas von anderen fordern, machen wir uns zum Opfer. Wenn wir gleichzeitig auch noch aus der Nichterfüllung unserer Erwartungen schlussfolgern, dass andere uns nicht wichtig nehmen, uns absichtlich verletzen, fühlen wir uns umso mehr bedroht.

So lange wir uns etwas nur wünschen, sind wir auf dem richtigen Weg. Dann fühlen wir uns zwar enttäuscht und traurig, aber nicht in Gefahr. Wir suchen nach neuen Möglichkeiten, wie wir bekommen, was wir wollen. Wir brauchen dann nicht auf Rache zu sinnen und nicht darüber nachzudenken, wie wir den anderen klein machen. Wenn wir anderen das Recht zusprechen, nach ihren Vorstellungen zu handeln, bedeutet dies auch nicht, dass wir alles dulden und zum Märtyrer oder Opferlamm werden. Wir haben nach wie vor das Recht, ein Verhalten als falsch zu bewerten und zu überlegen, durch welche Konsequenzen wir anderen dies signalisieren können. Hierbei sollten wir jedoch genau hinschauen, ob indirekte Signale wie wortloser Rückzug oder Eingeschnapptsein wirksame Strategien sind oder uns möglicherweise nur schaden.

Tatsache bleibt, dass wir dadurch, dass wir ein Verhalten für falsch halten, den anderen nicht automatisch an seinem Verhalten hindern. Auch unsere Bestrafungsmaßnahmen wie Beschimpfen oder Schmollen müssen nicht unbedingt fruchten. Der andere wird sein Verhalten nur ändern, wenn er zu der Erkenntnis kommt, dass es falsch ist. Durch unsere Forderung, andere sollten sich nach unseren Vorstellungen verhalten, machen wir uns nur selbst unglücklich und verwundbar. Wenn andere unsere Forderungen nicht erfüllen, dann ist dies bedauerlich, aber wir können es ertragen. Es sagt nichts über unseren Wert und unsere Bedeutung als Mensch generell aus.

Hilft Ihnen Ihre Forderung, dass andere sich nach Ihren Vorstellungen verhalten sollen, sich so zu fühlen und zu verhalten, wie Sie es möchten?

Höchstwahrscheinlich müssen Sie diese Frage verneinen. Wenn es Ihr Ziel ist, weniger schnell, weniger stark und weniger lange verwundbar zu sein und ruhig und gelassen auf andere zu reagieren, dann können Sie dies so nicht erreichen.

Beginnen Sie stattdessen, Ihre Forderungen in Wünsche umzuwandeln. Ersetzen Sie ›Der andere sollte …‹ durch ›Ich wünsche mir, dass …‹, ›Mir wäre lieber, wenn …‹, ›Mir gefällt nicht, dass … und deshalb werde ich … tun‹, ›Ich bin enttäuscht von … und werde deshalb … tun‹. Das Verhalten des anderen hat nichts mit Ihrem Wert als Mensch zu tun. Auch wenn er Sie ablehnt, unfair behandelt, übergeht, kann er Sie dadurch nicht »entwerten«.

Die hilfreiche Einstellung
Andere haben das Recht, sich nach ihren eigenen Vorstellungen zu verhalten. Sie sind deshalb keine Menschen, die ich verdammen muss. Sie verhalten sich danach, was sie im Augenblick als das Beste ansehen. Ihre und meine Rechte sind gleichberechtigt. Ich habe das Recht, ihr Verhalten als falsch und rücksichtslos anzusehen und entsprechend zu reagieren. Wenn andere sich nicht nach meinen Vorstellungen verhalten, ist dies bedauerlich, aber ich kann damit umgehen. Ich muss das, was ich möchte, nicht um jeden Preis erhalten. Ich überlege mir aufs Neue, wie ich mein Ziel erreichen kann. Ich kann ihnen beispielsweise sagen, dass ich enttäuscht bin, oder kann meine Wünsche (nochmals) äußern. Ich kann mir überlegen, wie ich meine Bedürfnisse auf anderem Wege erfüllt bekomme. Es gibt viele Gründe, weshalb andere sich in dieser Art und Weise verhalten. Diese müssen nichts mit mir zu tun haben. Ihre Lebensgeschichte, Ziele, Wertvorstellungen, Bedürfnisse, Erwartungen, körperliche Verfassung und ihre momentane Stimmungslage können dabei eine Rolle spielen. Andere Menschen können meine Person durch ihr Verhalten nicht infrage stellen. Wenn sie mich tatsächlich ablehnen, ist dies traurig. Es gibt jedoch noch viele andere Menschen, die ich kennenlernen kann und die mich mögen werden. Ich bin ein liebenswerter Mensch.

In Zukunft möchte ich keine Forderung mehr an andere stellen wie »Der andere sollte …«, »Der andere darf nicht …«. Stattdessen möchte ich von Wünschen und Vorlieben sprechen: »Ich möchte …«, »Ich würde gerne …«, »Ich ziehe es vor …«, »Für mich wäre es angenehmer, wenn …« Wenn ich nicht bekomme, was ich möchte, werde ich dies mit den Worten kommentieren: »Es ist schade, bedauerlich, dass … Ich kann es ertragen.«

Meine neue Einstellung lautet in meinen Worten:

_____

_____

Wenn Sie sich dazu entscheiden, die Forderung aufzugeben, dass andere sich nach Ihren Vorstellungen verhalten sollten, dann machen Sie jetzt eine kleine Fantasiereise: Stellen Sie sich vor, was sich hierdurch in Ihrem Leben positiv verändern wird: Mit welchen Menschen kommen Sie besser klar? In welchen Situationen fühlen Sie sich weniger verletzt? In welcher neuen Form werden Sie Ihre Bedürfnisse äußern?

Wenn xy sich … verhält, dann werde ich in Zukunft denken: _____ Ich werde mich _____ fühlen und _____ verhalten.

Herr B., 25 Jahre, suchte meine Praxis wegen seiner Jähzornausbrüche auf. Er hatte bereits viele Freunde verloren und deswegen auch schon eine Abmahnung von seinem Chef erhalten. Seine erste Partnerschaft war ebenfalls daran gescheitert, dass er schon bei »Kleinigkeiten« ausrastete. Früher sah er seine Wut als Zeichen von Selbstsicherheit an und war stolz darauf, dass »keiner ihm was anhaben konnte«. In den letzten Jahren entdeckt er jedoch, dass ihm seine Zornesausbrüche sehr oft schadeten. Er wollte sich ändern, wusste nur nicht, wie er seine Wut abstellen konnte. Der bloße Vorsatz, nicht mehr wütend werden zu wollen, hatte ihn nicht weitergebracht.

In unseren Gesprächen kristallisierte sich heraus, dass er in seiner Kindheit sehr verwöhnt wurde. Er bekam von seinen schwachen Eltern, was immer er wollte. Bekam er es nicht, warf er sich als kleiner Junge zu Boden und trommelte so lange mit den Füßen, bis er es schließlich bekam. So entwickelte er die Einstellung, dass er immer bekommen musste, was er wollte. Er habe es verdient, dass andere sich nach seinen Erwartungen verhalten und sich ihm gegenüber fair verhalten. Und diese unrealistischen Erwartungen machen ihn als Erwachsenen zum Opfer anderer. Nicht jeder reagiert wie seine Eltern und macht ihm die Bahn für seine Forderungen frei. Was ihm in seiner Entwicklung noch fehlt, ist, zu lernen, mit Enttäuschungen umzugehen und andere mit ihren Rechten und Wünschen zu akzeptieren.

In langen Gesprächen erkannte er, dass er nicht mehr Rechte als andere besitzt. Er will in Zukunft anderen mit folgender neuer Einstellung begegnen: »Ich bin bereit zu akzeptieren, dass andere sich nach ihren Vorstellungen und Bedürfnissen verhalten. Ich kann dies aushalten – auch wenn es mir nicht gefällt und ich Abstriche machen muss. Ihr Verhalten ist kein Angriff auf mich, sondern sie sehen die Situation nur aus ihrer Warte. Ich bin nicht deren Opfer. Ich kann entscheiden, welche Reaktion ich auf ihr Verhalten zeige. Wenn ein anderer sich mir gegenüber nicht fair verhält, dann denke ich: Mir gefällt nicht, was er tut, aber er hat das Recht, sich so zu verhalten. Ich kann damit umgehen. Ich bleibe gelassen oder leicht alarmiert und überlege mir, was ich an Lösungsmöglichkeiten habe.

Da Herr B. sozusagen ein absoluter Experte in der Wuterzeugung war, kam es anfangs immer wieder zu Rückfällen. Deshalb sprach er mit seinen Freunden ab, wie sie darauf reagieren sollten. Und er gewöhnt sich an, sich zu entschuldigen und sein Verhalten im Nachhinein zu erklären. Oftmals zog er sich auch zunächst aus der Situation zurück, um sich erst einmal zu beruhigen.

4. Ich brauche die Anerkennung und Liebe anderer. Wenn andere mich ablehnen oder kritisieren, bin ich nichts wert/nicht liebenswert.

Die möglichen Auswirkungen

Wenn Sie diese Einstellung teilen, dann fühlen Sie sich oft abgelehnt und ungeliebt. Sie haben den Eindruck, anderen ausgeliefert zu sein und sehr häufig von ihnen nicht wichtig genommen zu werden. Bekommen Sie Zuwendung und Aufmerksamkeit, geht es Ihnen gut. Glauben Sie, nicht geliebt zu werden, fühlen Sie sich nicht liebenswert. Sie fühlen sich wie auf einer Schaukel, mal oben, mal unten – je nachdem, wie stark Ihnen andere applaudieren. Um der Anerkennung willen sind Sie bereit, eigene Bedürfnisse zurückzustellen und im Service für andere zu sein. Sie laufen durch die Welt, immer auf der Lauer, ob andere Sie mögen oder nicht. Ohne deren

Zuwendung glauben Sie, ein Nichts zu sein. Sie leiden unter Neid- und Eifersuchtsgefühlen. Aus Angst, dass andere schlecht über Sie denken, leben Sie eigene Wünsche nicht aus und halten Ihre persönliche Meinung zurück. Sie fühlen sich ausgenutzt, weil Sie eigene Wünsche nicht anmelden, aber hoffen, dass der andere von alleine auf Ihre Wünsche kommt und sie erfüllt. Sie haben Angst, Ihr wahres Ich zu zeigen, weil andere Sie dann ablehnen könnten. Schwächen und Fehler von sich versuchen Sie zu verbergen. Streit und Konflikte und Trennung erleben Sie als große Bedrohung. Kritik erleben Sie als vernichtende Niederlage. Eine Kritik bedeutet für Sie persönliche Abwertung und Herabwürdigung. Entweder streiten Sie die Kritik ab, schieben dem anderen die Schuld zu, oder Sie ziehen sich getroffen und verletzt zurück. Oder aber Sie zeigen Fassade, bleiben nach außen hin cool, während es in Ihrem Innern schmerzt.

Die Überprüfung
Ist es wirklich so, dass für Sie die Anerkennung anderer lebensnotwendig ist? Kommt es einem Todesurteil gleich, wenn Sie nicht gemocht werden? Ändert die Ablehnung oder Kritik tatsächlich etwas an Ihrem Wert als Mensch? Wo sind die Beweise?

Ist es nicht eher so, dass es schön ist, gemocht zu werden, und bedauerlich, keine Anerkennung zu erhalten? Also dass wir auch ohne die Liebe einer bestimmten Person weiterleben können? Wären wir Menschen tatsächlich so zerbrechlich und verwundbar, dass die Liebe eines einzelnen Menschen über unser Leben und unseren Tod bestimmen könnte, dann wäre die Ablehnung ein sehr gefährlicher Gegner. Eine Ablehnung wäre unser Todesurteil. Verbunden mit einer Trennung oder dem Tod eines Angehörigen wäre dann automatisch unser eigener Tod.

Vielleicht wenden Sie nun ein, dass Sie von Fällen gehört haben, wo ein treuliebender Partner seiner Frau kurz darauf in den Tod gefolgt ist. Dies ist jedoch kein Beweis dafür, dass wir generell die Liebe und Zuwendung eines bestimmten Menschen benötigen. Es ist ein Beweis dafür, wie machtvoll wir mit unseren Einstellungen über unseren Körper bestimmen.

Die Anerkennung, Zuwendung oder Liebe eines anderen für kurze Zeit oder auf Dauer zu verlieren, ist für die meisten von uns bedauerlich und bewegend. Es ist ganz natürlich, für einige Zeit deshalb betroffen und traurig zu sein. Wir Menschen können jedoch lernen, uns auf neue Situationen einzustellen, und uns Ersatz für die Zuwendung eines Menschen verschaffen. Wir können uns sogar selbst die nötige Zuwendung geben und uns weitgehend unabhängig von anderen machen.

Wenn uns ein anderer ablehnt, dann hat dies nur wenig mit uns zu tun. Es ist ein Ausdruck seiner Lebenseinstellungen, Wertvorstellungen, Ziele, Bedürfnisse, Erwartungen und auch momentanen Verfassung. Anerkennung ist extrem wankelmütig. Im nächsten Augenblick kann seine Meinung bereits wieder eine andere sein.

Selbst wenn wir uns zu einem Zeitpunkt der Zuwendung und Liebe eines anderen absolut sicher sind, bekommen wir kein Gefühl der Sicherheit, denn wir müssen Angst haben, dass er sich im nächsten Augenblick anders besinnt. Außerdem kann uns überhaupt kein Mensch als gesamte Person ablehnen, denn niemand kennt uns vollkommen, sondern jeweils nur Bruchteile von uns – und diese sogar nur zu einem bestimmten Zeitpunkt in unserem Leben. Von unseren Entwicklungs- möglichkeiten und noch nicht entdeckten Talenten will ich erst gar nicht sprechen. Kein anderer kann unseren Wert definieren, denn es gibt keine wertlosen und wert- vollen Menschen. Es gibt allerhöchstens Verhaltenswei- sen, die er aufgrund bestimmter Wertvorstellungen und Erwartungen zu einem bestimmten Zeitpunkt als gut oder schlecht, als richtig oder falsch bewerten kann. Kri- tik ist für uns deshalb keine wirkliche Gefahr, weil sie uns niemals als Mensch infrage stellen kann – selbst wenn der andere dies beabsichtigen sollte.

Hilft Ihnen diese Sichtweise, die Anerkennung ande- rer zu benötigen, sich so zu fühlen und verhalten, wie Sie es möchten?
Höchstwahrscheinlich müssen Sie diese Frage vernei- nen. Wenn es Ihr Ziel ist, weniger schnell, weniger stark und weniger lange verwundbar zu sein und ruhig und gelassen auf andere zu reagieren, dann können Sie dies so nicht erreichen.

Die hilfreiche Einstellung
Es ist schön, von anderen gemocht zu werden, aber nicht lebensnotwendig. Wenn andere mich ablehnen oder kri- tisieren, ist das bedauerlich, aber nicht lebensbedrohlich. Die Ablehnung durch andere sagt nichts über meine Per- son aus – sondern lediglich darüber, dass ich zu einem bestimmten Zeitpunkt ihren Vorstellungen nicht entspre- che. Nur auf mich selbst kann ich mich hundertprozentig

verlassen. Deshalb nehme ich mich selbst mit meinen Stärken und Schwächen an und kümmere mich um mich. Wenn ich kritisiert werde, werde ich prüfen, ob ein Verbesserungsvorschlag für mich dabei ist, den ich übernehmen möchte.

Ich frage mich, was mir wichtig ist und was mir guttut. Solange ich anderen nicht schade, werde ich nach meinen Vorstellungen und Wünschen leben. Wenn dies anderen gefällt, umso besser. Wenn nicht, kann ich damit auch leben. Es gibt niemanden, der allen anderen hundertprozentig gefällt. Nicht einmal Jesus hatte nur Anhänger und keine Kritiker und Ignoranten.

Meine neue Einstellung lautet in meinen Worten:

_____

_____

Wenn Sie sich dazu entscheiden, nicht mehr zu fordern, von anderen unbedingt gemocht werden zu müssen, dann entwerfen Sie auch hier ein Bild, wie sich Ihr Alltag daraufhin verändert wird: Welche Menschen haben dann weniger Einfluss auf Sie? Welche Wünsche werden Sie dann äußern? Wem gegenüber werden Sie Grenzen setzen?

Ich werde in Zukunft _____ *tun.*
Ich kann damit leben, wenn es xy _____
nicht gefällt. Wenn xy _____ *in Zukunft*
_____ *sagt/tut, dann werde ich*
mir denken _____ *mich*
_____ *fühlen und*
_____ *tun.*

Frau R., 38 Jahre, litt seit Jahren unter Minderwertigkeitsgefühlen. Bei ihrem Mann war sie nie sicher, ob er sie
wirklich liebte oder nur der Kinder und des Hauses wegen bei ihr blieb. Auch im Freundeskreis fühlte sie sich
als fünftes Rad am Wagen. Schon ein paar Mal hatten die
Freundinnen sie nicht gefragt, ob sie zu den monatlichen
Aktivitäten wie Kinobesuch oder zu Vorträgen mitkom-
men wolle. Als einige der Freundinnen dann noch ihren
Geburtstag vergaßen, war sie ganz besonders gekränkt.
Im Grunde genommen, so sagte sie mir, könne sie es
aber verstehen, dass man mit ihr nichts zu tun haben
wollte, denn an ihr wäre ja nichts interessant. Sie fühlte
sich als Opfer und verfiel immer mehr in Selbstmitleid.
Den Ausschlag zur Therapie gab schließlich ihr Hausarzt,
den sie wegen ihrer Rückenschmerzen aufsuchte. Da bei
ihr weder er, noch der Orthopäde eine körperliche Ursache hierfür finden konnten, riet er ihr zu einer Psycho-
therapie. In der Therapie gingen wir ihrem negativen
Selbstbild auf den Grund. Sie erzählte, dass sie zu Hause
immer die graue Maus gewesen sei, die willig tat, was
man ihr sagte, aber mit der man halt keinen Staat machen konnte. Von dem Charme und der Intelligenz ihrer
jüngeren Schwester seien hingegen alle begeistert gewe-

sen. So hatte Frau R. gelernt, sich selbst für nicht liebens-wert anzusehen. Gleichzeitig sehnte sie sich aber nach Anerkennung und Liebe. Auch als erwachsene Frau lebte sie noch nach demselben Muster und machte sich von der Zuwendung durch andere abhängig. Ihr negativer Gedankenkreislauf lautete: »Ich bin nicht liebenswert und deshalb wollen andere mich nicht dabeihaben. Ich brauche die Anerkennung anderer, weil ich mich selbst nicht liebe.«

In der Therapie lernte Frau R., ihre Stärken und Fähig-keiten zu entdecken und sich so anzunehmen, wie sie war. So konnte sie auch besser mit Ablehnung umgehen. Gleichzeitig machte sie jedoch die Entdeckung, dass an-dere sie jetzt lieber um sich haben wollten, weil sie eine positivere Ausstrahlung hatte und ihnen mehr geben konnte. Ihr neues Lebenskonzept lautete: »Ich bin lie-benswert, wie ich bin. Ich habe Stärken und Schwächen wie jeder andere auch. Wenn meine Freundinnen mich in Zukunft nicht einladen, dann werde ich denken, dass sie ihre Gründe haben. Dies hat jedoch nichts mit meinem Wert als Mensch zu tun. Ich werde gelassen bleiben oder ein wenig enttäuscht sein und sie nach ihren Gründen fragen.«

Überprüfen Sie Ihre Bewertungen in der Situation
Upps … und schon ist es passiert. Wir sind eingerastet, eingeschnappt, beleidigt, verletzt, getroffen, »unser Ge-sicht fällt nach unten«. In Millisekunden geht das Ganze vonstatten. Bis wir uns wieder aus diesem Zustand he-rausmanövriert haben, dauert es hingegen Minuten, Tage, Wochen, Monate oder gar Jahre.

Der Ablauf ist immer derselbe: Ein anderer sagt oder tut etwas, wir bewerten es als Angriff und fühlen uns persönlich getroffen. Manchmal fühlen wir uns bedroht, wo der andere in Wirklichkeit gar keine böse Absicht hatte. Manchmal fühlen wir uns stärker bedroht, als es notwendig wäre.

Ausschlaggebend dafür sind unsere Wahrnehmungen und Bewertungen. Wir nehmen eine Situation verzerrt wahr oder interpretieren die Zusammenhänge falsch, ziehen also falsche Schlussfolgerungen. Diese Zusammenhänge lassen sich wieder gut im ABC der Gefühle verdeutlichen.

Frau S., eine Klientin von mir, hat ihre verletzende Erfahrung mit ihrem Partner folgendermaßen im ABC der Gefühle dargestellt:

A Situation: Was passiert?
Ich berichte meinem Mann von den täglichen Sticheleien meiner Kollegin und wie sehr ich darunter leide. Mein Partner legt die Zeitung dabei nicht auf die Seite, blickt nur kurz auf und sagt: Du übertreibst wie immer maßlos.

B Bewertung: Wie bewerte ich die Situation?
Ich denke: Ich bin ihm überhaupt nicht wichtig. Er will mich nicht verstehen. Ich bin nicht in Ordnung.

C Gefühle, körperliche Reaktionen und Verhalten: Was fühle ich körperlich und seelisch, wie verhalte ich mich?
Ich fühle mich verletzt und ziehe mich zurück. Ich schwöre mir, ihm überhaupt nichts mehr Persönliches von mir zu erzählen.

Am Beispiel von Frau S. können wir drei Denkfehler erkennen:

1. Ihr Mann hört in einer Situation nicht zu, und sie folgert, dass sie ihm überhaupt nicht wichtig ist.
Sie nimmt diese Erklärung einfach so an, hat jedoch keine Beweise dafür. Andere Erklärungen wären beispielsweise: Er liest etwas Wichtiges, was er nicht unterbrechen möchte. Er fühlt sich nur im Augenblick gestört. Er wendet eine unangemessene Strategie an, um ihr zu sagen, dass er sich im Moment nicht mit ihr befassen will. Die Tatsache, dass er im Augenblick nicht zuhört, sagt überhaupt nichts darüber aus, ob sie ihm wichtig ist oder ob er sie liebt oder nicht.

2. Ihr Mann hört nicht zu, und sie folgert, dass er dies absichtlich tut und sie nicht verstehen will.
Andere Ursachen könnten sein: Er selbst würde sich in einer solch schwierigen Situation mit einem Kollegen anders verhalten und kann sich deshalb nicht in seine Frau hineinversetzen. Er fühlt sich überfordert, weiß nicht, wie er helfen soll. Es ist seine Form der Hilfe. Er will durchs Nicht-darauf-Eingehen verhindern, dass sie sich noch mehr hineinsteigert.

3. Sie folgert, dass mit ihr etwas nicht stimmt, weil er der Meinung ist, sie übertreibe.
Andere Schlussfolgerungen könnten sein: Er ist ein anderer Mensch, und es ist seine Art, Dinge einzuordnen und mit der Situation umzugehen. Er will sich nicht mit Problemen befassen, und deshalb sagt er, sie übertreibe.

Sie sehen an diesem Beispiel, dass das Verhalten von Herrn S. einen Teil zum Konflikt beiträgt, die Kränkung jedoch durch die Schlussfolgerungen von Frau S. zustandekommt. Unser Gehirn überprüft normalerweise nicht, ob unsere Bewertungen der Situation angemessen sind oder nicht. In dem Augenblick, in dem wir einen Vorfall bewerten, gibt es die Signale an unseren Körper weiter. Unser Körper reagiert dann, indem er im Gleichgewicht bleibt oder alarmiert reagiert und sich bereit zu Kampf, Flucht oder zum Erstarren macht. Auch wenn wir etwas als positiv bewerten, kommt es zu Veränderungen in unserem Körper und unseren Gefühlen: Wir fühlen Freude, Liebe, Ekstase, usw. Diese Veränderungen erwünschen und begrüßen wir natürlich auf das Herzlichste.

> **Unser Gefühl der Kränkung ist lediglich die Folge unserer Gedanken.**

Aus unserem Gefühl der Kränkung können wir auf jeden Fall nicht herleiten, dass der andere uns gekränkt hat. Unser Gefühl der Kränkung ist da, aber es ist die Folge unserer Gedanken. Manchmal fühlen wir uns völlig überflüssigerweise gekränkt. Wir stellen später im Gespräch fest, dass wir etwas in den falschen Hals bekommen und missverstanden haben. Eine einfache Nachfrage hätte uns das Leid ersparen können.

Typische Denkfehler

Es gibt, wie wir bereits festgestellt haben, einige typische Denkfehler, die uns verwundbar machen. Wir können sie leichter entlarven, wenn wir uns diese »Feinde« jetzt direkt anschauen. Besonders leicht erzeugen wir uns intensive, der Situation nicht angemessene Gefühle:

1. Wenn wir in Alles-oder-Nichts-Kategorien denken.
»Entweder er liebt mich vollkommen oder überhaupt nicht.«

»Entweder ich mache etwas hundertprozentig richtig oder ich habe versagt.«

»Entweder er versteht mich immer oder er versteht mich überhaupt nicht.«

»Entweder der andre hat recht oder ich habe recht.«

»Entweder er steht zu mir oder er lässt mich generell fallen.«

»Entweder er ist ein guter oder ein schlechter Mensch.«

»Entweder er ist schuld oder ich bin schuld.«
Wir denken also in absoluten Begriffen und sehen keine Abstufungen. Wir entwickeln eine Art Tunnelblick und sehen das nicht, was nicht in unsere Sichtweise passt. Es liegt auf der Hand, dass wir uns dann sehr schnell und stark getroffen fühlen.

2. Wenn wir von einem Teilchen aufs Ganze schließen.
»Wenn etwas einmal passiert, wird es immer wieder passieren.« – »Wenn er ein Verhalten von mir nicht mag, mag er mich generell nicht.«

»Wenn er mich einmal belügt, ist er ein Lügner.«

»Wenn er mich kritisiert, sieht er mich als unfähig.«
Wir haben also die Tendenz, zu verallgemeinern und machen dadurch etwas schlimmer, als es ist. Wenn wir ein

Ereignis vor unserem inneren Auge übertreiben, dann fühlen wir uns verletzt, wo wir es nicht sein müssten.

3. Wenn wir die negativen Aspekte einer Situation übertreiben.
»Er fragt mich nie nach meinen Wünschen.«
　　»Immer kommt er zu spät.«
　　»Es ist schrecklich, nie kommt was von anderen zurück.« Wir benutzen Worte wie »schrecklich, furchtbar, immer, nie.« Wir haben die Tendenz, negative Aspekte wie durch eine Lupe zu sehen, und überschätzen die Wahrscheinlichkeit, dass etwas Schlimmes passiert.

4. Wenn wir die positiven Aspekte einer Situation übersehen.
»Wenn er mich kritisiert, will er mich fertig machen.«
　　»Wenn er mich nicht unterstützt, dann bedeutet das, er lässt mich hängen.« Wir nehmen von vornherein an, dass der andere uns an den Karren fahren will oder etwas negativ für uns ist. Wenn ein anderer uns nicht hilft, kann sich dahinter durchaus aber auch eine positive Absicht verbergen: Er will, dass wir selbstständig werden und erleben, dass wir es auch können. Oder er hat Vertrauen in unsere Fähigkeiten. Erkennen wir die positiven Aspekte nicht, entgeht uns die Möglichkeit, uns dem anderen gegenüber versöhnlicher zu stimmen oder uns erst gar nicht gekränkt zu fühlen.

5. Wenn wir Ereignisse persönlich nehmen, die nichts mit uns zu tun haben.
»Wenn er mich nicht anschaut, will er mich nicht sehen.«

»Wenn er über eine bestimmte Schwäche spricht, die ich besitze, will er mich angreifen.«

»Wenn ich nicht zum Fest eingeladen werde, bin ich nicht gut genug.« Wir laufen umher mit der Idee, dass andere sich permanent mit uns befassen und sich alles um uns drehe. In Wirklichkeit gibt es jedoch viele Ereignisse, die einfach nur zufällig zusammenkommen und überhaupt nicht mit uns in Beziehung stehen. Wir konstruieren in unserem Kopf einen Zusammenhang und machen uns dadurch leicht verwundbar.

6. *Wenn wir unrealistische Erwartungen haben.*
»Wenn er mich liebt, dann sollte er doch … tun.« Redewendungen wie »Er sollte …«, »Er muss …«, »Er darf … nicht« deuten auf unrealistische Erwartungen hin. Der andere soll sich nach unseren Regeln richten. Tut er es nicht, fühlen wir uns gekränkt. Wir übersehen dabei, dass andere nicht unbedingt auf unsere Wünsche warten und auch nicht verpflichtet sind, sie zu erfüllen.

Um diese Schwachstellen für unsere leichte Verwundbarkeit zu korrigieren, müssen wir uns zunächst einmal unserer eigenen Gedanken bewusst werden. Wir müssen uns quasi wie ein Detektiv auf die Suche machen:

Wie haben wir unsere Kränkung ausgelöst?
Welches ist unser Anteil und
welches der Anteil des anderen?

Wenn Sie sich für diese Strategie entscheiden, um sich weniger verletzt zu fühlen und schneller wieder in ein Gleichgewicht zu gelangen, dann müssen Sie zum unerbittlichen Staatsanwalt werden. Sie wollen Beweise für Ihre »Anklage«.

Das ABC der Gefühle kann Ihnen dabei wieder gute Dienste leisten. Es erleichtert Ihnen, das Verhalten des anderen und Ihre Gedanken auseinanderzudividieren. Am besten übertragen Sie die Theorie jetzt einmal ganz konkret auf Ihre Situation. Blättern Sie nochmals zurück zu dem Fragebogen in Kapitel 2. Ordnen Sie eine der typischen Situationen, in der Sie mit Kränkung reagieren (siehe die Fragen 4 und 5), hier in das ABC der Gefühle ein.

→ *A Situation:* Was passiert?
→ *B Bewertung:* Wie denke ich darüber? Was bedeutet das für mich?
→ *C Gefühle, körperliche Reaktion und Verhalten:* Wie fühle ich mich körperlich und seelisch? Was tue ich?

Dann überprüfen Sie Ihre Gedanken (B) mit folgenden Fragen auf die Denkfehler:

❑ Woher weiß ich das? Ist dies nur meine persönliche Meinung oder eine Tatsache? Wo sind die Beweise?
❑ Meint er wirklich mich?
❑ Was kann ich tun, um Gewissheit über meine Mutmaßungen zu bekommen?
❑ Sehen dies andere Menschen genauso?
❑ Gibt es auch andere mögliche Erklärungen dafür?
❑ Steht eine mögliche positive Absicht hinter dem Verhalten?
❑ Hilft mir der Gedanke, mich so zu fühlen und verhalten, wie ich es möchte?

Diese Fragen zu beantworten, klingt zwar recht mühsam, ist jedoch hundertmal besser, als wenn wir falsche Schlussfolgerungen ziehen, uns als Opfer des anderen sehen und uns unnötigerweise lange Zeit mit negativen Gefühlen peinigen. Tragen Sie die Antworten auf diese Fragen nun hier ein:

Meine hilfreiche angemessene Bewertung sieht so aus:

_____

_____

_____

Frau S. hat ihre Bewertung: »Ich bin ihm überhaupt nicht wichtig. Er will mich nicht verstehen. Ich bin nicht in Ordnung« ebenfalls mit den oben aufgeführten Fragen überprüft und kam zu folgendem Ergebnis:

Nur weil er den Kommentar abgibt: »Du übertreibst wie immer maßlos«, kann ich nicht folgern, dass ich ihm nicht wichtig bin und er mich nicht verstehen will. Außerdem ist dies lediglich seine Meinung und diese hat überhaupt nichts damit zu tun, ob ich in Ordnung bin oder nicht. Mein Wert hängt nicht von seinem Urteil ab. Um genau zu erfahren, wie er mich sieht und was er mit seinem Kommentar meint, kann ich ihn fragen. Vielleicht will er mir auch nur helfen, mich weniger aufzuregen und von der Kollegin angegriffen zu fühlen. Wenn ich sein Verhalten so negativ bewerte, geht es mir schlecht, ich fühle mich abgelehnt, und langfristig ist meine Partnerschaft in Gefahr. Ich werde ihm stattdessen sagen, wie und was ich genau von ihm möchte. Ich werde ihn fragen, wann er sich Zeit nimmt, mir zuzuhören.

Hier noch mal der genaue Ablauf im Überblick:

→ Ordnen Sie das für Sie verletzende Erlebnis in das ABC der Gefühle ein.

→ Überprüfen Sie dann Ihre Bewertung (B) anhand der oben aufgeführten Fragen auf ihre Richtigkeit. Achten Sie auf Beweise!

→ Aus der Antwort auf die einzelnen Fragen ergibt sich die hilfreiche Bewertung, die Sie von nun an immer dann, wenn Sie sich an das Ereignis erinnern, denken sollten. Gleichzeitig sind es auch hilfreiche Gedanken, mit denen Sie in Zukunft ein solches Ereignis einordnen können.

Ich lege Ihnen das Notieren Ihrer Gedanken im ABC ganz besonders ans Herz.

Für viele meiner Klienten hat es sich als sehr hilfreich erwiesen, die Antworten schriftlich niederzuschreiben. Wir neigen nämlich dazu, unsere neuen hilfreichen Gedanken leicht zu vergessen – auch wenn sie uns logisch und eingängig erscheinen. Das hängt damit zusammen, dass der alte Canyon einfach noch tiefer und vertrauter ist.

Das Schreiben zwingt Sie außerdem dazu, Ihre Gedanken zu Ende zu denken. Es hilft Ihnen, sich von Ihren übertriebenen Gedanken zu distanzieren.

Sie können Ihre neuen Gedanken immer wieder nachlesen und auch für die Vorstellungsübung nutzen, die ich Ihnen später erkläre.

Es gibt darüber hinaus noch weitere Strategien, wie wir uns innerlich über die Kränkung hinweghelfen können.

*Entscheiden Sie sich, ob Sie sich tatsächlich gekränkt füh-
len möchten*

Für manche meiner Klienten genügt eine der folgenden
Fragen, um leichte Kränkungen zu überwinden:

❏ Möchte ich wirklich so viel Zeit und Energie in diesen
Vorfall investieren? Indem wir uns die Frage ganz bewusst stellen, ob wir wirklich Zeit darauf verwenden
wollen, uns gekränkt zu fühlen und über den Vorfall zu
»sinnieren«, verdeutlichen wir uns unsere Wahlmög-
lichkeiten. Entscheiden wir, dass es sich nicht lohnt,
dann sollten wir die Grübelgedanken unterbrechen
und uns sagen: »Ich bin bereit, den Vorfall zu den Ak-
ten zu legen. Er ist es mir nicht wert. Er bedroht meine
wichtigsten Werte und Ziele nicht.«

❏ Was würde ich einem anderen Menschen raten, was er
denken sollte, um besser mit der Situation klarzukommen?

❏ Wie müsste ich denken, um mich nicht gekränkt zu
fühlen?

Interessanterweise sind wir erheblich kreativer im Auf-
finden von Ratschlägen und Lösungen für andere Menschen als für uns. Dies hängt damit zusammen, dass wir
dort gefühlsmäßig nicht betroffen und blockiert sind. Wir
können ruhig und gelassen von außen die Situation analysieren. Indem wir uns überlegen, was wir anderen raten
würden, verändern wir eine Blickrichtung. Wir finden
dann eher eine objektive, angemessene Bewertung und
hilfreiche Gedanken. Natürlich verspüren wir dann zunächst immer noch einen Widerspruch zwischen Kopf
und Bauch. Unser Bauch »sagt« quasi, dass diese neue

Bewertung in dieser Situation nicht zutrifft. Da haben wir sie also wieder, die dritte Stufe des Umlernens! Wenn wir uns von dieser »Fehlermeldung« nicht beeindrucken lassen, sondern unsere neue Sichtweise immer wiederholen, werden wir mit der Zeit auch das Gefühl dafür bekommen, dass sie passt.

Nutzen Sie positive Suggestionen

Nicht immer müssen wir unsere Bewertungen grundsätzlich hinterfragen und ein schriftliches ABC der Gefühle anfertigen. Manchmal – wenn wir uns nur leicht verletzt fühlen – genügt auch ein kurzer Satz, um uns wieder ins Gleichgewicht zu bringen. Wann immer Ihnen im Leben etwas zuwiderläuft, können Ihnen die folgenden Suggestionen weiterhelfen:

- ❑ »Ich bin nicht in Lebensgefahr. Ich werde das überleben.«
- ❑ »Auch dies wird vorübergehen.«
- ❑ »Ich kann damit umgehen.«
- ❑ »Ich bin stark und kann das aushalten.«
- ❑ »Es gibt wichtigere Dinge, als mich damit aufzuhalten.«
- ❑ »Ich bin bereit, dies einfach so stehen zu lassen.«
- ❑ »Abhaken, das ist es nicht wert, sich darüber noch Gedanken zu machen.«

Schlüpfen Sie in die Schuhe Ihres Gegenübers und versuchen Sie, seine Sichtweise zu verstehen

Wenn wir uns persönlich angegriffen fühlen, dann ist es ganz normal, dass wir zunächst ausschließlich unsere Sichtweise sehen. Schließlich konnten unsere Vorfahren es sich nicht leisten, erst mal zu überlegen, ob der Tiger Hunger auf sie hat oder nur mit ihnen spielen will. Sie mussten blitzschnell reagieren. Die seelische Verletzung erfordert jedoch ein anderes Vorgehen. Wie wir bereits festgestellt haben, interpretieren wir manchmal etwas als gefährlich, ungerecht, gemein, lieblos …, was in Wirklichkeit absolut harmlos ist und nichts mit uns zu tun hat. Oder aber wir unterstellen dem anderen pure Absicht, wo sein Verhalten nur ein Versehen war. Machen wir uns die Mühe, uns in die Person unseres Gegenübers hineinzuversetzen, können wir Mitgefühl und Verständnis entwickeln. Dies hilft uns, unsere verletzten Gefühle abzumildern und dem anderen gegebenenfalls zu verzeihen.

Fragen Sie sich z. B.:

❏ Was könnte mein Gegenüber zu diesem Verhalten motiviert haben?
❏ Was muss er gedacht haben, um sich so zu verhalten?
❏ In welcher persönlichen Verfassung befindet sich mein Gegenüber jetzt im Augenblick?
❏ Welche positive Absicht könnte sich hinter seinem Verhalten verbergen?
❏ Was ist mein Gegenüber generell für ein Mensch?
❏ Welche Persönlichkeit hat er?
❏ Welche Bedürfnisse hat er?
❏ Was sagt sein Verhalten über ihn aus?
❏ Was braucht er von mir?
❏ Wie verhält er sich anderen gegenüber?
❏ Welche Erfahrungen habe ich sonst mit ihm gemacht?
❏ Wie würde ich mich fühlen, wenn mir das passiert wäre?

Sie können sich hierzu auch nochmals das Kapitel 6 anschauen, in dem wir uns mit den Motiven der anderen befasst haben. In die Schuhe des Gegenübers zu schlüpfen, bedeutet übrigens nicht, dass wir sein Verhalten als richtig ansehen. Es genügt, einen Zipfel seiner Sichtweise zu erhaschen.

»Was aber soll ich tun, wenn mir tatsächlich nur negative Beweggründe für das Verhalten meines Gegenübers einfallen?«
So mögen Sie vielleicht jetzt gedacht haben. Was, wenn wir davon überzeugt sind und bleiben, der andere will uns verletzen, klein machen, sich an uns rächen, uns demütigen, uns abservieren …?

Dann sollten wir uns erst das Sprichwort in Erinnerung rufen: »Ein getroffener Hund bellt«.

**Wann immer uns ein anderer verletzen will,
hat er sich meist zuvor von uns oder irgendeiner
anderen Person verletzt gefühlt.**

Unser Gegenüber sieht sich selbst als Opfer und will im Grunde genommen etwas von uns, was wir oder andere ihm nicht gegeben haben oder geben wollen. Beispielsweise fühlt er sich uns oder anderen unterlegen und will uns deshalb auf Fehler hinweisen. Oder er hat Angst, dass wir ihn verlassen, und wertet uns deshalb ab. Oder er fühlte sich von seinem Chef schikaniert und lässt seinen Ärger an uns aus. Oder er fühlt sich ungeliebt und will, dass es uns ebenso geht. Oder er fühlt sich in einer bestimmten Situation machtlos und will sich durch sein

Verhalten uns gegenüber beweisen, dass er noch Kontrolle besitzt.

Oder er hasst sich und hasst deshalb auch alle anderen Menschen. Oder er fühlt sich von uns ungerecht behandelt und will uns bestrafen …

Auch hier ist es also wichtig, dass Sie zunächst nach den Gründen in seiner Person forschen, anstatt unmittelbar an sich zu zweifeln.

Welche Gefühle könnten sich hinter seinem negativen Verhalten verbergen?
Enttäuschung, Angst, Ärger über sich, Neid, Minderwertigkeitsgefühle, Angst, Wut auf Sie oder das Gefühl, von Ihnen abgelehnt zu werden?

Was könnte er sich von Ihnen wünschen, was er jedoch unangemessen ausdrückt?
Manchmal ist es so, dass das Verhalten des anderen ein Hilfeschrei ist: Er glaubt, uns für sein Wohlbefinden dringend zu benötigen. Er erlebt sich in der Rolle des Opfers – so, als ob wir ihn verletzen und schikanieren würden. Seine Gefühle und sein Verhalten können ebenso wie das unsrige ausgelöst sein durch negative Grundeinstellungen wie etwa: »Ich bin nicht in Ordnung.« – »Andere müssen sich nach meinen Vorstellungen verhalten.« – »Ich brauche die Anerkennung der anderen.« – »Ich muss perfekt sein.«

Natürlich bedeutet es nicht, dass wir sein Verhalten gutheißen müssen, wenn wir es nachvollziehen können. Sich in ihn hineinzuversetzen, ist lediglich ein Weg, uns weniger stark angegriffen zu fühlen.

Wie Fragen über unsere Blickrichtung bestimmen

Uns allen gehen täglich unzählige Fragen durch den Kopf: »Warum gerade ich?« – »Warum muss ich mich immer so dumm verhalten?« – »Was werden die anderen über mich denken?« – »Was ist, wenn ich einen Fehler mache?« – »Warum trampeln alle auf mir herum?« – »Was haben andere, was ich nicht habe?« – »Was denkt der andere sich dabei, mich so zu behandeln?« – »Was wäre, wenn mir … passieren würde?«

Ja, wir haben Standardfragen, die wir uns immer und immer wieder stellen. Meist sind wir uns dessen gar nicht bewusst. Wir verspüren lediglich die Folgen dieser Fragen: Wir sind angespannt, depressiv, unsicher, voller Angst, wütend und gekränkt. Wenn wir uns unserer inneren Fragen bewusst werden, haben wir die Chance, sie so zu verändern, so dass wir uns automatisch besser fühlen werden.

Ein kleines Experiment

Blicken Sie in Ihrem Zimmer umher und stellen Sie sich die Frage: »Welche Gegenstände in diesem Zimmer haben eine grüne Farbe?« Dann richten Sie Ihre Aufmerksamkeit wieder auf Ihr Buch. Nun schließen Sie die Augen und überlegen sich, was alles in Ihrem Zimmer eine rote Farbe hat. Wenn Sie in Ihrem eigenen Zimmer sitzen, dürfte es Ihnen nicht allzu schwer fallen, sich die meisten roten Gegenstände in Erinnerung zu rufen. In fremden Räumen werden Ihnen aber auf alle Fälle mehr grüne Gegenstände einfallen, weil Sie Ihre Aufmerksamkeit darauf gelenkt haben. Nun öffnen Sie Ihre Augen, schauen Sie sich im Zimmer um und stellen Sie fest, wie viele rote Gegenstände es in Ihrem Zimmer tatsächlich gibt. Sie werden mit Sicherheit noch einige finden, die ihnen nicht eingefallen sind.

Wir können aus diesem kleinen Experiment lernen, dass wir immer genau das finden, wonach wir fragen und wonach wir suchen.

Wie entstehen grundsätzliche Fragen?

Wir unterscheiden uns von anderen Menschen darin, welche Fragen wir uns gewohnheitsmäßig stellen. Manche von uns stellen sich inspirierende und lösungsorientierte Fragen, andere wiederum negative Fragen, die sie zum Grübeln veranlassen, ihnen Angst machen und in ihrem Handeln lähmen. Meist entstehen solche grundsätzlichen negativen Fragen, die wir immer wieder auf Ereignisse anwenden, in unserer Kindheit im Rahmen eines Erlebnisses, das in uns ein intensives Schmerzgefühl ausgelöst hat. Vielleicht wurden wir wegen unseres Aussehens ausgelacht oder haben einen schwerwiegenden Fehler gemacht. Vielleicht haben wir einen nahen Angehörigen durch Tod oder Trennung verloren oder haben uns abgelehnt gefühlt. Aus diesem Ereignis haben wir dann unsere Leitfragen abgeleitet:

❑ Was ist verkehrt an mir?
❑ Wie kann ich die Meinung anderer verändern?
❑ Was denkt der andere über mich?
❑ Was, wenn der andere mich verlässt?
❑ Was, wenn ich einen Fehler mache?
❑ Warum passiert das immer nur mir?
❑ Warum mag mich niemand?

- ❏ Warum ist das Leben so ungerecht?
- ❏ Was soll das alles? Ist doch alles sinnlos.
- ❏ Warum geht bei mir immer alles schief?
- ❏ Warum ich?
- ❏ Warum tun andere mir das immer an?

Um in der Zukunft schmerzliche Gefühle zu vermeiden, gehen wir an die zukünftigen Ereignisse mit denselben Fragen heran. Das Tragische dabei ist, dass in unseren Fragen häufig eine falsche Vorannahme steckt. Beispielsweise verbirgt sich hinter der Frage: »Warum passiert das immer nur mir?« die Vorannahme, dass dies anderen nicht passiert. Die Frage: »Warum tun andere mir das immer an«, beinhaltet die ungerechtfertigten Verallgemeinerungen, dass andere uns etwas antun und dann auch noch immer.

Mit der Frage: »Warum ist der andere so gemein?« nehmen wir an, dass der andere wirklich gemein ist. Er könnte jedoch ebenfalls gekränkt sein oder es gar nicht so gemeint haben, wie wir es verstanden haben.

Die Art der Fragen bestimmt automatisch, in welche Richtung unsere Gedanken gehen und welche Antworten wir finden. Wenn wir uns damit beschäftigen, was verkehrt an uns ist, dann können wir nichts finden, was wir gut machen. Wenn wir uns fragen, warum wir nicht wichtig sind, finden wir keine Beweise dafür, dass wir wichtig sind. Mit der Frage: »Warum geht immer alles schief bei mir?« lenken wir unseren Blick darauf, dass alles schief geht. Wir suchen nicht nach positiven Erlebnissen und unseren Erfolgen.

Unser Gehirn ist vergleichbar mit einem Computer.

Geben wir die falschen Befehle ein, werden wir das falsche Ergebnis erzielen. Stellen wir uns behindernde oder falsche Fragen, fühlen wir uns schlecht, deprimiert, unsicher und finden keine Lösungen für unsere Probleme. Unser Gehirn sucht immer nach Beweisen für unsere Annahmen und Antworten auf unsere Fragen. Es findet dann lediglich eine Antwort auf die falsch gestellten Fragen.

Wie sehen hilfreiche Fragen aus?

Hilfreiche Fragen gehen nicht von falschen Vorannahmen aus und lenken unseren Blick auf eine Lösung. Statt zu fragen: »Warum tut er mir das an?« können wir uns fragen: »Was hat ihn dazu gebracht, so zu handeln?« Die Frage: »Warum lehnt er mich bloß ab?« können wir ersetzen durch »Was will er mit seinem Verhalten ausdrücken?« oder »Stört ihn etwas an mir? Ich werde ihn fragen.«

Im Folgenden finden Sie einige geläufige Fragen, die wir uns stellen, um uns zu verletzen, und Sie finden zu diesen hilfreiche Alternativen. Schauen Sie die Liste durch und markieren Sie sich die Fragen, die Ihnen vertraut sind.

Lähmende Frage Warum sind die Menschen so schlecht zu mir?
Hilfreiche Fragen Warum verhält sich der andere in dieser Weise? Was kann ich tun, um mein Ziel zu erreichen?

Lähmende Frage Warum tut er mir so weh?
Hilfreiche Fragen Warum zeigt er dieses Verhalten? Was

möchte er damit erreichen? Was kann ich tun, damit es mir besser geht?

Lähmende Frage Wie soll ich das aushalten?
Hilfreiche Fragen Was kann ich tun, dass es mir besser geht? Welche Menschen können mir helfen?

Lähmende Frage Warum sind alle gegen mich?
Hilfreiche Fragen Warum könnten sich die anderen in dieser Art und Weise verhalten? Welche möglichen Gründe können dahinter stehen? Wie kann ich klären, weshalb sich die anderen so verhalten? Was kann ich tun, um den anderen zu zeigen, dass mir ihr Verhalten nicht gefällt? Gibt es etwas in meiner Person, was anderen nicht gefallen könnte?

Lähmende Frage Wie kann er so gemein/unfair sein?
Hilfreiche Fragen Was kann ich tun, um ihm zu zeigen, dass mir sein Verhalten nicht gefällt? Wie kann ich die Gerechtigkeit für mich wiederherstellen? Welche Motive mögen hinter seinem Verhalten stehen? Was kann ich tun, um herauszufinden, weshalb er sich in dieser Art und Weise verhält?

Lähmende Frage Warum mag mich keiner?
Hilfreiche Fragen Wie finde ich heraus, was mein unmittelbares Gegenüber über mich denkt? Was habe ich Positives anzubieten? Welche Menschen sind gerne mit mir zusammen? Was genau könnte ihn an mir stören? Was bewegt ihn dazu, sich mir gegenüber so zu verhalten?

Lähmende Frage Warum gerate ich immer an falsche Menschen, die mir so etwas antun?
Hilfreiche Fragen Was kann ich tun, um mich in Zukunft vor schlechten Erfahrungen zu schützen? Was kann ich tun, um die Situation nach meinen Vorstellungen zu gestalten?

Lähmende Frage Warum passieren mir so schlimme Dinge?
Hilfreiche Fragen Für welche Erlebnisse möchte ich dankbar sein? Worüber in meinem Leben kann ich mich freuen? Was funktioniert gut in meinem Leben? Welchen Sinn könnte ich diesem Ereignis geben? Was könnte ich Positives daraus ableiten?

Lähmende Fragen Was fehlt mir? Was haben andere, was ich nicht habe?
Hilfreiche Fragen Was habe ich Positives anzubieten? Weshalb bin ich liebenswert?

Frau L., 34 Jahre, fühlte sich ihr ganzes Leben lang minderwertig. Sie kam wegen ihrer Depressionen und Eifersuchtsgefühle zu mir. Der aktuelle Auslöser war, dass ihr Mann sich nach 5-jähriger Ehe von ihr getrennt hatte, weil er ihre Eifersucht nicht mehr ertragen konnte. Als sie begann, ihr Denken zu beobachten, bemerkte sie, dass sie beständig mit der Frage durch die Welt lief: Was ist an mir verkehrt? Was fehlt mir? Sie verglich sich mit anderen und lenkte ihren Blick auf ihre Schwächen. Wenn man emsig danach schaut, gibt es natürlich immer etwas zu entdecken, was man nicht besitzt. Da sie sich nur mit ihren Schwächen beschäftigte, konnte sie auch nicht glauben, wenn ihr Partner ihr schwor, sie zu lieben. Auch Komplimente tat sie damit ab, dass sie wohl nicht ernst gemeint seien oder der andere ihr nur Honig um den Mund schmieren wolle. Wie sollte man einen Menschen mit so vielen Schwächen wie sie nur lieben können? Ihre Eifersuchtsgefühle entstanden, weil sie glaubte, dass ihr Mann an anderen Frauen auch nur nach dem suchte, was sie nicht besaß. Er musste diese attraktiver als sie finden. So fühlte sie sich beispielsweise bei jedem Spaziergang verletzt, wenn ihr Mann nach einer anderen Frau schaute. Blieb er länger im Büro, hatte sie Angst, dass es ihm eine Kollegin angetan hätte. Kamen in einem Film attraktive Frauen vor, glaubte sie in seinen Augen zu entdecken, dass er sie lustvoll anschaute, und fühlte sich gekränkt.

So weit sie zurückdenken konnte, fühlte sich Frau L. minderwertig. Sie hatte einen 18 Monate älteren Bruder, dem immer alles besser gelang und der Papas Liebling war. Oft musste sie hören, dass sie sich ein Beispiel an ihrem Bruder nehmen solle. Ihre Eltern hatten ihr vorgelebt, dass man sich mit anderen messen und vergleichen muss. Sie hatten ihr vermittelt, dass sie nur geliebt wird, wenn sie mindestens genauso gut wie der Bruder ist. Schließlich hatte sie diese Sichtweise für sich selbst übernommen und sich damit depressiv gemacht.

Als sie sich in der Therapie zu fragen begann, welche Stärken und Fähigkeiten sie besitzt und warum andere Menschen gerne mit ihr zusammen sein könnten, glaubte sie zunächst einmal, nichts derlei zu besitzen. Zu ungewohnt war es für sie, ihr altes Fragemuster zu unterbrechen und ihre alte Blickrichtung zu verändern. Indem sie sich jedoch täglich mit den neuen Fragen beschäftigte und sich bemühte, Komplimente ernst zu nehmen, bekam sie mit der Zeit doch eine stattliche Liste zusammen. Nun musste sie noch die dritte Hürde des Umlernens überwinden, dass sie sich nämlich zunächst so fühlte, als ob sie sich belüge.

Konnten Sie den Unterschied zwischen lähmenden und hilfreichen Fragen erkennen? Haben Sie erlebt, wie die hilfreichen Fragen Ihr Denken in eine andere Richtung lenken? Konnten Sie sich gar schon ein klein wenig besser fühlen? Immer wenn Sie sich hilfreiche Fragen stellen, haben Sie erheblich mehr Kontrolle über die Situation. Sie überprüfen Ihre Vorannahmen und suchen nach Lösungen.

Korrigieren Sie Ihre Fragen
Machen Sie einmal das Experiment und konzentrieren Sie sich 4 Wochen lang auf Ihre Fragen. Schreiben Sie sich die für Sie zutreffenden hilfreichen Fragen auf ein Kärtchen. Wann immer Sie sich bei einer der oben aufgeführten negativen Fragen ertappen, lesen Sie sich die hilfreichen Fragen durch. Suchen Sie nach Antworten auf die hilfreichen Fragen. Sie werden bemerken, dass Sie sich bereits hierdurch weniger stark verletzt fühlen.

Die Fantasie ist Ihr Verbündeter

Jeder von uns hat die Freiheit, seine innere Welt zu verändern oder gar neu zu erschaffen. Leider machen wir von dieser Freiheit, sind wir erst mal erwachsen, selten ganz bewusst Gebrauch. Diese Freiheit kann uns jedoch gute Dienste leisten, wenn wir Kränkungen überwinden wollen.

Schaffen Sie sich innerlich eine Distanz

Wenn wir uns sehr gekränkt fühlen, dann »käuen wir den Vorfall« immer wieder. Das für uns so bedrückende Ereignis ist schon lange vorbei und unser Gegenüber vielleicht sogar schon lange aus unserem Blickfeld verschwunden. Doch vor unserem inneren Auge taucht es immer wieder auf. Wir sehen den anderen vor uns stehen und wiederholen das, was uns verletzt hat. Wir hören den anderen immer wieder die uns kränkenden Worte sagen. Wir haben einen Endlosfilm eingelegt, der immer wieder von vorne beginnt. Natürlich verspüren wir dann unsere Wut, Angst und Betroffenheit immer wieder aufs Neue.

Manche von uns sehen keinen Film, sondern hören nur die Stimme ihres Gegenübers. Die Auswirkungen auf ihre Gefühle sind jedoch ebenso negativ und schwerwiegend. Unsere Aufmerksamkeit und Konzentration lassen nach, unsere innere Erregung bleibt bestehen, wir sind angespannt und gereizt, wir fühlen uns bedroht, bekommen Schlafstörungen, Magenschmerzen, usw. Unsere Versuche, uns abzulenken, scheitern meist. Der Film oder das Hörspiel scheinen stärker zu sein als unser Wunsch, zum Alltagsgeschehen zurückzukehren.

Immer wieder einmal ertappe auch ich selbst mich dabei, dass ich ganz bewusst dieses »Drama« abspielen lassen will. Ich denke mir dabei: »Das war so unverschämt und verletzend. Das kann ich ihm auf keinen Fall durchgehen lassen. Das muss ich mir merken.« Dafür ist der Endlosfilm die richtige Strategie: das ganze Geschehen immer wieder in der Erinnerung ablaufen lassen. Die Frage ist jedoch, ob wir uns damit einen Gefallen tun, unsere Gefühle am Brodeln zu halten. Tut es unserem Körper und unserer Seele gut, das Feuer zu schüren? Macht es Sinn, uns in unserer schmerzlichen Gefühlsverfassung zu halten, ohne im Alltag etwas dafür zu tun, die Situation eher nach unseren Vorstellungen zu gestalten? Später in Kapitel 10 und 12 werden wir darauf nochmals zurückkommen.

Gehen wir jetzt einmal davon aus, dass Sie dieser Endlosfilm belastet und stört und dass Sie Ihre Energie wieder für nützlichere Dinge verwenden wollen. Dann müssen Sie die Filmaufführung unterbrechen oder stören. Folgende Strategie können Sie immer dann einsetzen, wenn Sie innerlich den Wiederholungsfilm über das schmerzende Ereignis ablaufen lassen:

Anleitung: Verändern Sie Ihren Spielfilm
Bringen Sie sich zunächst einmal in einen positiven Zustand. Rufen Sie hierzu mit Hilfe Ihres persönlichen Signals (→ Kapitel 8) Ihren selbstsicheren Zustand ab. Fühlen Sie sich stark und unerschütterlich.

Setzen Sie sich aufrecht hin und atmen Sie tief ein und aus. Dann stellen Sie sich vor, Sie sitzen als Zuschauer in einem Kino. Sehen Sie als Nächstes, wie Sie Ihren Körper verlassen und hinaufschweben in den Projektionsraum des Kinos. Wenn Sie hinuntersehen, sehen Sie sich selbst im Zuschauerraum sitzen und auf die Leinwand blicken. Sie sind von nun an also in der Rolle des Filmvorführers und sehen sich von oben als Zuschauer.

Auf der Leinwand wird ein Schwarzweiß-Film über das Ereignis, bei dem Sie sich so sehr verletzt gefühlt haben, gezeigt werden. Sie sind dort als Hauptdarsteller zu sehen. Geben Sie hierzu der kränkenden Situation zunächst einen neutralen Titel.

Der Schwarzweiß-Film beginnt und zwar kurz vor der kränkenden Sequenz. Die Lautstärke ist sehr leise und das Bild eher undeutlich. Lassen Sie nun den Schwarzweiß-Film auf der Leinwand in Bewegung kommen und in normaler Geschwindigkeit bis zum Ende der für Sie schwierigen Situation kommen. Dann lassen Sie den Film extrem schnell rückwärts abspulen, d. h. Ihr Film startet beispielsweise mit dem Kommentar oder Lachen Ihres Gegenübers und endet beim Beginn dieser für Sie unangenehmen Situation. Der Film läuft mit hoher Geschwindigkeit rückwärts, bis zum Beginn dieser Situation. Er erscheint Ihnen wie ein Slapstickfilm, der Sie zum Schmunzeln bringt.

Am Anfang des Erlebnisses angekommen, lassen Sie ihn in doppelter Geschwindigkeit vorwärts laufen bis zum Ende des Erlebnisses. Dann wieder so schnell wie möglich rückwärts, wieder vorwärts und wieder rückwärts. Wiederholen Sie das Ganze zehnmal. Stellen Sie sich die Szene dabei jedes Mal etwas bizarrer vor. Lassen Sie eine lustige Musik mitlaufen, hören Sie sich und andere mit Micky-Maus-Stimmen sprechen. Lassen Sie den Film einen Blaustich erhalten oder ganz unscharf werden. – *Ende der Übung* –

Auf diese Weise löschen Sie Ihren alten Tragödienfilm. Schließlich sollte es Ihnen nicht mehr möglich sein, mit diesem Erlebnis Anspannung und Verletztsein zu verknüpfen. Stattdessen sollten Sie schmunzeln oder zumindest eher neutrale Gefühle verspüren. Sollten Sie Ihre negativen Gefühle immer noch verspüren, wiederholen Sie die Strategie nochmals.

Wenn Sie keine Bilder sehen, sondern nur ein Hörspiel hören, in dem Ihr Gegenüber immer wieder die für Sie schmerzlichen Worte sagt, dann machen Sie die folgende Übung:

Anleitung: Verändern Sie Ihr Hörspiel

Bringen Sie sich zunächst einmal in einen positiven Zustand. Rufen Sie hierzu Ihren selbstsicheren Zustand mit Ihrem persönlichen Signal (→ Kapitel 8) ab. Fühlen Sie sich selbstsicher und unerschütterlich. Setzen Sie sich aufrecht hin und atmen Sie tief ein und aus. Dann stellen Sie sich vor, Sie sitzen als Zuhörer vor dem Radio. Im Radio läuft ein Hörspiel über die Situation, in der Sie sich so sehr verletzt gefühlt haben. Sie sitzen ruhig in Ihrem Stuhl und hören dem Hörspiel zu. Sie hören, wie der Sprecher die für Sie verletzenden Worte rückwärts spricht. Wiederholen Sie das Ganze zehnmal. Stellen Sie sich die Hörszene dabei jedes Mal etwas bizarrer vor. Lassen Sie eine lustige Musik mitlaufen, hören Sie ihn mit Micky Maus-Stimmen sprechen oder in Form einer Opernarie singen. – *Ende der Übung* –

Auf diese Weise löschen Sie Ihr altes Hörspiel. Schließlich sollte es Ihnen nicht mehr möglich sein, mit diesem

Erlebnis Anspannung und Verletztsein zu verknüpfen. Stattdessen sollten Sie schmunzeln oder zumindest eher neutrale Gefühle verspüren. Sollten Sie Ihre negativen Gefühle immer noch verspüren, wiederholen Sie die Strategie nochmals.

Diese Strategie eignet sich nicht, wenn Sie kein direktes Gegenüber hatten, das etwas gesagt oder getan hat, was Sie getroffen hat. Wurden Sie beispielsweise nicht zur Hochzeit Ihrer besten Freundin eingeladen oder haben nur von anderen gehört, dass Ihr Partner schlecht über sie geredet hat, dann haben Sie wahrscheinlich kein konkretes Bild vor Augen. Ihnen geht dann stattdessen immer nur der Gedanke durch den Kopf. »Wie kann er/sie mir so etwas antun!« Dann ist die folgende Strategie sehr hilfreich:

Setzen Sie einen Gedankenstopp ein und richten Sie Ihre Aufmerksamkeit auf positive Aktivitäten

Viele von uns haben den Eindruck, wenn sie sich sehr verletzt fühlen, nicht mehr Herr ihrer Gedanken zu sein. Sie beschreiben das Gedankenkreisen als ein Karussell, das sich immer weiter dreht und dreht und dem sie nicht entrinnen können. Immer wieder sehen oder hören sie, was der andere gesagt hat. Sie machen sich Vorwürfe, dass sie sich in der Art und Weise haben behandeln lassen, oder sie sehen sich, wie sie dem anderen seine Unfairness und Rücksichtslosigkeit im Nachhinein vorwerfen.

Eine Möglichkeit, unser Gedankenkarussell anzuhalten, ist der Gedankenstopp. Ich habe für Sie zwei Vorschläge, wie dieser aussehen kann:

Anleitung zum Gedankenstopp: erste Variante

Rufen Sie sich, sobald Sie sich beim Gedanken oder bei der Vorstellung von der verletzenden Situation ertappen, innerlich Stopp zu. Wenn Sie alleine sind, können Sie ›Stopp‹ auch laut aussprechen und dabei in die Hände klatschen. Dann lenken Sie Ihre Aufmerksamkeit auf neutrale oder angenehme Bilder. Dies kann eine Szene aus dem Urlaub oder das Streicheln der Katze oder sonst etwas sein, wobei Sie sich richtig wohlfühlen. Versuchen Sie, möglichst zu spüren, wie wohl Sie sich fühlen, zu sehen, was Sie begeistert, und zu hören, was in der schönen Szene zu hören ist. Sie sehen, hören, spüren, riechen, schmecken, was Sie in der wohltuenden Situation erleben.

Je mehr Sinnesebenen Sie ansprechen, umso deutlicher spüren Sie die Entspannung und das Wohlgefühl – und umso leichter schaffen Sie es, sich von der Erinnerung an die für Sie verletzende Situation zu distanzieren.

Nochmals den genauen Ablauf: Unterbrechen Sie sofort und jedes Mal, wenn die negative Vorstellung auftaucht, durch Gedankenstopp und lenken Sie Ihre Aufmerksamkeit auf etwas Angenehmes oder Neutrales.

Sie können den Gedankenstopp auch mit einer körperlichen Aktivität verknüpfen oder eine Entspannungsübung (→ Kapitel 8) daran anschließen.

Ich persönlich verbinde den Gedankenstopp immer mit dem Satz: »Stopp, ich bin bereit, loszulassen. Es ist vorbei.«

Sie können Ihre Gedanken auch mit der zweiten Variante des Gedankenstopps unterbrechen:

Anleitung zum Gedankenstopp: zweite Variante

Wann immer Sie an die Situation denken, in der Sie sich gekränkt fühlten, unterbrechen Sie diese Vorstellung und stellen Sie sich ein Stoppschild vor, auf dem das Wort STOPP in Großbuchstaben zu lesen ist. Dann malen Sie sich aus, wie Sie rückwärts vom Stoppschild weglaufen, bis Sie ca. 6 Meter von ihm entfernt sind. Während des Entfernens werden die Buchstaben des Stoppschildes immer kleiner. Dann laufen Sie wieder auf das Stoppschild zu, bis Sie quasi mit Ihrer Nase das Stoppschild berühren. Sie können nur noch ganz verschwommen das Weiß erkennen, einzelne Buchstaben nicht mehr. Dann gehen Sie wieder rückwärts, bis Sie das Stoppschild gut und deutlich lesen können. Sagen Sie laut und deutlich: *Stopp.* Stellen Sie sich immer dann, wenn Sie Ihr Gedankenkarussell unterbrochen haben, etwas Schönes vor, beispielsweise einen Spaziergang am Strand oder Kuscheln am Kamin. Sehen Sie die Situation ganz lebendig vor Augen und erinnern Sie sich, was Sie auf Ihrer Haut fühlen und welche Geräusche Sie hören. Je mehr Sinneseindrücke Sie in sich wachrufen, umso weiter entfernen Sie sich von Ihrem Gedankenkarussell und umso besser fühlen Sie sich.

Die Wirkung dieser Gedankenstopp-Variante beruht darauf, dass wir uns nicht gleichzeitig Bilder vom Stoppschild und von der Kränkungssituation vorstellen können.

> **Es ist bereits viel gewonnen, wenn man Verletzung in Betroffenheit umwandeln kann.**

Begeben Sie sich auf eine Zeitreise

Manches Mal bekommen wir in Situationen, in denen wir uns gekränkt fühlen, einen Tunnelblick. Unsere Gedanken gehen nur noch in eine Richtung, sie kleben an diesem Ereignis. Es ist so, als ob unser Leben von diesem einen Ereignis abhängen würde. Was für uns im Leben wirklich wichtig ist, können wir gar nicht mehr erkennen. Wir vergessen, dass es ein Leben außerhalb des Tunnels gibt und dass wir den Tunnel nur durchfahren müssen, um wieder Sonne und Tageslicht zu haben Eine kleine Übung hilft uns dabei, das Ereignis in unser gesamtes Lebenskonzept einzuordnen.

Anleitung: Machen Sie eine Zeitreise

Stellen Sie sich vor, Sie sind bereits 5 Jahre älter und blicken zurück auf das Jahr, in dem das für Sie kränkende Ereignis stattgefunden hat.

Welchen Einfluss auf Sie hat dieses Ereignis im Rückblick? Hat sich Ihr Leben infolgedessen grundsätzlich gewandelt? Haben Sie Ihren Arbeitsplatz gewechselt? Haben Sie sich von Ihrem Partner getrennt? Haben Sie die Beziehung zu Ihren Kindern abgebrochen oder grundsätzlich verändert? Haben Sie eine neue Einstellung zum Leben und zu sich selbst entwickelt? Hat sich Ihre Freundeskreis in irgendeiner Form gewandelt? Hat sich das Ereignis auf Ihre körperliche oder seelische Gesundheit ausgewirkt?

Oder spielt diese Erfahrung, fünf Jahre nach deren Ereignis, in Ihrem heutigen Leben absolut keine Rolle mehr? Haben Sie den Tunnel durchfahren und die Welt steht Ihnen wieder offen?

Vergleichen Sie das Erlebnis mit Ihren Erfahrungen
Manchmal betragen wir das für uns kränkende Erlebnis wie mit einer Lupe. Es erscheint uns riesengroß und unerträglich. Folgende Fragen helfen uns dabei, ihm einen angemessenen Platz in unseren Lebenserfahrungen einzuräumen:

Wenn ich dieses Erlebnis mit meiner größten Kränkung vergleiche, wo würde es in einer Liste von 1 (geringste Kränkung) bis 10 (größte Kränkung) stehen? Ist eine noch größere Kränkung denkbar?

Achten Sie auf Ihre Wortwahl
In unserer Kindheit lernen wir zunächst Worte, später vollständige Sätze zu sprechen. Wir lernen dabei, jedes Wort mit einer ganz bestimmten Bedeutung und bestimmten Erfahrungen und Gefühlen zu verknüpfen. Benutzen wir unsere erlernten Worte, rufen wir automatisch immer auch die damit verknüpften Gefühle ab. Beobachten Sie beispielsweise, wie Sie sich bei den Worten »Garten, Kind, Geborgenheit, Erfolg, Versagen, Terror, Verlust« fühlen. Haben Sie gemerkt, wie einfach sich unterschiedliche Gefühle allein durch bestimmte Worte erzeugen lassen?

Wann immer wir bestimmte Erlebnisse beschreiben, beeinflussen wir uns also auch durch unsere Wortwahl. Dies ist auch in Verbindung mit unseren Verletzungen von Belang. Beschreiben wir unsere Erfahrungen mit Worten, die wir mit heftigen Gefühlen verknüpfen, intensivieren wir unsere Gefühle des Verletztseins oder behalten sie bei. »Er hat mich tödlich beleidigt«, »Sie hat mich gedemütigt«, »Er hat mich heruntergeputzt«, »Das hat mich total fertig gemacht« sind z. B. solche negativen Beschreibungen, die unsere Gefühle in Aufruhr halten.

Wollen wir unsere negativen Gefühle abbauen und schneller wieder in eine positive Stimmung gelangen, können wir damit beginnen, unsere Erfahrungen mit neutraleren Worten zu beschreiben. Fühlt es sich nicht gleich ein wenig besser an, wenn wir statt »Er hat mich vor den Kopf gestoßen« von »Er hat mich verblüfft/überrascht« sprechen? Oder wie wäre es mit folgender Beschreibung: »Sie hat mich unterbrochen« statt »Sie ist mir über den Mund gefahren«? Fühlen Sie sich dann nicht gleich ein wenig stärker?

»Ist dies alles nicht nur eine Wortspielerei?«, mag Ihnen gerade durch den Kopf gegangen sein.

Nein, es geht hier absolut nicht um eine Wortspielerei. Doch ich kann diesen Einwand gut verstehen, denn ich hatte ihn anfangs auch. In anderem Zusammenhang wissen wir sehr wohl, dass Worte eine enorme Bedeutung haben. Wir überlegen uns meist ganz genau, mit welchen Worten wir anderen etwas mitteilen. Und wenn wir uns verletzt fühlen, dann geben wir den Worten der anderen die Schuld daran. Wenn wir unsere Erfahrungen beschreiben, dann haben wir die Kontrolle darüber, welche Worte wir hierzu verwenden.

Wollen Sie ausprobieren, mit Ihren Worten zu spielen und damit Ihre Stimmung beeinflussen, dann achten Sie in Zukunft darauf, wie Sie Ihre Kränkungserfahrungen beschreiben. Blättern Sie am besten auch nochmals zurück zum Fragebogen in Kapitel 2 und rufen Sie sich in Erinnerung, in welchem Wortlaut Sie gewöhnlich Ihre negativen Erfahrungen schildern. Werden Sie kreativ und suchen Sie nach Beschreibungen, die Ihre Würde bewahren und Sie nicht zum Opfer machen.

Verwenden Sie Worte, die keine intensiven Gefühle beinhalten.

Leichter finden sie Alternativen, wenn Sie dabei nach folgender Regel vorgehen: Beschreiben Sie die Situation möglichst objektiv – so wie ein Filmteam die Situation aufzeichnen würde.

Sollte bei Ihnen an dieser Stelle der Einwand auftauchen: »*Wenn ich es neutraler beschreibe, würde ich mir ja etwas vormachen. Ich fühle mich wirklich erniedrigt*«, dann erinnern Sie sich an die dritte Stufe des Umlernens, den Widerspruch zwischen Kopf und Bauch.

Ihr Gefühl wird erzeugt durch Ihre Wortwahl und Bewertung.

Ich möchte Ihnen hier noch einige hilfreiche Umformulierungen vorschlagen, die ich mit meinen Klienten zusammengetragen habe:

Negative Beschreibung
❑ Das schmerzt mich unsäglich
❑ Das hat mich tödlich beleidigt
❑ Das erniedrigt mich
❑ Das bringt ich um
❑ Das bringt mich völlig aus der Fassung
❑ Das ist furchtbar
❑ Das ist unerträglich
❑ Das ist schrecklich
❑ Das halte ich nicht aus
❑ Er beleidigt mich

Neutrale Beschreibung

❑ Ich bin traurig und kann nur schwer beschreiben, wie …

❑ Ich fühle mich übergangen

❑ Ich komme mir klein vor

❑ Ich brauche all meine Kräfte, um damit klarzukommen

❑ Ich bin überrascht/aufgeregt

❑ Ich bin sprachlos

❑ Ich bedaure

❑ Ich bin enttäuscht

❑ Ich bin betroffen

❑ Ich bin frustriert

❑ Ich bin irritiert

Wahrscheinlich haben Sie bei den neutralen Beschreibungen auch bemerkt, dass sie alle in der »Ich-Form« formuliert sind. Hiermit dokumentieren wir wiederum, dass unsere Bewertung des Ereignisses uns aus der Bahn wirft und nicht das Ereignis an sich.

Verändern Sie Ihren Tonfall

Haben Sie schon einmal darauf geachtet, wie Sie innerlich zu sich sprechen? Vielleicht überrascht Sie diese Frage. Jetzt behaupte ich nicht nur, dass Sie permanent Ereignisse bewerten und zu sich sprechen, jetzt sollen Sie auch noch in einem bestimmten Tonfall mit sich sprechen. Sie brauchen mir nicht blind zu vertrauen. Beobachten Sie sich mal im Alltag oder erinnern Sie sich gleich jetzt an eine Situation, in der Sie sich sehr über einen anderen oder sich geärgert haben. Ist es vielleicht so, dass Sie »Du Mistkerl« oder »Sch…« recht heftig und scharf in Ihrem Kopf gehört haben? Oder umgekehrt, sprechen Sie die beiden Worte innerlich mal so aus, als ob Sie jemanden damit verführen oder ihm schmeicheln wollen. Merken Sie den Unterschied? Ebenso wie der Tonfall im Gespräch mit anderen sehr bedeutsam ist, kommt es auch im Innern darauf an. Allein dadurch, dass wir den Stimmklang ändern, ihn weniger dramatisch, weniger wütend, weniger ängstlich machen, können wir unser Gefühl des Verletztseins abschwächen.

Nehmen Sie sich wiederum Ihr ABC zur Hand und sprechen Sie die Gedanken, die Sie unter B bemerkt haben, mal anders aus. Spielen Sie mit Ihrer Stimme und beobachten Sie die Veränderungen, die Sie damit in Ihren Gefühlen erreichen. Lassen Sie sich bei der Übung nicht von Ihrem Gefühl abhalten, sich albern vorzukommen.

Nutzen Sie die Macht der Bilder

»Ein Bild sagt mehr als 1000 Worte«, so formulieren die Chinesen die Erkenntnis, dass die Bilder, die wir uns in der Fantasie ausmalen, einen sehr großen Einfluss auf unser Gefühlsleben und Verhalten haben. Wie wir ganz am Anfang des Buches festgestellt haben, beschreiben wir eine Kränkung oft in Bildern wie etwa: »Er hat mich mitten ins Herz getroffen« oder »Er ist mir in den Rücken gefallen« oder »Sie hat mich mit Füßen getreten« oder »Vor mir tat sich ein Abgrund auf«. Diese bedrohlichen Bilder sehen wir vor unserem inneren Auge. Sie können das Ausmaß unserer Verletzung verstärken. Umgekehrt aber können wir auch unsere Verletzung abschwächen oder überwinden, indem wir die Bilder verändern.

Wenn Sie Ihre Bilder im Moment nicht griffbreit haben, schauen Sie einfach nochmals in Kapitel 1 in der Auflistung von Kränkungsbeschreibungen nach. Suchen Sie sich die Redewendungen heraus, die Sie gewöhnlich verwenden.

Ich beschreibe meine Kränkung gewöhnlich mit den Worten:
Ich fühle mich _____
Das _____ *macht.*
Der andere macht _____

Beinhalten Ihre Beschreibungen bedrohliche Bilder, dann suchen Sie nach neuen Bildern, die weniger bedrohlich sind, und stellen Sie sich diese vor. Beispielsweise könnte man das Bild »Das trifft mich wie ein Schlag« umwandeln in die Vorstellung, vom anderen nur ganz leicht mit einem Schaumstoffhammer berührt zu werden. Bezüglich des Bildes »Ich falle in ein Loch« könnte man sich vorstellen, dass sich in dem Loch ein Sicherheitsnetz befindet, das Sie auffängt. Sie sehen, Ihrer Kreativität sind keine Grenzen gesetzt. Das Bild soll auf jeden Fall weniger bedrohlich sein, und Sie sollten sich bei dieser Vorstellung besser fühlen. Wenn Sie dabei schmunzeln oder lachen müssen, umso besser.

Wir können Bilder sogar einsetzen, um uns gegen Kränkungen zu immunisieren. Ähnlich wie bei den Schutzimpfungen setzen wir uns dabei dem »Erreger« in kontrollierter Form bewusst aus und stärken unsere Abwehr. Bezogen auf unsere Kränkungen stellen wir uns vor, dass die betroffenen Personen bestimmte Aktionen gegen uns vornehmen und dass wir diese bewusst ins

Leere laufen lassen. Wir sehen uns gewappnet für die Angriffe.

Mit meinen Klienten habe ich Bilder zusammengetragen, die uns aus der Opferrolle herausholen können. Ein wenig Humor schadet zudem nicht, sondern bringt uns im Gegenteil mit unseren Stärken in Verbindung. Viele Klienten berichten mir, dass ihnen das eine oder andere Bild sogar unmittelbar in der Situation hilft, sich gar nicht erst angegriffen zu fühlen. Begeben Sie sich also mit mir auf Fantasiereise.

Anleitung: Immunisieren Sie sich durch Bilder

Wählen Sie sich eine Person aus, von der Sie sich in der Vergangenheit leicht gekränkt gefühlt haben. Nennen wir sie der Einfachheit halber die Person X.

Stellen Sie sich vor, wie Person X und Sie das tun, was ich in den folgenden Bildern von 1 – 9 beschrieben habe. Beobachten Sie, wie Sie sich dabei fühlen:

1. Person X wirft Ihnen einen Ball oder einen Stein zu, dem Sie einfach ausweichen.
2. Person X hält Ihnen einen Löffel zum Abschlecken hin, den Sie einfach ablegen.
3. Person X stellt Ihnen eine Palme hin, auf die Sie klettern sollen. Sie laufen ganz ruhig um die Palme herum und sehen, wie Person X verbissen an der Palme rüttelt.
4. Stellen Sie sich selbst als ein Haus mit riesiger massiver Eingangstür vor. Person X versucht verzweifelt, mit ihrem Schlüssel die Tür zu öffnen. Doch der Schlüssel passt nicht.
5. Stellen Sie sich vor, Sie befinden sich in einem massi-

ven Haus. An der Haustür gibt es ein großes Klingel-
schild, das mit Ihrem Namen versehen ist. Person X
drückt auf den Klingelknopf, doch die Leitung zur
Klingelglocke ist gekappt. Sie hören es nicht läuten.
Person X dringt nicht bis zu Ihnen durch.

6. Person X stellt Ihnen einen Eimer Wasser hin, in den
Sie treten sollen. Sie leeren den Eimer einfach aus.

7. Person X fährt mit ihrem Auto durch eine riesige
schmutzige Pfütze und will Sie nassspritzen. Sie sind
gut ausgerüstet und haben Schlechtwetterkleidung an.
Deshalb können Sie ihm lachend entgegenschauen.

8. Person X wirft einen Brief mit Beschuldigungen in einen Briefkasten, der in einen Aktenvernichter mündet.

9. Person X ruft bei Ihnen an, und es meldet sich der An-
rufbeantworter: Kein Anschluss unter dieser Nummer.
Oder: Der Teilnehmer ist vorübergehend nicht erreichbar.

10. Stellen Sie sich als eine Marionette vor. Person X hält
das Fadenkreuz mit den Fäden, die die Verbindung zu
Ihnen herstellen, in der Hand. Person X will an den Fäden ziehen, und plötzlich reißen mit einem Schlag alle
Verbindungsfäden. Sie sind frei.

Natürlich sind Ihrer Fantasie auch bei dieser Strategie
keine Grenzen gesetzt. Sie können die Vorstellungen mit
Details ausschmücken oder sich auch selbst Bilder ausdenken. Sie sollten allerdings darauf achten, dass Sie keine Bilder verwenden, die Sie aggressiv machen oder die
Gewalt beinhalten. Immer einmal wieder habe ich Klienten, die mit einer »giftigen« Kollegin zusammenarbeiten
müssen. Sie haben mir erzählt, dass es ihnen hilft, sich

ein Symbol oder Bild auf den Schreibtisch zu stellen, die sie an ihr persönliches Abwehrbild erinnert (z. B. eine Plastikpalme oder ein Schild: Kein Anschluss unter dieser Nummer).

Probieren Sie auch einmal Folgendes aus: Wenn Sie sich das nächste Mal gekränkt fühlen und die Situation immer wieder vor Augen haben, dann rufen Sie sich innerlich ›Stopp‹ zu. Dann wählen Sie eines der Bilder aus und übertragen es auf Ihre konkrete Situation. Sie sehen dann beispielsweise, wie der andere Ihnen einen Stein zuwirft und Sie ihm elegant ausweichen.

Aktivieren Sie Ihre Rachefantasien

Manchmal tun wir dies schon automatisch, wenn wir uns sehr verletzt fühlen. Wir malen uns dann aus, wie wir es dem anderen mit gleicher Münze heimzahlen, ihn hängen lassen, ihn schikanieren, beim Chef anschwärzen oder Schlimmeres, z. B., wie der andere gegen einen Baum fährt, schwer erkrankt, wie er von Skins zusammengeschlagen wird, usw. Oftmals erschrecken wir dann selbst über unsere zerstörerischen Fantasien, denn als guter Mensch dürfen wir nach unseren moralischen Prinzipien nicht so denken. Und doch können Rachefantasien, denen wir für eine begrenzte Zeit nachhängen, ganz hilfreich sein. Wir reagieren unsere Wut ab und fühlen uns nicht mehr so hilflos. Gefährlich wird es nur dann, wenn wir von unseren Rachefantasien keinen Abstand mehr finden und sie schließlich sogar darin münden, dass wir die Rache in die Tat umsetzen.

Um dies zu vermeiden, sollten Sie die Rachefantasien immer damit abschließen, dass Sie innerlich Frieden schließen. Beenden Sie die Fantasie beispielsweise mit den Gedanken: »Jetzt kennst du meine Meinung, und damit will ich es auf sich beruhen lassen.« – »Jetzt hast du selbst erlebt, wie es ist, verletzt zu werden. Jetzt wende ich mich wieder erfreulicheren Dingen zu.«

Natürlich können wir auch ganz praktisch ein Bild unseres Gegenübers nehmen und es mit Stecknadeln malträtieren, es in der Luft zerreißen oder mit Füßen treten. All dies wird uns kurzfristig von unserer Wut befreien. Dies enthebt uns jedoch nicht der Notwendigkeit, die negative Bewertung des Vorfalls zu verändern. Auch hier besteht sonst die Gefahr, dass wir uns innerlich so wütend machen, dass wir schließlich zu einer Tat schreiten, die dem anderen, aber auch uns schadet.

Bereiten Sie sich auf zukünftige Kränkungen vor
Wir können nicht nur lernen, Kränkungen zu bewältigen, wir können auch lernen, uns vor Kränkungen besser zu schützen. Gezielt können wir uns auf den Kontakt mit Menschen vorbereiten, die uns generell nicht guttun. Wie wäre es, wenn Sie die folgenden Übungen ausprobierten?

Anleitung: Schaffen Sie sich einen Schutzschild
Ehe Sie sich in Kontakt mit für Sie »giftigen« Menschen begeben, malen Sie sich aus, um Sie herum existiere ein unsichtbarer Schutzschild. Dieser ist wie eine Panzerglasscheibe bei der Bank. Sie können durch den Schutzschild hindurchschauen und Kontakt nach außen aufnehmen, aber Sie können entscheiden, was durch den Schild bis zu Ihnen durchdringt. Steigern können Sie die

Wirkung noch, indem Sie sich Ihren Schutzschild ausmalen und gleichzeitig Ihre selbstsichere Körperhaltung
einnehmen.

Bei Menschen, mit denen Sie im Grunde genommen
keinerlei Kontakt haben möchten, aber sich aus irgendwelchen Gründen doch entscheiden, mit ihnen zusammen zu sein, bietet sich folgende Fantasie an:

Anleitung: Verschließen Sie Ihre Ohren

Stellen Sie sich vor, dass Sie sich vor dem Kontakt Ohro-
pax oder unsichtbare Korken ins Ohr stopfen und so Ihre
Ohren vor dem »dummen Gequassel« dieser Menschen
verschließen.

Bringen Sie sich auf Abstand

Wir können uns gefühlsmäßig auch auf Abstand bringen,
indem wir uns vorstellen, dass wir einen Doppelgänger
haben, den wir aus einer geschützten Position heraus beobachten. Wir sehen unseren Doppelgänger mit der
Person, die uns aus dem Gleichgewicht bringen will, beispielsweise auf einer Bühne stehen. Wir sitzen seelenru-
hig im Zuschauerraum und sehen dem Schauspiel zu.
Die Person sagt oder tut, was sie sagen oder tun muss.
Unser Doppelgänger hört sich ihr Gerede oder sieht sich
ihr Verhalten an und reagiert in der Form, wie wir es gewöhnt sind, zu reagieren. Uns kann dies nichts anhaben,
denn wir sind in Sicherheit – wir sind nur Zuschauer bei
all diesem Geschehen.

Der Psychotherapeut Viktor Frankl hat diese Strategie
im KZ eingesetzt, um aushalten zu können, barfuß über
Eisschollen laufen zu müssen. Er hat sich in einer Dop-

pelrolle gesehen. Er hat sich von außen – in einer Position der Sicherheit und Stärke – gesehen und seine Gefühle und sein Verhalten beschrieben, als er über das Eis lief. Man nennt diese Technik Dissoziation. Dissoziation bedeutet dabei, dass wir die eigene Person in der Vorstellung von einem außenliegenden Standpunkt erleben.

Wenn Sie häufig fernsehen oder ins Kino gehen, dann haben Sie mit der Wirkung der Dissoziation bestimmt auch schon Bekanntschaft gemacht. Es macht einen Riesenunterschied, ob wir uns mit dem Schauspieler identifizieren und quasi die Welt aus seinen Augen heraus sehen oder ob wir nur Zuschauer und Beobachter sind. Wir fühlen uns beispielsweise total unterschiedlich, je nachdem ob der Film so gedreht ist, dass wir in der Achterbahn sitzen und sich vor uns auf der höchsten Stelle der Achterbahn der Abgrund auftut, oder ob wir von außen die Achterbahn betrachten und unseren Blick zur höchsten Erhebung schweifen lassen.

Als Beobachter, der auf die Achterbahn schaut, können die meisten von uns ruhig und gelassen bleiben. Sitzen wir in der Achterbahn und schauen auf die kleinen Menschen, die unten stehen, läuft vielen von uns ein Schauer über den Rücken.

Will ein Filmregisseur uns gefühlsmäßig packen, bezieht er uns in den Film ein. Wir werden quasi eins mit dem Schauspieler, sehen und erleben alles durch seine Augen. Lässt er uns in der reinen Beobachterposition, sind wir distanzierter und weniger berührt.

Probieren Sie also einfach einmal aus, Ihren Doppelgänger »loszuschicken«, während Sie die Szene in aller Seelenruhe von einem sicheren Ort aus beobachten.

Machen Sie Vorstellungsübungen

Unser Gehirn kann nicht unterscheiden, ob uns ein Ereignis tatsächlich passiert oder ob wir es uns lediglich in der Fantasie ausmalen. Deshalb können wir neue Denk- und Verhaltensweisen auch in der Vorstellung üben. Wir können unseren neuen Canyon graben, indem wir uns vorstellen, wie wir Situationen, in denen wir gewöhnlich gekränkt reagieren, angemessen bewerten und ruhig reagieren. Je häufiger wir diese Vorstellungsübungen machen, umso schneller entwickeln wir neue Gewohnheiten.

Blättern Sie zur Vorbereitung auf die Vorstellungsübung zurück zu Ihrem ABC der Gefühle im Abschnitt: »Überprüfen Sie Ihre Bewertungen in der Situation« dieses Kapitels. Übertragen Sie den Text aus dem Abschnitt:

Meine hilfreiche, angemessene Bewertung sieht so aus:

_____

_____

Falls Sie dort bislang nur Leerzeilen vorfinden, dann erarbeiten Sie sich jetzt Ihr neues hilfreiches Gedankenprogramm mit Hilfe der dort aufgelisteten Fragen. Dann prägen Sie sich Ihre neue Einstellung ein.

Anleitung zur Vorstellungsübung

Bringen Sie sich durch die Atemübung von Kap. 8 in einen entspannten Zustand und schließen Sie Ihre Augen.

Malen Sie sich möglichst lebendig aus, wie Sie in der Situation, in der Sie früher gekränkt waren, Ihre neuen hilfreichen Gedanken denken, sich ruhig und selbstsicher fühlen und sich entsprechend Ihrer Vorstellungen verhalten.

Sie sehen sich in einer neuen Rolle: in der Rolle des souveränen Menschen, der eine selbstsichere Körperhaltung einnimmt, ruhig atmet, die Ereignisse angemessen bewertet und sich nicht gleich vollkommen infrage stellt.

Ihr Drehbuch sieht so aus:
❑ Ich bin in der *Situation,* in der mein Gegenüber … tut oder sagt.
❑ Ich *denke* meine hilfreichen Gedanken:

_____

❑ Ich *fühle* mich ruhig, gelassen _____
❑ Ich *verhalte* mich _____

Führen Sie diese Vorstellungsübung mindestens dreimal täglich jeweils 10 Minuten lang durch – und zwar 30 Tage lang. So lange brauchen wir ungefähr, um eine neue Gewohnheit zu installieren.

Stärken Sie Ihr Selbstwertgefühl

Je zufriedener und sicherer wir uns fühlen, desto weniger bewerten wir Worte und Taten anderer als bedrohlich, und desto weniger können diese uns etwas anhaben. Deshalb ist es unbedingt notwendig, dass wir für ein starkes Selbstwertgefühl sorgen. Es gibt sehr viele unterschiedliche Möglichkeiten, unser Selbstwertgefühl zu stärken. Diese alle aufzuführen würde jedoch den Rahmen meines Buches sprengen. Deshalb werde ich hier nur kurz auf einige ausgewählte Wege eingehen. Ausführliche Informationen und weitere konkrete Hilfestellungen finden sie in dem Ratgeber von Rolf Merkle »So gewinnen Sie mehr Selbstvertrauen«.

Beispielsweise können Sie Ihr Selbstwertgefühl auf folgende Weise stärken:

1. Erstellen Sie eine Liste Ihrer *Fähigkeiten,* positiven *Eigenschaften* und *Erfolge.* Ruhen Sie nicht, bis mindestens 10 Punkte auf Ihrer Liste zu finden sind. Es müssen keine außerordentlichen Fähigkeiten sein, die niemand außer Ihnen hat.

   Es gibt ganz sicher Eigenschaften, Fähigkeiten und Erfolge, die Sie ganz persönlich auszeichnen, die für Ihr Leben und Ihre Lebensgeschichte einen Erfolg bedeuten.

   Sollte Ihnen gar nichts Positives einfallen, dann erinnern Sie sich daran, mit welchen positiven Worten Ihre Freunde Sie beschreiben und was diese an Ihnen schätzen.

   Wenn Sie ganz mutig sind, können Sie Ihre Freunde auch direkt fragen, was sie an Ihnen besonders mögen.

   Lesen Sie sich diese Liste Ihrer Stärken am besten täglich durch und ergänzen Sie sie immer wieder.

   Und keine Angst, Sie werden dadurch nicht automatisch zu einem selbstverliebten, egozentrischen Menschen. Ihr Ziel ist es lediglich, ein Gleichgewicht zu finden und sich nicht nur auf Ihre Schwächen zu konzentrieren.

2. Machen Sie die *Spiegelübung.* Die Spiegelübung ist eine sehr machtvolle Übung und sieht folgendermaßen aus:

Anleitung zur Spiegelübung

Stellen Sie sich vor einen großen Spiegel und schauen Sie sich in die Augen. Schenken Sie sich ein Lächeln und sagen Sie laut (sofern Sie alleine sind) zu sich:

»… (Ihr Vorname), ich bin bereit, dich so zu akzeptieren, wie du bist. Ich will dir ein liebevoller Begleiter sein und dich immer unterstützen.«

Anfangs kann es sein, dass Sie traurig werden oder sich lächerlich vorkommen. Das ist ganz normal. Viele sind es nicht gewöhnt, in dieser netten Form zu sich zu sprechen. Setzen Sie die Übung fort – so oft es irgend geht. Lassen Sie sich durch jeden Spiegel und jedes Schaufenster dazu auffordern. Mit der Zeit werden Sie Ihre Befangenheit und Unsicherheit überwinden und werden ein sehr angenehmes Gefühl dabei empfinden. Sie werden lernen, sich wie eine treue, warmherzige Freundin oder ein liebevoller Freund zu behandeln.

3. Entwickeln Sie ein *Gefühl von Dankbarkeit.* Sie sind ein einzigartiger Mensch. Bereits bei der Zeugung haben Sie sich gegen Milliarden anderer Samenfäden durchgesetzt. Wären Sie ein Kunstgegenstand, würde man Sie als Unikat in eine Vitrine stellen. Ihr Körper ist ein Wunderwerk. Ihr Körper und Ihre Seele spielen perfekt zusammen. Mit Ihren Sinnen können Sie die Welt wahrnehmen. Lenken Sie Ihren Blick am frühen Morgen oder am Abend vor dem Schlafengehen auf all das, wofür Sie an diesem Tag dankbar sein können: »Ich bin dankbar dafür, dass ich die Welt mit meinen Augen wahrnehmen kann. Ich bin dankbar dafür, dass ich auf eigenen Füßen gehen kann. Ich bin dankbar dafür, dass …« Erinnern Sie sich dabei auch an Ereig-

nisse mit anderen Menschen oder Situationen, für die Sie heute dankbar sind, z.B. an einen schönen Sonnenuntergang, ein Lächeln vom Nachbarn, eine nette E-Mail. Setzen Sie die Anforderungen nicht zu hoch an. Es muss nichts Oscar-Reifes sein, kleine Begegnungen genügen. Zählen Sie mindestens drei positive Ereignisse auf.

Reduzieren Sie Ihre Pflichten im Leben
Wir sind umso leichter zu kränken, je mehr Anspannung und Druck wir im Leben haben. Zu viele Pflichten und zu wenig Dinge, die uns Spaß machen, können unser Gleichgewicht stören. Deshalb ist es sinnvoll, sich bewusst Zeit für Aktivitäten zu nehmen, die für uns belohnend sind:

→ Planen Sie in Ihrem Alltag Aktivitäten ein, die Ihnen guttun wie z.B. ein Bad nehmen, sich etwas Gutes kochen, einen Freund anrufen, eine schöne Musik hören, sich eine Massage gönnen, einen Spaziergang machen, eine Illustrierte lesen, etc.
→ Reduzieren Sie nach Möglichkeit Aktivitäten, die aus Ihrer Sicht nur Belastung für Sie sind.
→ Suchen Sie nach positiven Aspekten bei den unliebsamen Aktivitäten, die Sie nicht aufgeben können.

Gehen Sie generelle Probleme aktiv an
Finanzielle Sorgen, Mobbing am Arbeitsplatz, Arbeitslosigkeit, Partnerschaftsprobleme, eine Trennungs- oder Trauerphase, chronische Erkrankung, Probleme mit den Kindern oder Eltern usw. können unser Selbstvertrauen erheblich schwächen und uns verwundbar machen.

Scheuen Sie sich an diesen Punkten nicht, sich eine professionelle Unterstützung zu holen.

Wenn Sie die Krise alleine überwinden wollen, dann lähmen Sie sich nicht, indem Sie vor lauter Bäumen den Wald nicht mehr sehen. Gehen Sie auf Lösungssuche, statt nur noch Probleme zu sehen.

Machen Sie sich einen Plan: Was ist meine Situation? Was kann ich tun, um meine Situation zu verbessern? Welches sind meine ersten Schritte, die ich tun muss?

Nehmen Sie sich ein Schrittchen nach dem anderen vor und loben Sie sich für jeden Zwischenschritt.

Wichtige Erkenntnisse aus diesem Kapitel

Einige ausgewählte Denk-Strategien, um wieder in ein seelisches Gleichgewicht zu kommen:

→ Legen Sie sich hilfreiche Grundeinstellungen zu: Sie sind in Ordnung, wie Sie sind. Fehler machen Sie nicht zu einem Versager. Andere haben das Recht, sich nach ihren eigenen Vorstellungen zu verhalten. Wenn andere Sie ablehnen oder kritisieren, hat das nichts mit Ihrem Wert als Mensch zu tun.

→ Erinnern Sie sich daran: Es gibt wichtigere Dinge, als sich mit der Verletzung aufzuhalten.

→ Überprüfen Sie Ihre Bewertung: Entspricht sie den Tatsachen oder ist sie Ihre persönliche Meinung oder Forderung?

→ Setzen Sie den Gedankenstopp ein und lenken Sie Ihre Aufmerksamkeit auf positive Aktivitäten.

→ Schlüpfen Sie in die Schuhe Ihres Gegenübers und versuchen Sie, seine Sichtweise zu verstehen.

→ Begeben Sie sich auf eine Zeitreise: Welche Bedeutung wird das Ereignis in 5 Jahren von heute aus gesehen haben?

→ Bringen Sie sich innerlich auf Distanz und schicken Sie einen Doppelgänger ins Rennen.

→ Stärken Sie Ihr Selbstwertgefühl, indem Sie sich Ihre Fähigkeiten, Eigenschaften und Erfolge vor Augen halten.

10 Wie kann ich mein Verhalten steuern?

Kämpfen, flüchten und Schockzustand – unter diesen drei Verhaltensmöglichkeiten können wir rein theoretisch auswählen, wenn wir uns stark gekränkt fühlen. Die meisten meiner Klienten sind sprachlos und geschockt. Sie fühlen sich hilf- und schutzlos, sind wie erstarrt und verbittert. Wenn sie in Therapie kommen, dann haben sie einen enormen Leidensdruck, wollen endlich nicht mehr das Opfer anderer sein. Menschen, die bei Kränkung gleich mit Worten oder Taten zum Angriff übergehen, kommen seltener in Therapie, denn sie fühlen sich nicht so wehr- und kraftlos. Sie haben den Eindruck, die Gerechtigkeit wenigstens ein Stück weit selbst wiederherstellen zu können. Deren Problem ist es dann eher, wie sie später die Scherben zusammenkehren können, wenn sie zu heftig reagiert haben.

Es gibt sehr viele unterschiedliche Reaktionen auf Kränkung, wie wir in Kapitel 5 gesehen haben: den anderen mit Worten ebenfalls kränken, gewalttätig werden, äußerlich cool bleiben und innerlich kochen, mauern, den anderen auflaufen lassen, sich beleidigt zurückziehen, usw. Manche sind hilfreich, andere eher schädlich.

»Wie sieht denn die richtige Reaktion auf eine Kränkung aus?«
Diese Frage taucht immer wieder in der Therapie auf. Meinen Klienten antworte ich dann: »Ich weiß es nicht. Sie entscheiden, welche Reaktion für sie wann richtig ist. Es gibt nicht die eine richtige Reaktion. Für manche ist es

entlastend, direkt seine Meinung zu sagen und seine Gefühle auszudrücken. Für andere ist Stillschweigen und/oder Rückzug die geeignetere Strategie. Manchmal ist es hilfreich, sich zunächst zurückzuziehen und dann über den Vorfall zu sprechen. Wenn es Probleme mit dem Verhalten des Chefs gibt und wir unseren Job behalten wollen, ist es möglicherweise besser, ihn überhaupt nicht direkt darauf anzusprechen. Manchmal ist es besser, auf Distanz zu bleiben und gar keinen Kontakt mehr aufzunehmen.

Ich persönlich ziehe mich bisweilen trotzig zurück. Ich weiß dann wohl, dass dies niemandem nützt, aber meine Gedanken: »Der andere soll an meiner Reaktion spüren, was er mir angetan hat. So kann er nicht mit mir umgehen«, führen mich zu diesem Verhalten. Manchmal habe ich es aber auch gründlich satt, dass meine Gedanken immer wieder um das für mich verletzende Ereignis kreisen und ich mich wie gelähmt im Alltag fühle. Es gefällt mir nicht, wenn alle meine Energien in die Vergangenheit investiert werden. Außerdem weiß ich im Grunde genommen genau, dass der andere keine Gedanken lesen kann und sich durch mein Beleidigtsein auch nicht unbedingt ändern muss.

Um aus diesem Kreislauf herauszukommen, muss ich dann – ebenso wie Sie – die Strategien einsetzen, die ich in diesem Buch beschreibe. Psychotherapeuten haben es an diesem Punkt nicht – wie viele Klienten glauben – leichter. Sie sind ebenso wenig gegen Kränkung gefeit wie jeder andere. Der einzige Vorteil für Psychotherapeuten besteht darin, dass sie die notwendigen Strategien kennen, um Gedanken und Gefühle zu beeinflussen. Die

Arbeit müssen sie ebenso wie jeder Betroffene machen, die Phasen des Umlernens genauso durchlaufen.

Nun aber zurück zu unserer Frage: Wie verhalten wir uns am besten nach einer Kränkung? Zunächst einmal können wir unterscheiden zwischen den Verhaltensweisen, die wir unmittelbar in der für uns kränkenden Situation zeigen, und solchen, die einige Zeit nach dem ursprünglichen Ereignis erfolgen. Nach unserer unmittelbaren Reaktion auf die Kränkung beschäftigen wir uns meist weiter mit dem Vorfall. Diejenigen, die dem anderen gleich etwas vorgeworfen haben, haben dabei schon etwas Druck abgelassen und können gelassener sein. Wer sich beleidigt zurückzieht, hat den Eindruck, sich noch nicht gewehrt, dem anderen noch nicht gezeigt zu haben, wie verletzend das war. Seine Aufmerksamkeit ist noch stärker an dieses Ereignis gefesselt. Manchmal entscheidet er sich später, sich zu wehren, manchmal bleibt er auch in der Position des Gekränkten, manchmal verändert er auch nur seine innere Haltung.

Es geht im Folgenden also darum, ob, wann und wie wir auf unser Gegenüber reagieren. Welche Verhaltensweisen helfen uns, uns nicht durch unsere Gefühle gelähmt zu fühlen und unsere Ziele zu erreichen?

In diesem Abschnitt bitte ich ganz besonders um Ihre Geduld. Sie werden sehr viele Strategien vorfinden und sich vielleicht zunächst ein wenig davon »erschlagen« fühlen. Erinnern Sie sich deshalb daran, dass Sie aus den vielen Vorschlägen auswählen können. Sie müssen diese außerdem nicht perfekt und vollständig umsetzen. Jeder einzelne Gedanke, den Sie Ihren Denkgewohnheiten neu hinzufügen, zählt. Jedes einzelne Verhalten, das Sie neu ausprobieren, erweitert Ihre Möglichkeiten, zu reagieren. Wenn Sie möchten, markieren Sie sich die Fragen und Verhaltensweisen, die Sie mit der Zeit in Ihr Repertoire aufnehmen möchten, farbig oder schreiben Sie diese auf Karteikarten.

Lassen Sie uns nun mit den hilfreichen Verhaltensweisen unmittelbar in der Situation beginnen:

Versuchen Sie, Zeit zu gewinnen
Wenn wir uns verletzt fühlen, dann können wir häufig nicht mehr klar denken. Um wieder Boden zu gewinnen, können wir unser Gegenüber seine Aussage einfach wiederholen lassen oder die Aussage selbst in seinen Worten wiederholen (spiegeln):

❏ »Du meinst also, dass ich …?«
❏ »Ich habe nicht ganz verstanden, was du gesagt hast. Kannst du es wiederholen?«
❏ »Lass mal sehen, ob ich dich richtig verstanden habe, dass …«.
❏ »Lass mich sicher gehen, dass ich dich richtig verstanden habe: …«

Fragen Sie bei Ihrem Gegenüber gezielt nach und überprüfen Sie Ihre Bewertung
Unsere Gefühle entstehen durch das, was wir in das Verhalten des anderen hineininterpretieren. Unsere Reaktionen müssen absolut nichts mit dem gemein haben, was der andere gesagt oder getan hat. Unsere Bewertung und Interpretation von Ereignissen ist vergleichbar einer Sonnenbrille, die wir auf der Nase tragen – völlig unabhängig davon, ob die Sonne scheint oder es regnet. Wir sehen al-

les um uns herum dunkler, bis wir sie abnehmen, um zu prüfen, ob wir sie noch benötigen.

Unsere Bewertungen sind abhängig von unseren Erfahrungen, unseren Erwartungen, unserer Stimmung, usw. Was der andere mit einem bestimmten Wort meint, kann etwas völlig anderes sein, als das, was wir darunter verstehen. Z.B. ist für manche die Eigenschaft »mitteilsam« etwas Positives, für andere etwas Negatives. Äußerungen mit »zu«, wie z.B. »Du bist einfach zu empfindlich«, beinhalten immer eine persönliche Wertung. Um möglichst wenig Missverständnisse entstehen zu lassen, ist es hilfreich, gleich direkt nachzufragen und das Gesagte möglichst konkret zu machen:

❑ »Wie genau meinst du das?«
❑ »Was genau meinst du damit?«
❑ »Was verstehst du darunter, wenn du … sagst?«
❑ »Auf welche Situation beziehst du dich?«
❑ »Was meinst du mit ›immer‹ oder ›nie‹?«
❑ »Was meinst du mit ›man tut … nicht‹?«
❑ »Was meinst du mit ›zu …‹?«
❑ »Warum sagst du das?«
❑ »Warum denkst du das?«

Unmittelbar nachzufragen hat noch einen anderen Vorteil: Der andere wird dazu gezwungen, »Beweise« zu liefern. Er muss über seine Aussagen nachdenken und bemerkt vielleicht selbst, dass er über das Ziel hinausgeschossen ist. Er wird auch angeregt, stärker darauf zu achten, was er genau sagen möchte. Wenn Sie nachfragen, gewinnen Sie Zeit zum Nachdenken und um die Fassung wiederzugewinnen.

Teilen Sie Ihrem Gegenüber Ihren Eindruck mit

Statt Fragen zu stellen, können Sie Ihrem Gegenüber Ihre Sichtweise auch als Eindruck schildern:

- ❑ »Du hast gerade … gemacht. Bei mir kam das an, als ob du … Liege ich da richtig?«
- ❑ »Ich habe den Eindruck, du bist sauer auf mich.«
- ❑ »Mir kommt es so vor, als ob du mich nicht dabeihaben willst.«
- ❑ »Kann es sein, dass du dich über mich geärgert hast?«
- ❑ »Willst du damit sagen, dass ich … bin/habe?«
- ❑ »Meinst du das wirklich, dass ich …?«

Der andere hat auf diese Weise die Möglichkeit, Missverständnisse gleich aus dem Weg zur räumen. Sie haben dadurch die Möglichkeit, Ihre Interpretation zu überprüfen.

Sprechen Sie mit Ihrem Gegenüber über Ihre Sichtweise und Ihre Gefühle

Dieser Ratschlag mag in Ihnen sofort heftigsten Widerstand hervorrufen. Doch ich wage dennoch, Ihnen dies vorzuschlagen. Ich weiß von mir, wie schwer es fällt, darüber zu sprechen, dass man sich verletzt fühlt. Wir glauben, damit in eine noch schwächere Position zu gelangen: »Jetzt hat uns der andere schon verletzt, und jetzt sollen wir ihm auch noch den Triumph gönnen, dass wir es zugeben!« Manchmal haben wir Angst, dann in Tränen auszubrechen oder die Beherrschung zu verlieren. Manchmal haben wir Angst, erneut verletzt zu werden.

Und doch ist es manchmal sinnvoll, offen zu sein und Farbe zu bekennen. Zum einen können wir damit mögliche Missverständnisse klären. Vielleicht hat es unser Gegenüber gar nicht so gemeint, wie wir es aufgefasst haben. Zum anderen bekommt der andere damit unmittelbar eine Rückmeldung, wie wir uns fühlen. Er erhält die Möglichkeit, sein Verhalten zu korrigieren, sich dafür zu entschuldigen oder für Wiedergutmachung zu sorgen. Wenn wir über unsere Gefühle sprechen, helfen wir uns damit auch dabei, unsere Wünsche und Erwartungen zu ergründen.

Ein wenig Unsicherheit bei diesem Vorgehen ist verständlich. Darüber, wie der andere auf unsere Offenbarung reagieren wird, haben wir schließlich keine Kontrolle. Natürlich kommt es auch darauf an, wie wir in einer solchen Situation über unsere Gefühle sprechen. Wichtig ist, dass wir die Verantwortung für unsere Gefühle übernehmen und dem anderen nicht die Schuld dafür zuschieben.

Sie brauchen natürlich nicht über Ihre Gefühle zu sprechen, wenn Sie es mit Menschen zu tun haben, für die dies nicht wichtig ist (beispielsweise für den Wurstverkäufer oder den Briefträger).

Für den Gesprächsverlauf ist es hilfreich …

… wenn Sie von sich sprechen und die Verantwortung für Ihre Gefühle übernehmen:
- ❑ »Bei *mir* kommt das, was du sagst, so … an, und deshalb fühle *ich mich* …«
- ❑ »*Ich* bin enttäuscht, gekränkt, weil ich das so … verstehe.«
- ❑ »*Ich* bin verletzt, weil *ich* … erwartet/*mir* gewünscht habe.«

- »*Ich* fühle mich abgelehnt, wenn du … sagst/tust, und *ich* dies so … verstehe.«
- »*Mir* gefällt nicht, dass du … sagst/tust, weil *ich* … gedacht habe.«
- »*Ich* bin ärgerlich, weil ich … erwartet habe.«

… wenn Sie dem anderen keine Vorwürfe machen
Mit Vorhaltungen wie »Wie kannst du nur so gemein, unfair, egoistisch … sein«, oder »Du machst selbst auch immer …« entfachen wir das Feuer nur umso mehr. Wenn es uns gelingt, »im Zweifel für den Angeklagten« zu sprechen, d. h. erst einmal anzunehmen, dass es unser Gegenüber im Grunde genommen gut mit uns meint, dann können wir sachlicher argumentieren. Wir können dann sein Verhalten als seine individuelle Ausdrucksweise ansehen: »Du siehst das … Du wünschst dir … Ich sehe es so …« Wir können seine und unsere Sichtweise nebeneinander stehen lassen. Am besten ist es, wir beschreiben sein Verhalten ganz sachlich und verzichten auf Bewertungen wie falsch, dumm, unfair, lieblos, etc.:

- »Du hast gerade … gesagt.«
- »Du hast … getan.«

… wenn Sie über Ihre Sichtweise sprechen und sich für die des anderen interessieren
Wir sollten dabei ganz ehrlich ein Interesse an der Sichtweise des anderen haben und nicht mit der Einstellung herangehen: »Du kannst jetzt sagen, was du willst. Ich weiß, dass ich recht habe und dass du gemein, unfair … bist.« Eine gute Formulierung ist beispielsweise:

❏ »Bei mir kommt das so … an, und ich möchte wissen, wie du es gemeint hast.«

> **Sie haben das Recht,**
> **Ihre Bedürfnisse zu äußern.**

… wenn Sie klar ausdrücken, was Sie sich von Ihrem Gegenüber wünschen

Wenn wir unsere Wünsche ausdrücken, müssen wir darauf achten, sie nicht als Forderung zu formulieren, sonst macht der andere vielleicht dicht. Also Vorsicht vor Formulierungen wie: »Du musst dich in Zukunft halt mehr zusammenreißen und darfst mich nicht mehr im Gespräch unterbrechen.«

Beziehen Sie Ihren Wunsch außerdem auf ein konkretes Verhalten.

Wünsche wie »Geh liebevoller mit mir um«, »Sei das nächste Mal feinfühliger« oder »Fühl dich mehr zuständig in Zukunft« sind zum einen für den anderen unklar, zum anderen aber auch schon wieder wertend.

Sie bergen die Gefahr, dass der andere sich angegriffen fühlt.

Gute Formulierungen sind beispielsweise:

❏ »Ich bin enttäuscht, weil ich … erwartet habe. Ich wünsche mir, dass du … tust.«

❏ »Ich würde mich freuen, wenn du … tust.«

❏ »In Zukunft wünsche ich mir, dass du … nicht mehr machst/sagst.«

❏ »In Zukunft machst du am besten … und ich bin zuständig für …«

… wenn Sie mit dem anderen nach einer Lösung suchen
Manchmal ist es sinnvoll, den anderen in die Problemlösung miteinzubeziehen. Wir stellen die Vorstellungen des anderen und unsere gegenüber und suchen gemeinsam nach einer Lösung, die uns beide zufrieden macht. Die Frage, die wir dem anderen stellen, lautet z. B.:

❑ »Was würdest du vorschlagen, wie wir das Problem lösen können?«

… wenn Sie dem anderen Ihre Grenzen mitteilen
Jeder von uns ist dafür verantwortlich, worauf er sich einlässt. Wir können den anderen nicht ändern, haben aber das Recht und die Pflicht, ihm mitzuteilen, wann für uns der »Spaß aufhört«. Der andere muss genau wissen, worauf er sich einlässt:

❑ »Wenn das Problem … weiterhin auftritt, dann muss ich …, um mich selbst zu schützen.«

Da wir alle eher geneigt sind, unser Verhalten zu verändern, wenn uns am Ende etwas Positives erwartet, können wir auch folgendes Angebot machen:

❑ »Wenn du … tust/sagst, werde ich im Gegenzug … tun.«

Egal ob Belohnung oder Bestrafung, immer sollten wir das Problem und die Konsequenzen ganz konkret formulieren. Natürlich sollten wir auch sicher sein, dass wir wirklich in dieser Form reagieren wollen, und zwar jedes Mal, wenn die Situation auftritt.

Benutzen Sie das Wörtchen »Nein«
Sehr oft fühlen wir uns gekränkt, wenn wir uns von an-

deren vereinnahmt oder ausgenutzt fühlen. Es scheint, als ob andere einfach über unsere Interessen und Bedürfnisse hinweggehen. Wir machen dabei zwei Denkfehler:

1. Wir nehmen an, dass andere unsere Bedürfnisse kennen müssten.

2. Wir fordern, dass sie unsere Bedürfnisse über die ihrigen stellen sollten.

Häufig würde ein einfaches Nein in solchen Situationen genügen, das Ungleichgewicht aufzulösen. Das Nein macht deutlich, wo Ihre Grenzen sind. Mit dem Nein respektieren Sie Ihre Bedürfnisse. Keine Angst, Sie werden dadurch nicht automatisch selbstsüchtig und egozentrisch. Sie haben das Recht, Nein zu sagen, und die Pflicht, sich für die Erfüllung Ihrer Wünsche einzusetzen. Wenn es Ihnen bisher schwergefallen ist, Nein zu sagen, nutzen Sie folgendes Antwortmuster:

❏ »Du möchtest, dass ich …

❏ Ich möchte …

❏ Deshalb mache ich … nicht.«

Wiederholen Sie, was der andere möchte, und sprechen Sie dann von Ihren Wünschen und Gefühlen. Sie brauchen sich für Ihre Wünsche nicht zu entschuldigen.

Nehmen Sie eine Auszeit

Die meisten von uns wünschen sich, dass sie unmittelbar auf die Worte oder Handlungen ihres Gegenübers gelassen reagieren. Wir wünschen uns, dass alles von uns abprallt wie an einer dichten Regenhaut. Gelingt uns dies, dann finden wir auch gleich die richtigen Worte, und wir können uns ganz klar und bewusst entscheiden, wie wir am besten reagieren möchten. Meist kommen wir jedoch zunächst aus dem Gleichgewicht. Wir sind nicht in der Verfassung, sachlich und neutral zu überlegen, was wir tun wollen und was in unserem besten Interesse ist. Wir sehen den anderen als unseren Feind und uns als Opfer. Dann ist es gut, sich erst einmal abzukühlen. Die folgenden Strategien haben sich dabei bewährt:

Ziehen Sie sich zurück, aber stellen Sie die Beziehung nicht gleich in Frage.
Teilen Sie vor ihrem Rückzug Ihrem Gesprächspartner mit, dass Sie jetzt nicht mehr, aber zu einem späteren Zeitpunkt noch einmal mit ihm reden möchten. Hilfreich kann es dabei sein, schon den genauen Zeitpunkt anzugeben, an dem man wieder ins Gespräch kommen möchte: »Ich fühle mich verletzt und brauche erst mal Zeit zum Verdauen. Lass uns morgen nach dem Essen darüber reden.«

Trennen Sie sich nicht gleich für alle Zeiten von Ihrem Partner, kündigen Sie der Freundin nicht gleich die Freundschaft auf und reichen Sie in der Firma nicht gleich die Kündigung ein. Ein Abbruch der Beziehung und die Kündigung sind zwar die sichersten Wege, von einer Person nicht mehr gekränkt werden zu können, jedoch nicht unbedingt die klügsten. Zum einen verlieren Sie damit vielleicht einen Menschen, der für Sie sehr wichtig war und auch weiterhin sehr wertvoll sein könnte. Sie werden möglicherweise zudem danach auf andere Menschen treffen, mit denen Sie ähnliche negative Erfahrungen machen. Zum anderen wird, sofern es Ihnen nicht gelingt, die Kränkung zu überwinden, die Kränkung in Ihnen bestehen bleiben. Jede Person, die ähnlich dieser negativ besetzten Person ist, wird Sie daran erinnern. Vielleicht werden Sie sich täglich auch selbst an diese Kränkung erinnern und dann weiterhin leiden.

Ziehen Sie sich deshalb erst einmal nur vorübergehend zurück. Aus der Distanz stellt sich vieles anders dar. Sie können Ihre Sichtweise und Bewertung überdenken. Sie können überlegen, welche Motive sich hinter dem Verhalten Ihres Gegenübers verbergen und wie Ihre Bewertung aussieht. Sie können aus dem Abstand heraus nochmals in aller Ruhe darüber nachdenken, wie wichtig Ihnen die Beziehung ist, was Sie verlieren, wenn Sie abbrechen, bzw. gewinnen, wenn sie den Kontakt weiter aufrechterhalten. Sie können Ihre Wut und Ihre Enttäuschung ausdrücken, ohne dass Sie den anderen klein machen müssen. Sie können in aller Ruhe über Ihre Wünsche an den anderen nachdenken. Alle Strategien, die wir in den Kapiteln 8 und 9 besprochen haben, können Sie während der Auszeit dabei unterstützen, ruhiger zu werden. Besonders möchte ich hier Ihren Blick noch einmal auf das ABC der Gefühle lenken:

Schreiben Sie das Erlebnis auf und sortieren Sie es in das ABC der Gefühle ein.
Das ABC der Gefühle (→ Kapitel 9) kann Ihnen dabei helfen, den Vorfall objektiv zu betrachten und aus der Opferrolle zu kommen. Sie können darin erkennen, was Sie selbst dazu beitragen, um sich persönlich angegriffen zu fühlen. Sie können sich besser bewusst machen, wel-

che Gefühle Sie verspüren. Außerdem können Sie Ihre Sichtweise korrigieren und sich in aller Ruhe eine für Sie angemessene Reaktion überlegen.

Holen Sie eine zweite Meinung ein.
Manchmal verbohren wir uns so sehr in unsere Sichtweise, dass wir nur schwer wieder herausfinden. Für uns ist die Situation genau so, wie wir sie sehen, und deshalb können wir uns auch nur so fühlen, wie wir uns fühlen. Dann kann ein Gespräch mit Freunden unseren Tunnelblick erweitern. Wenn wir das Erlebnis schildern, sollten wir uns bemühen, so objektiv wie möglich zu sein. (Ich weiß, das fällt schwer. Wir alle haben das Bestreben, von Freunden in unserer Haltung bestätigt zu werden: Der andere war gemein, herzlos … zu uns. Er darf uns so nicht behandeln und hat Bestrafung verdient. Er muss sich ändern und seinen Fehler einsehen!) Leichter gelingt uns dies mit dem sogenannten Kamera-Check: Wir beschreiben unseren Freunden das Ereignis genau so, wie es eine Kamera aufgezeichnet hätte. In die Aufzeichnung durch eine Kamera gehen keine Wertungen und Interpretationen ein.

Entscheiden Sie sich bewusst für oder gegen eine Aussprache.
Wenn Sie sich ruhiger fühlen, können Sie entscheiden, ob Sie auf den anderen zugehen, seine Sichtweise genauer hinterfragen und über Ihre Gefühle sprechen wollen. Beantworten Sie sich hierzu die folgenden Fragen:
❑ Wie stark beeinflusst dieses Ereignis meine Beziehung zu dem anderen in der Zukunft?

- ❑ Ist mir dieses Ereignis wichtig genug, um mit ihm (nochmals) darüber zu sprechen?
- ❑ Welche Konsequenzen könnte mein Gespräch kurzfristig und langfristig für mich haben?
- ❑ Wie stark beeinflusst dieses Ereignis mein Leben, meine Selbstachtung, meine Wertvorstellungen und Ziele negativ?
- ❑ Welche Konsequenzen könnte es kurzfristig und langfristig für mich haben, wenn es nicht zu einer Aussprache kommt?
- ❑ Hat sich der andere absichtlich so verhalten oder war er sich der möglichen Folgen nicht bewusst?

Haben Sie große Angst vor einer direkten Begegnung, können Sie sich auch dazu entscheiden, ihm einen Brief zu schreiben, in dem Sie Ihre Sichtweise, Ihre Gefühle und Ihre Wünsche beschreiben.

Entscheiden Sie sich für eine Aussprache, sollten Sie sich über folgende Fragen klar werden:
- ❑ Welches Ziel habe ich? Was möchte ich sagen? Was will ich gerne verändert haben? Was brauche ich von ihm?
- ❑ Wie kann ich mein Ziel am besten erreichen?
- ❑ Gibt es etwas, was ich ändern möchte, etwas, was ich bedaure?
- ❑ Wie kann ich am besten mit ihm darüber sprechen, dass es nicht (mehr) zu einer Eskalation kommt? Gut ist es, sich hierzu den Abschnitt: ›Sprechen Sie über Ihre Sichtweise und Ihre Gefühle‹ nochmals anzuschauen.

❏ Wie könnte der andere schlimmstenfalls darauf reagieren und wie kann ich mich dagegen wappnen?

Und es gibt noch weitere Punkte, mit denen Sie eine Aussprache günstig beeinflussen können:

→ Bringen Sie sich in eine ruhige Stimmung. (Siehe hierzu die Strategien von den Kapiteln 8 und 9)

→ Malen Sie sich aus, wie Sie auf den anderen zugehen und ruhig mit ihm sprechen. Legen Sie sich Ihre Worte hierfür zurecht.

→ Sie können das Gespräch auch vorab zu Hause in einem Rollenspiel proben: Stellen Sie sich vor einen Stuhl oder Sessel und malen Sie sich aus, dass dort Ihr Gegenüber steht. Teilen Sie Ihrem »Gegenüber« laut und deutlich das mit, was Sie ihm später live sagen möchten. Drücken Sie alles aus, was Sie bewegt, ärgert, beschämt und traurig gemacht hat. Sprechen Sie darüber, was Sie sich von ihm wünschen. Vergessen Sie dabei nicht, auf Ihre selbstbewusste Körpersprache zu achten.

→ Wählen Sie für die tatsächliche Aussprache einen Zeitpunkt aus, an dem der andere allein und offen für Sie ist. (Während seiner Lieblingssendung, der Lektüre des Wirtschaftsteils oder wenn drei Kleinkinder gleichzeitig schreien, erwischen Sie wahrscheinlich nicht gerade den günstigsten Moment – auch wenn es für Sie vielleicht gerade der passende Augenblick wäre und Sie jetzt den Mut aufbringen würden).

→ Beginnen Sie das Gespräch beispielsweise mit den Worten: »Ich möchte nochmals auf unser letztes Gespräch zurückkommen«, »Ich möchte zu dem Ereignis … noch etwas sagen«.

Entscheiden Sie sich, ob Sie unbedingt eine Entschuldigung von Ihrem Gegenüber fordern wollen.

Für uns alle ist es zweifellos sehr wohltuend und entlastend, wenn unser Gegenüber einsieht und uns eingesteht, dass er einen Fehler gemacht hat. Wir benötigen dann zwar auch noch einige Zeit, um ihm wieder vertrauen zu können, aber wir fühlen uns erleichtert und von einer Last befreit.

Wenn wir jedoch auf einem Schuldeingeständnis, einer Entschuldigung und auf Reue bestehen, wird es häufig so sein, dass wir dieses Ziel nicht erreichen. Der andere sieht sein Verhalten vielleicht gar nicht als Fehler, oder es fällt ihm schwer, einen Fehler einzugestehen. Deshalb ist es für Sie besser, sich ein Ziel zu setzen, das Sie kontrollieren können.

Wie wäre es mit dem einfachen, aber konkret formulierten und ausgesprochen leicht kontrollierbaren Ziel: *»Ich möchte ihm meine Erwartungen und Gefühle mitteilen und wie ich mir sein Verhalten in der Zukunft wünsche.«*

Was Sie daran hindern könnte, all diese Strategien umzusetzen

Viele meiner Klienten stimmen mit mir überein, dass es in den meisten Fällen gut wäre, mit dem anderen über die Situation, ihre Gefühle und Wünsche zu sprechen. Sie erkennen, wie nützlich hierfür die bisher besprochenen Kommunikationsregeln sein können. Gleichzeitig haben sie Angst, sie im Alltag umzusetzen. Sie behindern sich selbst durch ganz bestimmte »Ja, aber-Einwände«, die sie immer wieder innerlich zum Stolpern bringen:

Ja, aber was ist,

- ❑ wenn der andere sich dann, wenn ich ihm von meiner Kränkung erzähle, über mich lustig macht?
- ❑ wenn der andere mich auflaufen lässt und mir erzählt, dass ich alles missverstanden hätte?
- ❑ wenn der andere alles abstreitet?
- ❑ wenn der andere überhaupt nicht mehr über den ganzen Vorfall reden möchte?
- ❑ wenn der andere aufbraust und alles nur noch schlimmer wird?
- ❑ wenn der andere es nicht einsieht und sich nicht ändert?
- ❑ wenn der andere mich für egoistisch hält?
- ❑ wenn der andere mich für zu empfindlich hält oder als hysterisch beschimpft?
- ❑ wenn der andere dann triumphiert, weil er es geschafft hat, mich zu verletzen?

Ist Ihnen etwas aufgefallen? Dies sind alles Fragen, die sich auf die Zukunft beziehen und die Sie überhaupt nicht beantworten können. Sie wissen schlicht und ergreifend nicht, wie der andere sich bei einem Gespräch verhalten würde – selbst wenn er sich in der Vergangenheit immer gemäß Ihrer Befürchtungen verhalten haben sollte.

Aber nehmen wir einmal an, er würde sich lustig machen, alles abstreiten, aufbrausen, es nicht einsehen, sich über Ihren »Kniefall« freuen oder Sie würden die Fassung verlieren. Was wäre so schlimm daran? Ist es eine Frage von Leben und Tod? Sie haben es bisher überlebt und können es auch erneut aushalten. Es wäre unangenehm, lästig, ärgerlich, bedauerlich … Was wäre aber dann die Alternative zum direkten Gespräch? Sich zurückziehen? Beleidigt sein? Intrigieren? Kontakt abbrechen?

Vielleicht ist es weniger Ihre Sorge, wie der andere reagiert, als wie Sie reagieren könnten. Sie grübeln darüber nach:

❏ Was ist, wenn ich die Fassung verliere, wütend werde, erröte, zittere oder in Tränen ausbreche?

❏ Was ist, wenn ich mir lächerlich vorkomme?

❏ Was ist, wenn ich mich nicht gegen seine Argumente wehren kann?

❏ Was ist, wenn ich mich klein und unterlegen fühle?

Auch diese Fragen beziehen sich auf die Zukunft, und Sie können sie vorab nicht beantworten. Die Gefahr besteht im Augenblick nur in Ihrer Vorstellung. Sie malen sich aus, dass etwas Unangenehmes oder Schlimmes passieren könnte, und reden sich ein, dass Sie dies nicht ertragen könnten. Wägen Sie einmal Kosten und Nutzen ab:

Was könnten Sie GEWINNEN, wenn Sie auf Ihr Gegenüber zugehen und ihm Ihre Sichtweise und Ihre Wünsche mitteilen würden?

Sie fühlen sich nicht mehr als Opfer; Ärger und Anspannung nehmen ab; Sie fühlen sich innerlich ruhiger; Sie können sich wieder auf den Alltag konzentrieren; Sie sind wieder motiviert; Sie sind wieder gerne mit dem anderen zusammen; die Atmosphäre zwischen dem anderen und Ihnen ist entspannter; Sie können wieder schlafen; der andere verändert sich (teilweise) nach Ihren

Vorstellungen; Sie sind stolz und zufrieden, Ihre Wünsche und Gefühle ausgedrückt zu haben; die Beziehung geht auseinander, doch Sie sind zufrieden, ihm Ihre Meinung gesagt zu haben.

Was könnten Sie VERLIEREN?
Wenn wir genau hinsehen, im Grunde genommen nichts. Wenn Sie ihm die Erlaubnis geben, zu lachen, alles abzustreiten, Ihre Sichtweise nicht einzusehen, und sich erlauben, die Fassung zu verlieren, dann kann nichts passieren. Wenn Sie Erfolg definieren als: »Ich teile ihm meine Sichtweise und meine Gefühle mit«, dann werden Sie Ihre Mission immer auch mit Erfolg abschließen. Natürlich gehen Sie möglicherweise mit einem unguten, klammen Gefühl und mit Anspannung ins Gespräch. Es ist ja nicht gerade angenehm, über Verletzungen zu sprechen. Natürlich könnten Sie es als unangenehm empfinden, wenn Ihre Tränen fließen. Und es könnte auch passieren, dass Sie aneinander vorbeireden und sich der Konflikt noch verschärft. Doch auf lange Sicht gesehen, lohnt sich der Einsatz.

Es ist wie bei der Einnahme eines Medikamentes. Immer nehmen die Pharmafirmen und Ärzte auch Nebenwirkungen in Kauf, weil ihnen die Heilung eines bestimmten Organs oder einer Fehlfunktion wichtiger ist. So nehmen Sie vorübergehend auch Nebenwirkungen – unangenehme Gefühle und Anspannung – in Kauf, um auf lange Sicht zu einer Ausheilung der Verletzung zu kommen. Sie bringen sich aus Ihrer Opferrolle und Sprachlosigkeit.

Vielleicht haben Sie sich auch bei diesem Kapitel wieder bei den Gedanken ertappt: »*Mein Gott, was für ein Aufwand. So viele Fragen vorab für sich beantworten und sich auf das Gespräch vorbereiten? Das kostet Zeit und Mühe.*«

Nun, da muss ich Ihnen recht geben, es kostet Sie Zeit und Mühe. Doch wenn Sie die Kränkung weiter mit sich herumtragen, nimmt sie Ihnen ebenso Zeit und Energie weg – aber dieses Mal unkontrolliert und ohne Ziel.

Achtung, noch eine Warnung an dieser Stelle: Wenn Sie beginnen, sich anders zu verhalten, und Grenzen setzen, wird Ihr Gegenüber dies bemerken und vielleicht mit Kommentaren reagieren wie: »Du hast dich zum Nachteil verändert«; »Du bist selbstsüchtig«; »Du bist nicht mehr so nett wie früher«. Lassen Sie sich davon nicht beeindrucken. Der andere kämpft nur um sein Revier. Er spürt, dass er seine Macht verliert.

Wichtige Erkenntnisse aus diesem Kapitel

Einige ausgewählte Verhaltensstrategien für Kränkungs-
situationen:

→ Lassen Sie Ihr Gegenüber seine Aussage wiederholen,
   damit Sie Zeit zum inneren Sammeln gewinnen.

→ Fragen Sie bei Ihrem Gegenüber gezielt nach, was er
   genau meint und worauf sich seine Worte beziehen.

→ Sprechen Sie mit Ihrem Gegenüber über Ihre Sichtweise und Gefühle.

→ Nehmen Sie sich eine Auszeit, wenn Sie sehr erregt
   und betroffen sind.

→ Entscheiden Sie sich bewusst für oder gegen eine Aussprache: Was können Sie gewinnen? Was können Sie
   dabei verlieren?

→ Entscheiden Sie sich, ob Sie unbedingt eine Entschuldigung von Ihrem Gegenüber fordern.

11 Wie schütze ich mich vor »giftigen« Menschen?

Wir alle begegnen immer einmal wieder Menschen, die uns aus vielerlei Gründen an den Karren fahren und uns klein machen wollen – Menschen, die uns nicht leiden mögen oder sogar hassen. Mit ihren Nadelstichen und Provokationen machen sie uns das Leben schwer. Sie wollen uns mit ihrem Bemerkungen und Kommentaren beleidigen, verletzen und fertig machen. Sie neiden uns unsere Zufriedenheit und unser körperliches Wohlbefinden, missgönnen uns unseren Erfolg. Sie legen es darauf an, uns in unserem Tun zu sabotieren. Sie wollen unsere Selbstachtung zerstören. Ihr Ziel ist es, ihr eigenes Selbstwertgefühl zu stärken und sich ein Gefühl von Kontrolle und Macht zu verschaffen. Sie wollen unsere Aufmerksamkeit gewinnen, weil sie sich nie genügend beachtet gefühlt haben. Sie wollen ihren Willen durchsetzen oder uns auch mit Angst und Schuldgefühlen manipulieren.

Im Umgang mit diesen Menschen benötigen wir andere Strategien als bei Menschen, die uns ganz unabsichtlich auf die Füße treten. Wenn wir auf ihr Verhalten hin nämlich die Reaktionen zeigen, die sie sich wünschen, werden sie belohnt und in ihrem feindseligen, abschätzigen und manipulierenden Verhalten bestärkt. Bei diesen Menschen macht es wenig Sinn, sich zu öffnen und sich über ihre Gefühle den Kopf zu zerbrechen. Wollen wir den Kontakt nicht unmittelbar abbrechen, weil wir aus irgendwelchen Gründen weiterhin mit diesen Menschen zusammen sein müssen, dann empfiehlt es sich, deutliche Grenzen zu setzen oder aus dem Spiel auszusteigen.

Wie Sie Steinewerfern begegnen können

Im Folgenden werde ich Ihnen einige Strategien für Ihr Verhalten vorschlagen, die sich bei Steinewerfern bewährt haben.

Übergehen Sie die Bemerkung kommentarlos

Manchmal ist es sinnvoll, unangemessenen Bemerkungen überhaupt keine Beachtung zu schenken. Wenn wir darauf eingehen, belohnen wir den Steinewerfer nämlich nur, er hat sein Ziel erreicht, uns zum Reagieren zu bringen. Am besten ist es, stattdessen wieder auf die sachliche Ebene zurückzukehren, auf ein neutrales Thema umzulenken oder unsere Aktivität fortzusetzen, die der Kommentar des Stänkerers unterbrochen hat. So verlieren wir die wenigste Energie beim meist aussichtlosen Kämpfen.

Senden Sie deutlich ein Stopp-Zeichen

Wenn Ihr Gesprächspartner beginnt, unsachlich zu werden, können Sie ihn auch unmittelbar auf sein Verhalten ansprechen:

❑ »Ich möchte das Thema gerne ausschließlich sachlich mit dir besprechen. Deine Bemerkung erlebe ich als Kränkung, die ich ablehne.«

❑ »Lass uns bitte sachlich bleiben. Eine solche Unterstellung beleidigt mich.«

❑ »Hör sofort … auf, diese Art des Gesprächs bringt uns beide nicht weiter.«

Bringen Sie das Gespräch auf eine sachliche Ebene zurück

Sie können Beleidigungen wieder auf eine sachliche Ebene zurückbringen, indem Sie beschreiben, wie Ihr Gegenüber sich fühlt. Gleichzeitig halten Sie Ihrem Gesprächspartner eine Art Spiegel vor Augen.

Angreifer: Mit dir blamiert man sich nur.

Betroffener: Du machst dir Gedanken, wie du bei anderen ankommst.

Angreifer: Ich habe mich in Ihnen gewaltig getäuscht. Wie kann man eine Arbeit nur so hirnlos erledigen.

Betroffener: Sie sind ärgerlich auf mich.

Nehmen Sie seine Meinung zur Kenntnis

Wird Ihr Gegenüber unsachlich und wertet Sie beispielsweise ab, dann brauchen Sie darauf nicht einzugehen.

Angreifer: Du weißt überhaupt nicht, wovon du redest.

Betroffener: Aha, so siehst du das.

Bringen Sie sich auf Distanz

Wir können uns auch davon abhalten, sehr emotional zu reagieren, indem wir uns vorstellen, dass wir uns außerhalb des »Schlachtfeldes« befinden und unser Doppelgänger sich mit dem Gegenüber unterhält (→ auch Kapitel 9).

Geben Sie die Kränkung zurück

Bei Steinewerfern kann es durchaus sinnvoll sein, sich bewusst dafür zu entscheiden, einen Stein zurückzuschleudern: *»Was du gerade gesagt hast, hat mich sehr getroffen. Ich bin an diesem Punkt sehr empfindlich, weil ich*

… *Bisher habe ich immer darauf geachtet, dich nicht zu verletzen und dir Achtung entgegenzubringen. Jetzt möchte ich dir auch einmal sagen, dass du …*«

Auf diese Weise erlebt der andere meist an seinem eigenen Leib, wie es sich anfühlt, gekränkt zu werden.

Setzen Sie Humor ein

Wenn Sie ihre wunden Punkte kennen und auch wissen, dass Ihr Gegenüber immer wieder in derselben Art und Weise darin bohrt, können Sie sich auch zu Hause in aller Ruhe eine humorvolle Erwiderung überlegen und damit die Wirkung entkräften. Ich habe beispielsweise Jahrzehnte unter meiner kleinen Größe (158 cm) gelitten. Andere fühlen sich immer wieder berufen, mich einfach unter den Armen zu packen und in die Luft zu heben oder Kommentare wie »Dich sieht man ja gar nicht« oder »Die Kleine will auch was sagen« loszulassen. Als Jugendliche und junge Erwachsene habe ich mich sehr darüber aufgeregt. Mittlerweile gebe ich meine Größe »als klein und stapelbar« aus und genieße es auch (meist), hochgehoben zu werden. Suchen Sie sich also eine schlagfertige Bemerkung für Ihre wunden Punkte, äußern Sie diese an der entsprechenden Stelle ruhig und gehen Sie dann zu einem anderen Thema über.

> **Lächeln ist die eleganteste Art,**
> **dem Gegner die Zähne zu zeigen.**

Kontern Sie schlagfertig

Das ist leichter gesagt, als getan. Die meisten von uns wünschen sich sehnsüchtig, schlagfertig zu sein. Wir bewundern die Menschen, denen dies scheinbar problemlos gelingt. Doch selbst gelangen wir niemals zu dieser Leichtigkeit, mit der sie kontern und unverschämte Bemerkungen abwehren. Wir müssen uns hingegen damit begnügen, uns schon vorab einige schlagfertige Reaktionen zurechtzulegen und diese quasi auswendig zu lernen. Wir sind dabei in guter Gesellschaft, denn selbst Talkshow-Moderatoren haben einige dieser Redewendungen in ihrem Moderatenkoffer. Es gibt viele Bücher zu diesem Thema. Im Anhang finden Sie dazu weitere Hinweise.

Wie Sie mit einem Partner, von dem Sie sich immer wieder verletzt fühlen, umgehen

Vielleicht leben Sie mit einem Partner zusammen, der Sie immer und immer wieder kritisiert, beschimpft und bewusst versucht, Sie zu verletzen. Ihr Partner missachtet Ihre Gefühle und Bedürfnisse, behandelt Sie als unterlegen, möchte seine Interessen durchsetzen, ohne Ihre zu berücksichtigen, und wird häufig ausfallend. Möglicherweise streitet er zudem noch ab, dass er dies tut, gibt Ihnen die Schuld und spricht von Missverständnissen oder Ihrer Empfindlichkeit. Er gibt Ihnen die Schuld daran, dass er wütend auf Sie wird oder sich schlecht fühlt. Er vergleicht Sie mit anderen und kommt zu dem Schluss, dass diese mit seinem Verhalten keinerlei Probleme hätten. Mit seinem Verhalten fühlt er sich im Recht. Sie hingegen grübeln immer wieder darüber nach, was Sie noch tun sollten, damit Ihr Gegenüber Sie endlich versteht, und ob Sie nicht doch zu empfindlich sind. Sie zweifeln an sich und Ihren Gefühlen. Schleichend verlieren Sie das Vertrauen in Ihre Fähigkeiten und Ihre Selbstachtung. Ihr Gegenüber macht es Ihnen unmöglich, Konflikte offen anzusprechen und über Gefühle und Wünsche zu sprechen. Je mehr Sie sich öffnen, Ihre Angst ansprechen und um Anerkennung ringen, umso kälter wird er, umso mehr fühlt er sich überlegen. Ihr Gegenüber braucht das Gefühl, Sie kontrollieren zu können, und betrachtet sie als Feind oder Bedrohung. Er baut seinen Ärger ab, indem er Sie beschuldigt und beschimpft. Er baut sein Selbstwertgefühl auf, indem er Sie dazu bringt, seine Bedürfnisse zu erfüllen und Angst vor ihm zu haben. Er droht damit, Sie zu verlassen, und belohnt Sie, wenn Sie nach seiner Pfeife tanzen. Er glaubt, mit seiner Kritik mache er Sie zu einem besseren Menschen. Als Folge davon fühlen Sie sich möglicherweise depressiv, hilflos oder hasserfüllt, leiden unter Panikattacken oder körperlichen Beschwerden wie etwa Kopfschmerzen, Muskelkrämpfen, Magen-Darm-Beschwerden, für die keine körperliche Ursache festzustellen ist.

Wenn Sie in einer solch zerstörerischen Beziehung leben, dann ist es an der Zeit, neue Spielregeln zu formulieren. Das Verhalten Ihres Partners kann sich nur so verheerend auf Sie auswirken, weil Sie mitspielen. Es bringt in solchen Beziehungen nichts, dem anderen mitzuteilen, dass und worüber wir verletzt sind. Es bringt nichts, mit ihm darüber sprechen und die Ursachen seines Verhaltens und seiner Gefühle analysieren zu wollen. Es bringt nichts, ihn zu bitten, uns nicht mehr zu beschuldigen und unsere Gefühle nicht mehr abzustreiten. Es bringt nichts, sich in ihn hineinzuversetzen, zu versuchen, zu erraten, was er gerade braucht, und es ihm dann zu geben. Es bringt nichts, uns zu verteidigen und zu entschuldigen. Es bringt nichts, ihm klein beizugeben und die Wut hinunterzuschlucken. Es bringt nichts, unsere Bedürfnisse aufzugeben, damit es Ruhe in der Beziehung gibt. Es bringt nichts, unsere Gefühle und Motive zu erklären, in der Hoffnung, dass er sie versteht und sein Fehlverhalten einsieht. All diese Verhaltensweisens sind defensiv: Wir versuchen, uns zu schützen, und erreichen, dass unser Gegenüber sich in seinen Strategien bestätigt sieht.

Wir müssen unser Verhalten grundsätzlich verändern und unseren Wahrnehmungen und Bewertungen vertrauen.
Wir müssen lernen, unserem Partner Grenzen zu setzen und uns nicht mehr für seine Gefühle verantwortlich zu fühlen. Wir müssen lernen, uns als liebenswert anzusehen und unsere Stärken zu sehen. Wir müssen erkennen, dass sein Verhalten nichts mit uns zu tun hat. Sein Verhalten ist Ausdruck seiner Unsicherheit und Ängste. Er hat Angst vor unserer Macht, dass wir ihn verletzen.

In unseren Reaktionen müssen wir unsere Gefühle und unser Verhalten von seinem Verhalten trennen. Susan Forward empfiehlt an dieser Stelle beispielsweise in ihrem Buch *Emotionale Erpressung*, mit Formulierungen zu reagieren wie: »Es tut mir leid, dass du dich aufregst«, »Ich kann verstehen, dass du es auf diese Weise siehst«, »Du hast ein Recht auf deine Meinung«, »Wir sehen die Dinge unterschiedlich«. Sie empfiehlt, sich auf gar keinen Fall aufs Argumentieren, auf Erklärungen und Verteidigung einzulassen.

Wenn Sie sich und Ihren Partner in meinen Beschreibungen erkannt haben, dann sollten Sie sich psychotherapeutische Unterstützung holen. Gemeinsam mit dem Psychotherapeuten können Sie herausfinden, was Sie in der Partnerschaft bzw. Beziehung hält, ob Sie diese weiterführen möchten oder nicht, und wie Sie sich vor den Angriffen Ihres Partners schützen können. Beim PAL-Verlag können Sie eine Liste von Psychotherapeuten und anderen Hilfsangeboten in Ihrer Nähe anfordern. Die Adresse finden Sie im Anhang.

Was Sie gegen Mobbing am Arbeitsplatz unternehmen können

Wenn Sie im beruflichen Alltag unter Mobbing leiden, dann sollten Sie auf keinen Fall zuwarten und sich in die Isolation zurückziehen. Werden Sie aktiv! Je früher, desto besser.

→ Sprechen Sie den betreffenden Kollegen darauf an, wenn er Sie plötzlich nicht mehr grüßt. Am besten zunächst unter vier Augen. So geben Sie ihm die Chance, einzulenken, ohne sein Gesicht zu verlieren.
→ Fragen Sie nach den Gründen, wenn die Kollegen bei Ihrem Auftauchen verstummen. Auch wenn es Sie große Überwindung kostet und Sie Angst davor haben, Negatives zu erfahren oder alles noch zu verschlimmern, ist dies der bessere Weg.
→ Fertigen Sie sich Aufzeichnungen über die Schikanen an. Wie und wann sind Angriffe erfolgt? Wer war daran beteiligt? Welche Folgen hatte dies für Sie?
→ Holen Sie sich Unterstützung bei unbeteiligten Kollegen, Freunden oder Ihrem Partner.
→ Fragen Sie sich, mit welchen Eigenarten und Verhal-

tensweisen Sie selbst dazu beitragen, in die Opferrolle zu kommen. Können Sie daran etwas ändern?

→ Machen Sie die schlechte Zusammenarbeit zum Thema in der Arbeitsbesprechung oder Teamsitzung. Sollten schlechte Arbeitsbedingungen oder die Organisationsstruktur die Ursache für Mobbing sein, muss generell etwas in der Firma geändert werden. Dann ist es nicht sinnvoll, dass Sie Ihren Rücken dafür hinhalten.

→ Informieren Sie sich über Ihre Rechte und lassen Sie sich beraten.

Wie Sie mit Kritik besser umgehen können

Viele von uns haben große Schwierigkeiten, angemessen auf Kritik zu reagieren. Wir haben so große Angst vor Kritik, dass wir einen Großteil unseres Lebens darauf ausrichten, Kritik zu vermeiden. Wir verzichten darauf, eigene Wünsche und Meinungen zu äußern, und wagen nichts Neues. Ständig kreisen unsere Gedanken darum, was andere von uns denken könnten. Was der Kritiker sagt, nehmen wir als bare Münze und zweifeln an uns. Bei Kritik fühlen wir uns sofort persönlich angegriffen, verteidigen uns, greifen den anderen an oder machen »dicht«.

Kritik zählt zu den Erziehungsprinzipen, die am häufigsten eingesetzt werden. Sie ist ein Mittel, um andere zu beeinflussen und zu kontrollieren. Bereits als Kinder bekamen wir sie zu spüren – dann wenn wir uns oder andere gefährdeten oder uns nicht nach den Vorstellungen der Eltern verhielten. Meist folgte ihr die Bestrafung auf den Fuß. »Du hast dein Zimmer nicht aufgeräumt, und zur Strafe musst du …« Unsere Eltern verbaten uns fernzusehen und verbannten uns in unser Zimmer. Sie waren wütend oder straften uns mit Nichtbeachtung. Als Kinder fühlten wir uns durch eine solche Behandlung bedroht. Wir lernten, das Verhalten zu vermeiden, das solch unangenehme Reaktionen bei den Eltern hervorrief. Wir fühlten uns nach einer Kritik schuldig, ärgerlich, dumm, hilflos, fassungslos, verletzt, nicht liebenswert, ängstlich, gedemütigt … Wir entwickelten schließlich die Einstellung, Kritik bedeute, dass wir schlecht und nicht liebenswert seien.

Heute, wo wir erwachsen sind und selbst über unser Leben bestimmen können, ruft die Kritik in uns meist immer noch dieselben hilflosen oder wütenden Gefühle wach wie in unserer Kindheit. Genauso wie in unserer Kindheit reagieren wir auf Kritik mit: Verteidigung und Entschuldigung, Verleugnung der Verantwortung, Gegenangriff, Rückzug oder stillem Protest. Diese Reaktionen sind zwar meist nicht hilfreich, uns aber zur Gewohnheit geworden.

Als Erwachsene können wir jedoch lernen, unsere Einstellungen zu korrigieren und in effektiverer Form auf den Kritiker zu reagieren. Dann brauchen wir für die Zukunft keine oder zumindest weniger Angst vor Kritik zu haben. Wir können auch unterscheiden lernen zwischen konstruktiver und destruktiver Kritik.

Unterscheiden Sie zwischen konstruktiver und destruktiver Kritik

Konstruktive Kritik ist immer wohlwollend. Wir fühlen

uns vom Kritiker grundsätzlich geachtet und gemocht. Der andere ist bereit, uns seine Gefühle, Bedürfnisse und seine Sichtweite mitzuteilen – auch mit dem Risiko, dass Konflikte auftreten.

Er spielt sich nicht als besserer Mensch auf, sondern betrachtet uns als gleichberechtigt. Die Kritik ist immer auf eine konkrete Leistung oder ein konkretes Verhalten bezogen. Sie enthält keinen Vorwurf und keine Schuldzuweisung.

> **Kritik ist zunächst einmal nichts anderes als eine Information.**

Konstruktive Kritik hilft uns dabei,
→ uns weiterzuentwickeln und Schwächen zu überwinden
→ die Leistungsanforderungen zu erkennen
→ unsere Grenzen zu erkennen
→ unsere Leistung zu steigern
→ unsere Partnerschaft zu stärken
→ zu erkennen, wie wir bei anderen ankommen
→ unsere und ebenso auch die Bedürfnisse anderer zu berücksichtigen
→ uns zu schützen und zu unterstützen

Hören Sie zunächst einmal nur zu, wenn Sie konstruktive Kritik erhalten
Bemühen Sie sich darum, den anderen zu verstehen, und entscheiden Sie nicht gleich, ob Sie ihm zustimmen können oder nicht.

Treffen Sie eine bewusste Entscheidung, wie Sie der Kritik begegnen wollen.

Stellen Sie sich hierfür folgende Fragen:

❑ Möchte ich die Kritik von dieser Person annehmen?

❑ Hat sie das Recht und Wissen, mich diesbezüglich zu kritisieren?

❑ Ist die Kritik wirklich hilfreich für mich?

❑ Ist die Kritik spezifisch genug? Wenn nein, was benötige ich noch an Informationen?

❑ Welche Handlungen kann ich daraus ableiten?

❑ Was genau wird von mir gewünscht?

❑ Sind diese erforderlichen Handlungen mit meinen Zielen vereinbar?

Konstruktive Kritik ist eine Chance, dazuzulernen.

Werden Sie hellhörig, wenn Sie immer wieder dieselbe Kritik hören.

Wenn Sie immer wieder wegen derselben Punkte und Verhaltensweisen von anderen kritisiert werden, dann sollten Sie die Kritik ernst nehmen. Sie kann für uns ein wichtiger Hinweis darauf sein, dass wir etwas in unserem Leben verändern müssen.

Beispielsweise ziehen die folgenden Verhaltensweisen Kritik förmlich an:

→ Wir halten Absprachen generell nicht ein

→ Wir sind uns bestimmter Schwächen nicht bewusst

→ Wir lehnen Verantwortung ab

→ Wir überfordern andere

→ Wir durchbrechen soziale Regeln

→ Wir teilen anderen unsere Erwartungen nicht mit

Korrigieren Sie Ihre Grundeinstellungen (→ Kapitel 9).

Sie können Kritik leichter annehmen, wenn sie sich daran erinnern,

→ dass die Kritik nur eine Meinung zu einem bestimmten Verhalten zu einem bestimmten Zeitpunkt widerspiegelt.

→ dass Sie nicht perfekt sein können und immer einmal wieder Fehler machen werden.

→ dass eine Kritik Sie nicht als Person in Frage stellen kann.

> **Kritik ist nichts anderes als eine persönliche Meinung Ihres Gegenübers. Sie können entscheiden, was Sie davon für sich verwerten.**

Nehmen Sie dem Kritiker bei einer destruktiven Kritik den Wind aus den Segeln.

Destruktive Kritik zielt darauf ab, das Gleichgewicht zwischen uns und dem anderen zu zerstören. Er will uns klein machen, lächerlich machen, uns manipulieren, kontrollieren, bestrafen, tadeln, verletzen, abwerten, zerstören, der »Gefahr« vorbeugen, dass wir uns weniger anstrengen oder zu stark werden, usw. Aber auch hier macht der Kritiker die Rechnung ohne den Wirt – ohne uns. Er ist nur erfolgreich, wenn wir viele der in den Kapiteln 8, 9 und 10 besprochenen Strategien zur Anwendung bringen. Wir haben die Kontrolle über unseren Körper, unsere Gedanken und unser Verhalten.

Ich möchte Ihnen darüber hinaus hier noch einige Wege vorschlagen, wie Sie Kritik entschärfen können. Es geht dabei darum, zu verhindern, dass negativ motivierte, destruktive Kritik bis zu Ihnen durchdringt und Sie lähmt. Sie brauchen nicht mehr zum Mittel der Verteidigung oder zum Gegenangriff zu greifen. Wie bei allen Strategien ist es auch hier notwendig, diese immer und immer wieder zu üben.

Wählen Sie sich zunächst eine Strategie aus. Erproben Sie diese 4 Wochen lang. Machen Sie darüber hinaus Vorstellungsübungen, in denen Sie sich ausmalen, wie Sie auf die Kritik ruhig und gelassen mit Ihrer neuen Verhaltensweise reagieren.

Wenn Sie sich entscheiden, die folgenden Übungen zu machen, achten Sie darauf, dass Sie ruhig bleiben und den Kritiker nicht abkanzeln. Halten Sie Blickkontakt und formulieren Sie Ihre Kommentare laut und deutlich.

Identifizieren Sie die Gefühle des Kritikers.
Manchmal ist es gut, den Kritiker zu enttarnen und seine Gefühle anzusprechen.

Kritiker: Wie konntest du dich nur so verhalten. Du hättest mich vorab informieren müssen.

Betroffener: Du bist wütend auf mich, weil du dich übergangen fühlst.

Kritiker: Sie hätten wissen müssen, dass ich dadurch Ärger bekomme.

Betroffener: Sie verstehen mein Verhalten nicht und sind verärgert, weil ich Sie enttäuscht habe.

Stimmen Sie dem Kritiker in Teilen seiner Kritik zu.
Manchmal können wir in der Kritik Teile finden, denen wir bedingungslos zustimmen können. Es spricht also nichts dagegen, dem Kritiker in dieser Hinsicht recht zu

geben und somit das Gespräch zu entspannen. Suchen Sie also nach den kleinen Teilchen, denen Sie zustimmen können.

Kritiker: Nie hast du Zeit für mich, wenn ich dich brauche.

Betroffener: Ja, heute habe ich leider schon einen wichtigen Arzttermin ausgemacht.

Räumen Sie die Möglichkeit ein, dass der Kritiker recht haben könnte.

Hierdurch nehmen Sie dem Kritiker den Wind aus den Segeln und bleiben dennoch bei Ihrem Standpunkt.

Kritiker: Wie kann man nur so zwei linke Hände haben. Wenn du den Wasserhahn abdichten willst, musst du …

Betroffener: Du magst recht haben. Jetzt lass es mich einfach mal so probieren, und dann werden wir sehen, wo es endet.

Kritiker: Du kannst überhaupt nicht mit Geld umgehen.

Betroffener: Es ist wahrscheinlich richtig, dass ich großzügiger Geld ausgebe als du.

Kritiker: Wie kann nur jemand mit deiner Intelligenz so etwas tun.

Betroffener: Du magst recht haben, andere mit der gleichen Intelligenz können sich auch anders verhalten.

Gestehen Sie dem Kritiker seine eigene Sichtweise zu, aber bestehen Sie nur auf Ihre Grenzen.

Sie räumen dem Kritiker lediglich das Recht auf seine eigene Meinung ein, aber geben ihm nicht grundsätzlich

Recht. Danach setzen sie Ihre Erwiderung fort, indem Sie Ihre Sichtweise und Ihre Wünsche darlegen.

Kritiker: Ich kann nicht verstehen, wie man mit einem solchen Kleid rumlaufen kann. Das sieht doch furchtbar aus.

Betroffener: Ich kenne deinen Stil und verstehe, dass dies für dich so aussehen muss. Ich liebe das Kleid.

Kritiker: Du bist viel zu dick. Nie hältst du eine Diät durch.

Betroffener: Vielleicht hast du recht, aber ich wähle mein eigenes Programm.

Weitere mögliche Redewendungen sind:
- ❏ »Aus ihrer Sicht würde ich auch so reagieren. Und ich …«
- ❏ »Ja, aus ihrer Sicht mag sich das so darstellen. Und ich sehe …«
- ❏ »Sie finden, dass ich … Das ist Ihre Sichtweise.«
- ❏ »Interessante Sichtweise. Das beurteile ich jedoch allein.«

> **Der Kritikempfänger hat mehr Kontrolle über die Situation als der Kritiker. Er kann wählen, ob er die Kritik annimmt oder nicht – ob er danach handelt oder nicht.**

Fragen Sie genau nach, worauf der Kritiker seine Kritik bezieht bzw. was er damit meint.

Jeder von uns gibt Worten seine ganz persönliche Bedeutung. Er verknüpft sie mit seinen Erinnerungen, Erfahrungen und Bewertungen. Deshalb ist es notwendig, möglichst genau zu erfahren, wie der Kritiker seine Worte definiert und an welcher Situation er sich aufhängt:

- ❏ »Was genau verstehst du unter Ich sei zu ›egoistisch‹?«
- ❏ »Was meinen Sie mit ›Mein Konzept sei einfallslos‹?«
- ❏ »In welchen Situationen war ich Ihrer Meinung nach unzuverlässig?«

Versuchen Sie Verallgemeinerungen wie »immer, nie, überhaupt nicht« an Beispielen und dem konkreten Alltag festzumachen. Wiederholen Sie die Fragen hierzu so lange, bis Sie genau verstehen, was der andere meint.

Kritiker: Du arbeitest total chaotisch.

Betroffener: Was genau mache ich, was du als chaotisch erlebst?

Stimmen Sie dem Kritiker zu und übertreiben Sie die Kritik noch zusätzlich.

Indem Sie dem Kritiker zustimmen, vermeiden Sie, sich verteidigen zu müssen.

Kritiker: Du hast mich fürchterlich blamiert vor all unseren Freunden. Wie kann man nur so taktlos sein.

Betroffener: Ja, du hast recht. Ich schäme mich ganz furchtbar dafür.

Kritiker: Deine Schwester würde sich nie so verhalten.

Betroffener: Ja, du hast recht. Schade, dass ich nicht meine Schwester bin.

Trennen Sie zwischen Meinung und Tatsache.

Fragen Sie sich bei jedem Kommentar, ob die Behauptung Ihres Gegenübers auf der Realität beruht oder nur seine persönliche Meinung ist. Nutzen Sie dabei wieder den Kamera-Check: Was würde eine Kamera aufnehmen? Bewertungen wie egoistisch, faul, herzlos, unordentlich sind beispielsweise keine Tatsachen. Auch Redewendungen mit »Du solltest …«, »Wie kann man nur so … sein!«, entsprechen nicht den Tatsachen. Tatsache ist, dass Sie sich genauso verhalten sollten, wie Sie es getan haben. Lediglich aus der Sicht des Kritikers hätten Sie sich anders verhalten sollen (nach seinen Vorstellungen nämlich). Formulierungen mit »immer«, »nie« oder »jeder andere …« sind verdächtig, denn es sind meist Übertreibungen.

Erinnern Sie sich daran: Kritik bezieht sich auf Verhalten und einzelne Eigenschaften, es geht nicht um den Wert Ihrer Person.

Wichtige Erkenntnisse aus diesem Kapitel

→ Sie werden immer wieder einmal auf Menschen treffen, die Sie bewusst verletzen wollen. Bei diesen Menschen macht es wenig Sinn, sich zu öffnen und über seine Gefühle zu sprechen.

→ Wenn Sie in einer zerstörerischen Partnerschaft leben, müssen Sie neue Strategien formulieren und dürfen nicht mehr auf die Manipulationen Ihres Partners eingehen.

→ Kritik ist zunächst einmal nichts anderes als eine Information, die persönliche Meinung Ihres Gegenübers. Sie können entscheiden, was Sie davon verwerfen.

→ Wir können zwischen konstruktiver und destruktiver Kritik unterscheiden.

→ Sie haben als Kritikempfänger mehr Kontrolle über die Situation als der Kritiker.

12 Loslassen alter Kränkungen

Im Volksmund spricht man davon, dass die meisten Menschen ein paar »Leichen« im Keller haben. Gemeint sind damit meist Dinge, die noch nicht oder nicht zur Zufriedenheit erledigt sind. Die »Leichen« sind noch nicht begraben, es herrscht noch keine Ruhe. Ähnlich ist es mit Kränkungen. Manchmal liegen Kränkungen schon Jahre oder Jahrzehnte zurück und beeinflussen uns immer noch stark. Unsere Vorwürfe, unsere Verbitterung und unsere Wut richten sich gegen unsere Eltern, Lehrer, Geschwister, Freunde oder auch Gott und das Schicksal. Sie beziehen sich auf Personen, die noch leben oder bereits verstorben sind. Sie betreffen ein einzelnes Ereignis oder jahrelange schmerzliche Erfahrungen.

Elisabet Kübler-Ross verwendet in ihren Büchern den Begriff »unerledigte Geschäfte«, der mir sehr gut gefällt. Wenn wir mit alten Kränkungserfahrungen umherlaufen und sie in unseren Gedanken und Bildern immer wieder wiederholen, dann haben wir auch solche unerledigte Geschäfte.

Kränkungen, die wir weder offen ansprechen und klären, noch innerlich bewältigen, können uns sehr viel Energie rauben. Sie nagen an uns und vergiften unseren Seelenfrieden. Wir verwahren sie quasi in einem Koffer, den wir immer mit uns herumschleppen. Diese schwere Last macht sich äußerlich und innerlich bemerkbar.

Äußerlich: Wir gehen dem anderen aus dem Weg, sind kurz angebunden, »verschnupft«, vorwurfsvoll, schnippisch, intrigieren gegen ihn, hetzen gegen ihn, boykottieren die Zusammenarbeit, führen Rachefeldzüge, gehen in die innere Kündigung. Unbewältigte Kränkungen können dazu führen, dass wir uns von den Menschen generell zurückziehen und zu einem »Menschenhasser« werden. Können wir den Kontakt nicht vollständig abbrechen, sind wir ihnen gegenüber aggressiv oder sogar gewalttätig. Hinter vielen Amokläufen verbergen sich unbewältigte Kränkungen.

Innerlich: Wir grübeln immer wieder über das Ereignis nach und sind angespannt, deprimiert, ängstlich und verbittert. Möglicherweise verlieren wir generell das Vertrauen in die Menschheit und den Glauben an die Gerechtigkeit. Dieser Hass auf die Menschheit kann dazu führen, dass wir uns selbst hassen und Dinge tun, die uns schaden. Wir entwickeln eine Essstörung, werden zum Alkoholiker, werden promiskuitiv, verletzen uns körperlich, usw.

Kränkungen können sich auch hinter dem Posttraumatischen Belastungssyndrom verbergen. Es ist u.a. gekennzeichnet durch Albträume, immer wiederkehrende Erinnerungen, ängstliches Vermeiden von Situationen, die an die schlimme Erfahrung erinnern, und erhöhte Erregbarkeit.

> **Erinnern, das ist vielleicht die qualvollste Art des Vergessens und vielleicht die freundlichste Art der Linderung dieser Qual.**
>
> **Erich Fried**

Unerledigte Kränkungen können also sehr starke negative Auswirkungen auf unser gesamtes Leben haben und uns quasi unserer positiven Zukunft berauben. Wie erklärt es sich also, dass wir uns trotz all dieser sehr negativen Folgen nicht von den Erinnerungen an die Kränkung trennen wollen?

Weshalb wollen wir dem anderen nicht verzeihen und uns mit dem Schicksal aussöhnen?

Warum können, oder besser gesagt, warum wollen wir dem anderen nicht verzeihen?

Nun, ganz einfach, wir geben uns mehr Gründe dafür, die Kränkung aufrechtzuerhalten, als zu verzeihen, oder aber wir wissen nicht, dass und wie wir die Kränkung überwinden können.

Viele meiner Klienten halten ihre Kränkungsgefühle mit folgenden Argumenten am Leben:

- ❏ »Wenn ich ihm verzeihe, dann versteht der andere das so, dass ich ihm recht gebe und klein beigebe.«
- ❏ »Wenn ich ihm verzeihe, dann bedeutet das, ich heiße sein Verhalten gut.«
- ❏ »Wenn ich ihm verzeihe, dann wird er nie wissen/erfahren, was er mir angetan hat.«
- ❏ »Wenn ich ihm verzeihe, dann macht er das wieder.«
- ❏ »Wenn ich ihm verzeihe, dann lernt er es nie.«
- ❏ »Wenn ich ihm verzeihe, dann verliere ich mein Gesicht und bin Verliererin.«
- ❏ »Wenn ich ihm verzeihe, dann bedeutet das, er kann mit mir machen, was er will.«
- ❏ »Wenn ich ihm einfach so verzeihe, dann habe ich kein Rückgrat.«

❑ »Er muss erst sein Unrecht einsehen und sich entschuldigen, dann kann ich ihm verzeihen.«

Kommen Ihnen einige der Gedanken vertraut vor? Wenn
wir negative Erfahrungen nicht loslassen, dann wollen
wir damit etwas bezwecken: Wir wollen unser Gegenüber für sein Verhalten belehren und bestrafen. Indem
wir die Kränkung in uns am Leben erhalten, wollen wir
demonstrieren, wie stark er uns verletzt hat. Wir wollen
unseren Selbstwert und unsere Ehre retten, indem wir
zumindest innerlich reagieren und grollen.

Wir übersehen dabei jedoch, dass unsere Strategie ge-
hörig danebengehen kann. Unsere Aktion kann einfach
so ins Leere laufen: »Außer Spesen nichts gewesen«. Die
einzige Sicherheit, die wir dabei haben, ist nämlich, dass
wir leiden und es uns schlecht geht. Ob der andere unsere Kränkung überhaupt bemerkt, sich seine Fehler eingesteht, und dann womöglich noch den Schritt zur Entschuldigung oder Wiedergutmachung macht, ist fraglich.
Meist bleiben wir mit unserem Gram, unserer Wut allein
zurück. Ja, für manche wird der Schmerz dann so groß
und unerträglich, dass sie schließlich überhaupt nichts
mehr spüren und sich innerlich wie abgestorben fühlen.
Und eine größere Gerechtigkeit in dieser Welt können
wir mit unserer inneren Konservierung der Kränkungserfahrung auch nicht herstellen.

*Wir übersehen bei unserer Argumentation auch, dass wir
zwischen unseren Gefühlen und unserem Verhalten trennen können.*
Wir können unseren innerlichen Groll dem anderen ge-

genüber aufgeben und dennoch entscheiden, den Kontakt mit ihm abzubrechen oder uns auf größerer Distanz zu ihm halten.

Im Grunde sind all unsere Argumente, die wir pflegen, um unser Kränkungsgefühl aufrechtzuerhalten, irrational und wenig hilfreich: Unser Gegenüber wird auch in der Zukunft allein entscheiden, wie er sich uns gegenüber verhält. Wenn uns sein Verhalten nicht gefällt, müssen wir es ihm konkret mitteilen. Dann besteht zumindest die Chance, dass er etwas ändert. Ziehen wir uns gekränkt zurück, weiß er vielleicht überhaupt nicht, was verkehrt ist, oder weiß nicht, wie er sich in Zukunft anders verhalten soll und was wir uns von ihm wünschen. Wenn wir uns für Kritik empfänglich machen, indem wir von uns Fehlerlosigkeit fordern und zu hohe Erwartungen an uns stellen, dann bringt es uns nichts, dem Gegenüber die Verantwortung für unsere Gefühle zu geben und ihm sein »herzloses, gemeines« Verhalten vorzuwerfen. Stattdessen müssen wir unsere Einstellungen ändern und lernen, unsere Grenzen zu akzeptieren.

Wenn wir unserem Gegenüber verzeihen, dann bedeutet das nicht, dass wir ihm recht geben. Wir können durchaus bei der Meinung bleiben, dass er uns Unrecht getan hat und dass wir sein Verhalten nicht weiter tolerieren möchten. Wenn wir dem anderen verzeihen, dann tun wir dies zunächst unseretwegen. Wir fühlen uns dann besser. Wir tun damit aber auch etwas für die Beziehung zum anderen. Sie wird nicht mehr vergiftet durch Vorwürfe, die wir nicht äußern. Wenn wir es schaffen, zu verzeihen, dann zeigen wir Rückgrat und Stärke. Wir machen uns innerlich unabhängig von der Bewertung und dem Verhalten des anderen. Wenn wir darauf warten, dass der andere erst sein Unrecht einsieht, bevor wir ihm verzeihen, machen wir uns zum Opfer. Erst wenn er sich verändern würde, könnten wir unseren Koffer abstellen. Manchmal warten wir vergebens, denn unser Gegenüber besitzt häufig nicht die Reife und Kraft, sein Tun einzusehen und sich zu verändern.

> **Loslassen ist eine freiwillige Entscheidung – unseretwegen.**

Wenn wir verzeihen, dann
→ widmen wir unsere Zeit und Energie wieder der Zukunft.
→ empfinden wir dieser Person gegenüber keinen Hass mehr.
→ können wir anderen wieder vertrauen.
→ kann sich unser Körper wieder entspannen und ins Gleichgewicht kommen.
→ brauchen wir unsere Zeit nicht mehr mit Rachegedanken zu vergeuden.
→ fühlen wir uns nicht mehr als Opfer.
→ brauchen wir uns nicht mehr damit zu befassen, wie wir dem anderen aus dem Weg gehen oder ihn unsere Verbitterung spüren lassen.
→ übernehmen wir Verantwortung für unsere Gefühle und geben dem anderen nicht mehr die Schuld daran.

Was bedeutet es nun, alte Kränkungen loszulassen?
Viele meiner Klienten glauben, es sei damit gemeint, sich die Gedanken an die Kränkung per Willenskraft zu ver-

bieten und sich abzulenken. Sie glauben, es bedeute, das Geschehene zu vergessen und zur Tagesordnung überzugehen.

Das bedeutet es nun aber ganz und gar nicht. Erstens können wir das Geschehene nicht »einfach« vergessen, zweitens wäre es auch nicht sinnvoll. Es gehört zu uns und ist ein Teil unserer ganz persönlichen Erfahrungen. Es beeinflusst zu einem kleinen oder großen Teil unsere bisherigen und auch die weiteren Lebensentscheidungen.

Und wir können meist aus der Kränkungssituation auch etwas für die Zukunft lernen, was uns entgeht, wenn wir die Gedanken einfach wegschieben wollen.

Unsere Kränkung loszulassen bedeutet,
→ dass wir das Vergangene als vergangen akzeptieren.
→ dass wir das Vergangene durchaus als ungerecht, unangenehm, schmerzlich ansehen, aber es als gegeben ruhen zu lassen und unseren Blick auf die Zukunft lenken.
→ dass wir überlegen, was wir noch brauchen, um die Kränkung ablegen zu können, und diesen Weg dann auch beschreiten.
→ dass wir aufhören, zu hadern und gegen das Geschehene anzukämpfen.
→ dass wir den anderen durchaus zu Verantwortung ziehen, aber ihn nicht als Person verdammen.
→ dass wir unsere Meinung und unsere Wünschen äußern, dem anderen aber die Entscheidung überlassen, was er damit anfängt.
→ dass wir den anderen aus unserem Gedankenkarussell

entlassen und uns wieder auf unsere Zukunft konzentrieren.

→ dass wir unseren Anteil an der Kränkungserfahrung erkennen (beispielsweise zu hohe Anforderungen an uns und andere zu stellen, ein geringes Selbstwertgefühl zu besitzen).

→ dass wir akzeptieren, dass die Welt nicht gerecht ist und andere sich nicht nach unseren Vorstellungen richten müssen.

→ dass wir akzeptieren, dass wir nicht perfekt sein können.

→ dass wir akzeptieren, dass die Menschen, die uns wichtig sind, uns nicht lieben müssen.

Wenn wir verzeihen, kann dies ein ganz stiller Akt in unserem Innern sein. Wir können uns aber auch dafür entscheiden, dies den anderen wissen zu lassen. Es kann wie eine Erlösung für beide Beteiligte sein, nach Jahren oder Jahrzehnten vielleicht zu gegenseitigem Verständnis und Frieden zu kommen.

»Der Hass ist ein schlechter Berater. Er lebt nur vom Gestern.«

Theodor Heuss

Ich habe mich beispielsweise nach dem frühen Tod meines Vaters von meiner Mutter weniger geliebt gefühlt im Vergleich zu meinem Zwillingsbruder. Ich war sehr verbittert, voller Vorwürfe und wütend, wollte lange Zeit nur wenig mit meiner Mutter zu tun haben. Erst im Alter von 25 Jahren konnte ich mit ihr darüber sprechen und war auch bereit, ihre Sichtweise zu sehen. Nach vielen gefühlsgeladenen Aussprachen schafften wir es schließlich, eine gleichberechtigte Beziehung voller Liebe und Nähe herzustellen und bis zu ihrem Tod damit zu leben.

Wenn wir mit einer alten Kränkungserfahrung abschließen, dann muss dies nicht unbedingt bedeuten, dass wir überhaupt keine negativen Gefühle mehr damit verbinden. Manchmal ersetzen wir unsere schmerzlichen Gefühle von Verbitterung, Verzweiflung und Hass durch Bedauern, leichte Traurigkeit oder Enttäuschung.

Wie können wir alte Kränkungen loslassen?

Vielleicht stimmen Sie mir zu, dass es zwar das Leben schwer macht, mit einem Koffer voller Kränkungen umherzulaufen, aber Sie wissen einfach nicht, wie Sie davon loskommen sollen. Sie haben den Eindruck, der Koffer sei mit Ihnen verwachsen und könnte nirgendwo abgestellt oder geleert werden. Dann möchte ich Ihnen dazu im Folgenden einige Wege vorschlagen. Lesen Sie sich die Vorschläge durch und entscheiden Sie sich zunächst wieder für eine Strategie, die Sie auf Ihre Erfahrung übertragen möchten.

Vielleicht haben sie jetzt ein wenig Angst, sich so unmittelbar mit diesem Koffer unerledigter Geschäfte zu befassen? Vielleicht haben Sie Angst, von Ihren Gefühlen überwältigt zu werden oder massive körperliche Reaktionen wie etwa einen Kloß im Hals, Schwitzen, Herzklopfen, Tränen, usw. zu erleben? Vielleicht befürchten Sie, dass Sie den Koffer, wenn Sie ihn öffnen, nie mehr schließen können, und es Ihnen nur noch schlechter geht als im Augenblick?

Diese Ängste kann ich gut verstehen, denn schließlich belastet der Inhalt des Koffers Sie schon einige Zeit. Die meisten meiner Klienten erleben beim Öffnen des Deckels intensive Gefühle.

Ich möchte Sie dennoch ermutigen, sich an das Öffnen des Koffers zu trauen. Wählen Sie sich für die Übungen einen Zeitpunkt, an dem Sie nicht gerade wichtige Arbeiten erledigen müssen oder ohnehin schon sehr angespannt sind. Erlauben Sie sich, dass die Gefühle und der Körper sich melden. Sie können diese Gefühle aushalten, und diese werden mit der Zeit auch nachlassen, denn unser Körper kann intensive Gefühle auf Dauer nicht aufrechterhalten.

Und schließlich haben Sie ein Ziel vor Augen: endlich wieder frei von diesem Gedankenkarussell und unbeschwert von dieser Last zu sein.

Sollten sich in Ihrem Koffer jedoch ganz bedrohliche intensive Erlebnisse wie sexueller Missbrauch, Mobbing über lange Zeit, Psychoterror durch einen seelisch kranken Partner, etc. angesammelt haben, dann möchte ich Ihnen raten, sich eine psychotherapeutische Unterstützung zu holen (→ Anhang).

Entscheiden Sie sich bewusst dafür, zu verzeihen.
Beantworten Sie sich die folgenden Fragen ehrlich, um zu einer Entscheidung zu gelangen:
- ❏ Fühle ich mich gut, wenn ich mich immer wieder an dieses kränkende Erlebnis erinnere und den anderen Vorwürfen mache?
- ❏ Brauche ich die Vorwürfe, um eine Entschuldigung dafür zu haben, wie mein Leben jetzt verläuft?

❑ Möchte ich die Verbitterung und die Vorwürfe beibehalten, weil ich es gewohnt bin, so zu reagieren?
❑ Habe ich Angst davor, schmerzliche Gefühle zu verspüren, wenn ich meine Wut auf andere aufgebe?

Wenn Sie die Fragen mit Ja beantworten, dann sind Sie
im Augenblick noch nicht bereit, zu verzeihen. Wenn Sie
mit Nein antworten können, dann entscheiden Sie sich
fürs Loslassen. Dann sollten Sie sich mit diesen Fragen
befassen und Sie möglichst schriftlich beantworten:

❑ Was wird sich Positives in meinem Leben verändern,
wenn ich verzeihe?
❑ Wie werde ich mich fühlen?
❑ Wie genau wird sich mein Verhalten positiv verändern?

Ich hoffe, Sie konnten viele Argumente dafür finden, sich
von der Vergangenheit zu lösen. Aber auch dann wird es
Sie noch Zeit, Übung und Energie kosten, zu verzeihen.
Sie kennen bereits den Umlernprozess, und diesen müssen Sie auch hier wieder durchlaufen. Sie müssen sich
also zuerst verzeihende Gedanken machen und werden
dann erst nach einiger Zeit das Gefühl des Verzeihens
verspüren. Zu Beginn wird es Ihnen also wiederum so
vorkommen, als ob Sie sich belügen.

Frau M., 52 J., suchte mich wegen ihrer Schlafstörungen
und ihres Bluthochdrucks auf. Sie hatte erkannt, dass ihr
Leben so nicht mehr weitergehen konnte. Sie dachte fast
täglich an ihre 85-jährige Mutter, die im Altersheim lebte.
Obwohl sie schon seit Jahren den direkten Kontakt zu ihr

abgebrochen hatte, fand sie keinen inneren Frieden. Hass- und Schuldgefühle ihr gegenüber wechselten sich ab. Sie konnte ihrer Mutter nicht verzeihen, dass diese sich von ihrem Vater getrennt hatte, als sie fünf Jahre alt war. Sie warf ihr vor, ihr den Vater weggenommen zu haben, denn ihr Vater brach nach der Trennung den Kontakt zu ihr und ihrer Schwester vollkommen ab. Anfangs fragte Frau M. die Mutter immer noch nach dem Vater, doch sie bekam dann immer irgendwelche abfälligen Kommentare, und mit der Zeit verstummte sie. Die Mutter heiratet dann ihren Stiefvater, der es sie zeitlebens merken ließ, dass sie nicht seine leibliche Tochter war. Frau M. hatte nach der Geburt ihres ersten Kindes noch einmal den Versuch unternommen, Kontakt zum Vater aufzunehmen. Doch dieser reagierte nicht auf ihren Brief. So blieben viele Fragen ungefragt und viele Gefühle nicht ausgedrückt. Vorwürfe und Hadern »Warum durfte ich keine normale Familie haben«, »Es ist so schrecklich, ohne Vater aufzuwachsen« beherrschten die Gedankenwelt von Frau M. Auch ihre Ehe wurde von ihren unverarbeiteten Erfahrungen überschattet. Sie war ihrem Mann gegenüber sehr misstrauisch und neigte zum Klammern. Sie hatte außerdem Schwierigkeiten damit, dass ihr Mann eine gute Beziehung zu seinen Eltern hatte.

In der Therapie ging es für Frau M. zunächst einmal darum auszudrücken, wie sehr sie sich als kleines Mädchen sowohl von der Mutter als auch vom Vater allein gelassen fühlte. Sie hatte ein Recht auf ihre Gefühle und durfte sie auch ausdrücken. Es ist in Ordnung für sie, zu spüren, was sie gebraucht und sich gewünscht hätte. Sie wählte dazu den Weg, Briefe an ihre Mutter zu schreiben, die sie aber nicht abschickte. Dann begannen wir, ihren Gedanken eine neue Blickrichtung zu geben und neue Fragen zu formulieren: »Was hat ihre Mutter dazu bewegt, sich zu trennen?« Sie musste lernen, nicht nur ganz einseitig die Mutter als die Schuldige zu sehen. Sie musste lernen, sich in die Rolle ihres Vaters und in die der Mutter hineinzuversetzen – und zwar aus der Sicht der erwachsenen Frau. Hierzu befragte sie auch ihre noch lebenden Verwandten. Als kleines Mädchen konnte sie noch nichts vom Fremdgehen und von all den unschönen Dingen, die zwischen den Eltern geschehen waren, verstehen. Sie lernte mit der Zeit, ihre Einstellung aufzugeben, dass es ihr nicht hätte passieren dürfen, ohne Vater aufzuwachsen. Sie ersetzte die Forderung durch den Gedanken: »Es war mein Wunsch, in einer glücklichen Familie aufzuwachsen. Es ist schade, dass ich dies nicht erleben durfte. Ich bin bereit, dies zu akzeptieren.« Wir gingen in der Therapie sogar noch einen Schritt weiter und suchten nach möglichen positiven Seiten, die eine solche Trennung für sie gehabt haben könnte. Frau M. fiel dazu ein, dass sie schon sehr früh selbstständig wurde und dass sie sich ganz stark bemühte, ihrer Tochter ein intaktes Elternhaus zu geben. Im Verlauf der Therapie bemerkte sie, dass sie sich in ihren Gedanken mehr auf die Zukunft konzentrieren konnte. Sie machte Pläne, was sie für sich selbst tun wollte. An die Mutter konnte sie mit viel weniger Groll denken. Den direkten persönlichen Kontakt zur Mutter hat sie bis jetzt nicht aufgenommen, aber der Mutter einen Brief geschrieben, in dem sie ihr von ihren Gefühlen berichtete und davon, dass sie sie jetzt besser verstehen könne. Im Augenblick ist sie dabei, herauszufinden, was die Mutter ihr Positives gegeben hat.

Werfen Sie nun, bevor Sie mit den weiteren Übungen starten, nochmals einen Blick in Kapitel 9, um sich Ihre hilfreichen Einstellungen in Erinnerung zu rufen. Wenn Sie für Ihr spezielles Kränkungserlebnis, das Sie schon lange quält, bisher noch kein ABC der Gefühle erstellt und keine hilfreiche Sichtweise erarbeitet haben, so tun Sie dies jetzt.

Anleitung zum Loslassen

Sagen Sie sich, wann immer Sie sich bei den Vorwürfen an die Person, von der Sie sich gekränkt gefühlt haben, ertappen, laut und deutlich den Satz: »*Stopp. Ich möchte dir, … (Name des Menschen, mit dem Sie so schlechte Erfahrungen gemacht haben) verzeihen.*«

Wenn Sie sich innerlich vollkommen dagegen sträuben, dann können Sie sich die Übung erleichtern, indem Sie den folgenden Satz benutzen: »*Stopp. Ich bin bereit, dir, … (Name des Menschen, mit dem Sie so schlechte Erfahrungen gemacht haben) zu verzeihen.*«

Mit dem Wörtchen »bereit« signalisieren Sie sich, dass Sie sich auf den Weg gemacht haben, aber noch nicht angekommen sind.

Legen Sie ein Album von Ihren Erfahrungen an

Überlegen Sie sich, welche Erfahrungen für Sie in Ihrem bisherigen Leben am bedeutendsten waren. Beziehen Sie dabei die schönen und die unangenehmen mit ein und benennen Sie jede Erfahrung mit einem kurzen Stichwort. Wenn es zu den Erlebnissen Bilder gibt, können Sie auch diese verwenden. Legen Sie ein Album an, in das Sie ihre Bilder in chronologischer Reihenfolge einkleben und Ihre Erfahrungen mit dem Stichwort vermerken. Wenn Sie bereits ein solches Album besitzen, ist es umso besser.

Blättern Sie das Album durch und bedanken Sie sich bei den schönen Erfahrungen, dass Sie diese erleben durften. Rufen Sie sich diese möglichst lebendig in Erinnerung, um auch die Gefühle von Liebe, Freude, Glück, Zufriedenheit oder Stolz wieder wachzurufen.

Stoßen Sie auf die Bilder oder Überschriften, die schmerzliche Gefühle bei Ihnen wecken, dann begegnen Sie diesen mit den Gedanken: »Es ist vorbei. Ich bin sicher und frei.« oder »Das liegt hinter mir. Jetzt zählt, was ich heute für Erfahrungen für mich schaffe.« oder »Ich entscheide mich dafür, dir zu verzeihen.« oder »Ich bin traurig über diese Erfahrung. Ich kann damit umgehen und lenke meinen Blick in die Zukunft.«.

Relativieren Sie Ihre Erfahrung

Stellen Sie sich vor, Sie hätten nur noch einen einzigen Tag zu leben. Wie wichtig wäre diese von Ihnen als verletzend erlebte Erfahrung dann für Sie? Würden Sie den noch verbleibenden Tag dafür nutzen, sich mit der Erinnerung an diese Verletzung zu quälen? Wäre dieses Erlebnis so wichtig für Sie, dass Sie noch an diesem Tag Schritte unternehmen würden, um die Situation zu klären? Würden Sie mit der betreffenden Person, von der Sie sich verletzt fühlen, sprechen oder ihr einen Brief schreiben? Oder würden Sie dann Ihre Energie anderen Dingen zuwenden, die Sie bisher versäumt haben? Wie genau würden Sie den Tag nutzen?

Überlegen Sie sich, ob Sie diese Schritte nicht auch heute schon in die Wege leiten wollen – obwohl Sie noch lange nicht ihren letzten Tag zu leben haben.

»Von einer schweren Kränkung kann man sich nur erholen, wenn man vergibt.«

Atin Patton

Ziehen Sie Bilanz
Lassen Sie Ihr Leben wie in einem Film vor Ihrem inneren Auge abspulen:

→ Wie viel Zeit nimmt das Ereignis, das Sie so verletzt hat, in diesem Film ein?
→ Wie stark hat dieses Ereignis Sie seither negativ beeinflusst? Stufen Sie es auf einer Skala von 1 (gar nicht) bis 10 (es beeinflusst mein ganzes Leben auch heute noch) ein.
→ Hilft Ihnen die Erinnerung, Ihre Lebensziele zu verwirklichen? Können Sie das Ereignis auf der Skala ein wenig weiter in Richtung auf 1 verschieben, indem Sie sich wieder mehr Ihren Zielen zuwenden?
→ Gibt es auch Positives, was infolge dieser Erfahrung in Ihrem Leben passiert ist?
→ Können Sie in der schmerzlichen Erfahrung einen Sinn für sich entdecken?

Drücken Sie Ihre Gedanken und Gefühle in einem Brief aus
Wenn wir nicht loslassen, dann hegen und pflegen wir

jahre- oder jahrzehntelang Vorwürfe im Kopf: »Wie konnte er mir das antun«, »Nie hat sie mich geliebt …«. Und diese Vorwürfe machen sich in unserem Körper breit wie ein schleichendes Gift. Sie erzeugen Anspannung, verändern unseren Stoffwechsel, unseren Atemrhythmus, die Herzfrequenz … Durch diese Gedanken machen wir uns bereit zu Kampf, Flucht oder Erstarrung, und wir wählen meist den Weg der Erstarrung.

Um sich endlich wieder in Bewegung zu bringen und um ihre Gedanken und Gefühle auszudrücken, können Sie einen Brief an die Person schreiben, von der Sie sich verletzt fühlen.

Beginnen Sie den Brief mit den Worten: »*Was ich dir schon immer sagen wollte, wenn ich mich getraut hätte …*« Schreiben Sie all das nieder, was Sie die ganzen Jahre mit sich im Koffer transportiert haben. Lassen Sie dabei Ihren Worten freien Lauf. Sie können ruhig Schimpfwörter und Kraftausdrücke benutzen und den anderen heftig beschuldigen. Es kommt weder auf einen guten Schreibstil noch auf perfekte Rechtschreibung an. Wenn Ihnen nach Weinen zumute ist, lassen Sie die Tränen laufen. Wenn Sie Wut bekommen, schlagen Sie auf ein Kissen. Sie können den Brief auch unterbrechen und sich immer wieder einmal dransetzen. Zunächst ist das Ziel lediglich, dass Sie sich aus der Erstarrung lösen und sich Gehör verschaffen. Sie brauchen mit niemandem darüber zu sprechen und den Brief auch nicht abzuschicken.

Haben Sie den Eindruck, dass alles gesagt ist, was Ihnen auf dem Herzen lag, muss noch ein zweiter entscheidender Schritt folgen. Das erste Niederschreiben hat Ihre Wut und Traurigkeit wahrscheinlich noch verstärkt, weil

Sie die ganze Situation nochmals lebendig vor Ihren Augen gesehen haben. Wenn es Ihr Ziel ist, loszulassen und zu verzeihen, dann müssen Sie jetzt nach einem hilfreichen Blickwinkel und einer neuen Einstellung suchen. Sie können hierzu z. B. so vorgehen, dass Sie nach jedem Vorwurf, den Sie im Brief formuliert haben, den Satz anfügen: »*Ich habe mich verletzt gefühlt und ich bin bereit, dir zu verzeihen*« oder »*Ich hätte mir … gewünscht und ich bin bereit, dir zu verzeihen.*«

Ich weiß, dass Sie an dieser Stelle viele »Ja, aber…«-Einwände haben. Sie fühlen sich noch nicht danach, zu verzeihen, und das ist ganz normal. Sie befinden sich in der dritten Phase des Umlernens, dem Widerspruch zwischen Kopf und Bauch (→ Kapitel 7). Schreiben Sie also Ihren Brief nochmals mit den Ergänzungen und lesen Sie ihn immer wieder durch. Mit zunehmender Übung wird sich auch Ihr Gefühl in Richtung auf das Loslassen verändern und Ihre Verbitterung nachlassen. Sie können diese Strategie auch gut mit folgendem Vorschlag verknüpfen:

Versetzen Sie sich in Ihr Gegenüber
Wir haben bereits in Kapitel 9 darüber gesprochen, dass es hilfreich sein kann, in die Schuhe unseres Gegenübers zu schlüpfen. Wenn wir die Situation mal aus seiner Sicht betrachten, können wir ihm meist leichter verzeihen. Was spricht also dagegen, folgende Übung auszuprobieren?

Anleitung: Rollentausch mit dem Gegenüber
Schreiben Sie einen Brief aus der Sicht desjenigen, von dem Sie sich verletzt gefühlt haben. Suchen Sie nach Erklärungen, weshalb er sich Ihnen gegenüber so verhalten

hat. Versetzen Sie sich ganz in seine Lage und Person. Ziehen Sie seine Lebensgeschichte, seine Wünsche und seine momentane Verfassung im Augenblick der Kränkung mit heran. Wie hat er Sie damals erlebt? Wie hat er sich gefühlt? Was hat er sich wohl von Ihnen gewünscht? Was hat er Ihnen mit seinem Verhalten sagen wollen?

Beginnen Sie den Brief mit den Worten: »*Mein lieber ... (Ihr Name), was ich (der Mensch, von dem Sie sich bedroht gefühlt haben) dir schon immer mitteilen wollte, wenn ich mich getraut hätte ...*«

Ich weiß, Sie können nur spekulieren, wie es in Ihrem Gegenüber zum damaligen Zeitpunkt ausgesehen haben könnte. Versuchen Sie dennoch, sich in ihn hineinzuversetzen. Die absolute Wahrheit werden Sie ohnehin nicht erfahren, und darum geht es hier auch gar nicht. Es geht darum, dass Sie Ihren Blickwinkel, aus dem Sie das Erlebnis betrachten, verändern.

Geben Sie Ihre Forderung nach Gerechtigkeit auf
Entscheiden Sie sich dafür, zumindest in diesem einen Fall Ihre Forderung aufzugeben, dass die Welt gerecht sein sollte. Geben Sie Ihre Forderung auf, dass der andere Strafe verdient, wenn er Sie nicht so behandelt, wie Sie es sich gewünscht haben. Sagen Sie sich:

❏ »Ich bin bereit, in diesem Fall meine Forderung aufzugeben, dass ...«

❏ »Es wäre schön, gerecht, wenn ... gewesen wäre. Doch ich entscheide mich dafür, zu akzeptieren, dass ...«

Werfen Sie Ihre Vorwürfe in einen Papierkorb oder ver-
brennen Sie diese

Stellen Sie sich in Ihrem Geiste vor, dass Sie Ihre Vorwürfe auf einem Blatt Papier notieren, das Sie anschließend
zerknüllen oder zerreißen und in den Papierkorb werfen.
Wenn Sie es etwas eindrucksvoller wünschen, malen Sie
sich aus, wie der Zettel mit den Vorwürfen sich ein letztes
Mal in den züngelnden Flammen aufbäumt. Natürlich
können Sie Ihre Vorwürfe auch tatsächlich auf ein Blatt
Papier schreiben und dieses verbrennen.

Sie können auch Ihre Fantasie spielen lassen und sich
etwas anderes ausdenken. Je spektakulärer, umso besser:
Verbrennen oder Zerschlagen sind beispielsweise Aktionen, die viele unserer Sinne ansprechen. Manche meiner
Klienten werfen ihre Notizen in einen Fluss und beobachten, wie sie davontreiben. Andere stellen sich vor, sie
schreiben die Vorwürfe auf eine Schiefertafel, die sie
dann gründlich mit einem nassen Schwamm reinigen.
Sie können die Vorwürfe in ihren Gedanken mit Lippen-
stift auf einen Spiegel schreiben und diesen zerschlagen.
Sie können sich ausmalen (oder es auch tatsächlich aus-
führen), dass Sie die Vorwürfe mit Stofffarbe auf ein Lein-
tuch schreiben und dieses in der Waschmaschine durch-
wirbeln und reinigen lassen.

Nehmen Sie wieder Blickkontakt auf.

Wenn wir sehr verbittert sind, dann genügt schon der
Anblick des anderen, um uns aus dem Gleichgewicht zu
bringen. Uns steigt unmittelbar die Galle, das ganze Ereignis steht uns wieder lebhaft vor Augen, alle unsere damaligen Gefühle werden reaktiviert. Ja, manchmal versu-

chen wir sogar, jegliche Begegnung mit dem anderen zu vermeiden – aus Angst, dann völlig hilflos unseren Gefühlen ausgeliefert zu sein.

Um uns innerlich aus dieser Hilflosigkeit zu lösen, ist folgende Übung gut geeignet:

Anleitung: Schauen Sie Ihrem Gegenüber in die Augen

Suchen Sie nach einem Bild von dem Menschen, dem Sie verzeihen möchten. Gut wäre ein Portrait, sodass Sie Blickkontakt aufnehmen können. Stellen Sie dieses Bild vor sich auf und schauen Sie dem Betreffenden ins Gesicht. Sprechen Sie laut die folgenden Worte: » ... *(Sein Vorname), ich bin bereit, dir zu verzeihen. Ich habe mich von deinem Verhalten sehr gekränkt gefühlt, weil ich es ... bewertet habe. Ich bin jetzt bereit, dir zu verzeihen. Du hast getan, was dir möglich war.*«

Achten Sie bei den Wörtern auf einen liebevollen und verzeihenden Tonfall.

Nehmen Sie auch ganz bewusst eine entspannte Körperhaltung dabei ein.

Auch bei dieser Übung wird es höchstwahrscheinlich wieder so sein, dass Sie sich vorkommen, als ob Sie sich in die Tasche lügen. Ihr Gefühl sagt Ihnen, dass Sie noch nicht bereit sind, zu verzeihen. Lassen Sie sich davon nicht beirren. Wiederholen Sie immer wieder laut diese Worte: »Ich bin bereit, dir zu verzeihen ...« Ihr Gefühl ist lediglich noch ein Relikt der alten negativen Gedanken (Wie kann sie nur ... Das darf sie mir nicht antun ... Das ist gemein, ungerecht ...). Das alte Gefühl wird mit der

Zeit weichen und dem Gefühl des Vergebens Platz machen.

Sollten bei dieser Übung Wutgefühle, Tränen, Unruhe oder große Anspannung auftauchen, akzeptieren Sie diese Gefühle und Körperreaktionen. Sie sind in Ordnung. Sie haben sich an eine schwierige Aufgabe gemacht, die Sie schon lange mit sich herumgetragen haben. Wenn man so oft wie Sie mit diesen negativen Gedanken an das Ereignis denkt, dann werden im Körper auch die dazugehörigen negativen Gefühle wie Schmerz, Trauer und Wut wachgerufen.

Verändern Sie Ihre Bilder

In Kapitel 9 sprachen wir darüber, dass wir in der Lage sind, vor unserem inneren Auge ein Erlebnis immer wieder abspielen zu lassen und somit unsere damit verbundenen Gefühle immer wieder neu zu beleben bzw. zu konservieren. Unsere inneren Filme bilden dabei nie die Wirklichkeit ab. Wir nehmen in einer Situation nur bestimmte Merkmale wahr, da wir sonst mit all den auf uns einströmenden Reizen überfordert sind. Außerdem erinnern wir unsere Erfahrungen in ganz charakteristischer Weise.

Ob wir Erinnerungen beispielsweise in lebendigen Farben, Großaufnahme, mit großer Schärfe und mit lauten Geräuschen oder in Schwarzweiß-Fassung, verschwommen und aus großer Distanz auf unserem inneren Bildschirm sehen, bestimmt über die Art und Stärke unserer Gefühle. Wenn Sie mit Ihren inneren Bildern in Bezug auf Ihr altes Kränkungserlebnis experimentieren möchten, schlüpfen Sie in die Rolle eines Filmregisseurs:

Anleitung: Verändern Sie Ihren Erinnerungsfilm

1. Rufen Sie sich Ihr Erlebnis in Erinnerung, bei dem Sie sich so verletzt gefühlt haben. Nehmen Sie sich genau den Augenblick vor, an dem die Verletzung stattfand. Wie sehen die Person, der Ort, die Größe und Einzelheiten des Bildes aus? Ist es eine Nahaufnahme, ein Breitbandbild oder sehen Sie es aus der Distanz? Ist es in Farbe oder schwarz-weiß? Ist es kontrastreich oder verschwommen?

2. Nehmen Sie wahr, was Sie in Ihrem Körper empfinden, wenn Sie an dieses Bild denken.

3. Nun variieren Sie dieses Bild und spüren Sie nach, wie sich dabei Ihr Gefühl verändert:
   → Verändern Sie es in der *Größe:* Machen Sie das Bild größer oder kleiner.
   → Verändern Sie die *Farben:* Sehen Sie das Bild in schwarz-weiß oder farbig.
   → Verändern Sie die *Kontraste:* Machen Sie das Bild klarer oder verschwommener.
   → Schieben Sie das Bild weiter nach hinten in einen großen *Abstand* von sich.

4. Lassen Sie Ihr inneres Bild nun zu einem ganz kleinen schwarz-weißen Foto schrumpfen, das Sie links unten und einige Meter entfernt auf dem Boden sehen. Machen Sie es so klein, bis Ihre negativen Gefühle sich merklich abgeschwächt haben. Das Wenige, das auf einem passbildgroßen Foto noch zu erkennen ist, schwächt die Gefühle.

5. Statt Ihr Bild in ein Schwarzweiß-Bild zu verwandeln, können Sie sich auch vorstellen, es würde ganz dunkel oder ganz hell werden.

Haben Sie diese Übung ausprobiert? Dann haben Sie vielleicht bemerkt, wie die nagenden quälenden Gefühle, die Sie mit der Erinnerung verknüpfen, schwächer geworden sind.

Das Erlebnis berührt Sie nicht mehr so. Vielleicht haben Sie auch erlebt, dass Sie sich das Ereignis plötzlich nicht mehr so gut ausmalen konnten.

Menschen, die diese Strategie einsetzen, beschreiben die Effekte häufig mit den Worten: »Ich habe das Ereignis nicht mehr klar vor Augen«. »Davon kann ich mir jetzt kein Bild mehr machen«.

Sofern Sie ein Mensch sind, der sich Bilder nur schwer vorstellen kann, könnte es sein, dass Sie mit dieser Übung Schwierigkeiten haben. Dann wählen Sie sich einfach eine der anderen Übungen aus diesem Kapitel aus.

Verändern Sie den Stimmklang
Manche Menschen sehen keine Bilder, aber hören die Worte, die Lautstärke und den Klang der Stimme des Menschen, von dem sie sich verletzt gefühlt haben, noch nach Jahrzehnten. Hierdurch fühlen sie sich immer wieder aufs Neue gekränkt. Wenn Sie auch zu diesen Menschen gehören, können Sie die Stimme, die Sie gespeichert haben, ganz gezielt mit der nächsten Übung verändern:

Anleitung: Verändern Sie Ihr Erinnerungshörspiel
Versetzen Sie sich in die Situation, die Sie als kränkend erlebt haben. Nehmen Sie sich genau den Augenblick vor, an dem die Verletzung stattfand, und hören Sie die Stimme Ihres Gegenübers. Dann variieren Sie die Stimme gezielt:

1. Drehen Sie die Stimme immer leiser, bis Sie schließlich nichts mehr hören.
2. Lassen Sie Ihr Gegenüber in Zeitlupe sprechen.
3. Lassen Sie Ihr Gegenüber mit einer Micky-Maus-Stimme sprechen.
4. Lassen Sie Ihr Gegenüber seine Worte in Form einer Arie singen.
5. Lassen Sie Ihr Gegenüber seine Worte in einer nicht existierenden Fremdsprache formulieren.

Sie haben es sicher bemerkt: Es geht hier nicht mehr um eine wahrheitsgemäße Wiedergabe Ihres Erlebnisses. Sie wollen sich von einer Erinnerung befreien, die Ihnen keinen guten Dienst mehr leistet. Sie wollen Ihren Koffer leer räumen, um Raum für neue positive Erfahrungen zu schaffen. Sie wollen die Vergangenheit ruhen lassen. Machen Sie die Übung, auch wenn sie sich albern vorkommen. Vielleicht schaffen Sie es sogar, sich zum Schmunzeln zu bringen. Manche meiner Klienten erleben die Wirkung der Übung so, als ob ein Bann gebrochen sei. Die früher so verletzend erlebten Worte können ihnen nichts mehr anhaben.

Sprechen Sie mit Freunden oder anderen Vertrauenspersonen über Ihre Verletzungen

Manche Erfahrungen erleben wir als so kränkend, dass wir glauben, sie für immer in uns verschließen zu müssen. Indem wir sie verschweigen, nehmen wir uns jedoch die Möglichkeit,
→ unsere schmerzlichen Gefühle auszudrücken und uns zu entlasten.

→ unsere Erfahrung zu relativieren.
→ Solidarität und emotionale Unterstützung von anderen zu erfahren.
→ neue Sichtweisen zu erkennen.
→ neue Lösungswege aufgezeigt zu bekommen.

Es mag sich für Sie also lohnen, das Risiko einzugehen, Ihr Schweigen zu brechen. Wollen Sie sich dafür entscheiden, sich zu öffnen? Dann vertrauen Sie sich ihrem besten Freund oder Freundin an. Sie können auch eine Selbsthilfegruppe besuchen oder sich an einen psychologischen Psychotherapeuten oder eine psychologische Beratungsstelle wenden (→ Anhang).

Suchen Sie ganz gezielt nach positiven Seiten Ihres Gegenübers
Niemand hat nur schlechte Seiten. Notieren Sie sich zwei bis drei gute Eigenschaften oder gute Erfahrungen, die Sie mit dieser Person verknüpfen. Entwickeln Sie hierdurch ein Gefühl der Toleranz und Dankbarkeit für diesen Menschen.

Nutzen Sie positive Suggestionen
Sprechen Sie sich den folgenden Text auf eine Kassette oder lesen Sie diesen täglich im Buch durch:
   Ich habe in der Vergangenheit eine schmerzliche Erfahrung gemacht. Ich habe mich von einem Menschen sehr verletzt gefühlt. Doch dies ist Vergangenheit. Die Vergangenheit lasse ich jetzt ruhen.
   Der andere hat getan, was er aufgrund seiner Lebenserfahrung, seiner Wertvorstellungen, seiner Position, sei-

ner Wünsche und momentanen Stimmung tun musste. Mir hat es nicht gefallen. Er hat dennoch das Recht, dies zu tun. Ich bin bereit, dem anderen zu verzeihen. Ich verzeihe ihm um meinetwillen. Ich möchte meinen inneren Frieden.

Ich brauche sein Verhalten nicht gutzuheißen. Ich werde es als gegeben akzeptieren. Ich kann über meine Gefühle und mein Verhalten bestimmen. Ich kann mich dafür entscheiden, ihm meine Gefühle und meine Wünsche mitzuteilen.

Ich bin frei, den Kontakt zu ihm zu lockern oder abzubrechen. Ich kann mich für die Zukunft besser schützen, wenn ich mit ihm zu tun habe.

Ich kann meine Erwartungen reduzieren, um in Zukunft weniger enttäuscht zu sein. Andere haben das Recht, meine Wünsche und Erwartungen nicht zu erfüllen. Sie haben das Recht, zuerst nach sich und ihren Wünschen zu schauen. Sie sind fehlerhafte Menschen, die sich immer einmal wieder unangemessen verhalten werden.

Ich bin liebenswert, so wie ich bin – unabhängig von der Meinung und dem Verhalten anderer.

Ich darf Fehler machen. Auch wenn andere dies ansprechen und mich deshalb kritisieren, bin ich in Ordnung. Ich habe Stärken und Schwächen. Was zählt, ist das Heute. Ich richte meine Aufmerksamkeit auf den heutigen Tag. Was kann ich heute tun, damit es mir gutgeht? Wofür kann ich heute dankbar sein?

Das Schöne an all diesen Strategien ist, dass Sie diese einsetzen können, auch wenn der Mensch, von dem Sie sich verletzt gefühlt haben, nicht mehr in ihrer Reichweite oder gar schon verstorben ist. Sie haben immer die Möglichkeit, sich einen inneren Frieden zu schaffen. Das Erlebnis existiert nur noch in Ihrem Innern. Selbst dann, wenn Sie im Alltag immer noch mit den Folgen dieses für Sie kränkenden Erlebnisses konfrontiert werden, können Sie Ihre Einstellung wählen. Es mag zwar wesentlich schwerer fallen, ist aber nicht unmöglich. Es genügt eine Einstellung wie: »Ich bin bereit, die Situation so anzunehmen, wie sie ist. Ich habe keinen Anspruch darauf, dass die Welt ein gerechter und friedlicher Ort ist.«

Reichen Sie dem anderen Ihre Hand
Wenn Sie innerlich so weit sind, dem anderen verzeihen zu können, warum nicht auch noch den letzten Schritt gehen und wieder Kontakt aufnehmen?

Schieben Sie eine solche Begegnung nicht auf den St. Nimmerleinstag hinaus, an dem Sie dem anderen zufällig über den Weg laufen könnten. Warten Sie nicht zu lange, denn woher nehmen Sie die Gewissheit, dass dem anderen oder Ihnen zuvor nicht etwas Schlimmes zustoßen könnte, was ein Zusammentreffen unmöglich macht? Werden Sie aktiv und sorgen Sie für einen Kontakt. Schreiben Sie einen Brief, rufen Sie an oder treffen Sie sogar eine persönliche Verabredung mit ihm. Es geht um Sie und um ihn. Wie befreiend kann es doch sein, »seine Leichen aus dem Keller geschafft zu haben« oder sich den schweren Koffer mit Altlasten von den Schultern genommen zu haben. Sie können wieder durchatmen und haben all Ihre Energien frei für die Gegenwart und die Zukunft. Sie können stolz auf sich sein, diesen Schritt gewagt zu haben.

Wichtige Erkenntnisse aus diesem Kapitel

→ Wenn Sie verzeihen, dann tun Sie dies zunächst Ihretwegen.

→ Wenn Sie Ihrem Gegenüber verzeihen, dann bedeutet das nicht, dass sie ihm recht geben.

→ Verzeihen ist keine Frage von Willenskraft, sondern geschieht durch eine Veränderung Ihres Blickwinkels und Ihrer Bewertungen.

→ Wenn Sie verzeihen, dann können Sie Ihre Zeit und Energie wieder der Zukunft widmen.

→ Wenn Sie sich entscheiden, loszulassen, werden Sie eine Phase durchlaufen, in der Sie glauben, sich zu belügen.

13 In der Rolle des Kränkenden

Wenn wir uns schnell gekränkt fühlen und darunter leiden, dann heißt dies deshalb noch lange nicht, dass wir andere nicht auch ab und zu kränken. Dies kann völlig unbeabsichtigt passieren, aber auch dann, wenn wir und unser Gegenüber völlig unterschiedliche Bedürfnisse haben und wir uns für die unsrigen entscheiden. Schlechte Stimmung und körperliche Unpässlichkeiten können auch dazu beitragen, dass wir »austeilen«. Ja, und selbst wenn wir uns sehr zusammennehmen und die besten Vorsätze haben, werden wir vielleicht ab und zu unsere Unzufriedenheit mit anderen an unserem liebsten Freund oder Partner auslassen und ihn ungerechterweise angreifen.

Was sollen wir tun, wenn der andere sich durch uns gekränkt fühlt?

Der erste Schritt besteht darin, dass wir für unser Verhalten die Verantwortung übernehmen. Wir haben ein bestimmtes Verhalten gezeigt, und der andere hat sich verletzt gefühlt. Haben wir ihm absichtlich wehgetan, sollten wir überlegen, weshalb. Was fehlt uns, und was wünschen wir uns von ihm? Welche Gefühle verbergen sich hinter diesem Verhalten? Wut, Angst, Unsicherheit, Enttäuschung …? Welche Einstellungen und Erwartungen stehen dahinter? Wie können wir ihm unsere Wünsche und Gefühle auf angemessenere Art und Weise mitteilen? Dann sollten wir ihm sagen, dass es uns leidtut und ihm unser Verhalten erklären.

Sich für sein Verhalten beim anderen zu entschuldigen, hilft, die Beziehung aufrechtzuerhalten. Bedauern und eventuell Wiedergutmachung genügen jedoch auch, wir brauchen uns deshalb nicht mit Schuldgefühlen zu geißeln und uns vorzuwerfen, dass wir uns so fies nicht hätten verhalten dürfen. Wir werden nicht gleich zu einem schlechten Menschen, nur weil wir uns einmal ungerecht verhalten haben. Darüber hinaus können wir noch überlegen, wie wir ein solch kränkendes Verhalten in Zukunft vermeiden können.

Hat der andere unser Verhalten lediglich in den falschen Hals bekommen, dann sollten wir ihm ebenfalls mitteilen, dass wir bedauern, dass er sich verletzt fühlt. Wir brauchen uns jedoch für unser Verhalten nicht zu entschuldigen.

Der andere ist für seine Bewertungen und Gefühle (Sie erinnern sich an das ABC der Gefühle?) selbst verantwortlich.

Wie können wir es uns erleichtern, angemessene Kritik zu geben?

Manchmal ist es im Beruf, aber auch in der Partnerschaft und Kindererziehung notwendig und sinnvoll, zu kritisieren, Grenzen zu setzen und Anweisungen zu geben. Wenn wir uns mit dem Kritik-Annehmen selbst sehr schwertun, fällt es uns häufig auch schwer, andere zu kritisieren.

Wir machen in diesem Zusammenhang einige *Denkfehler* und blockieren uns,

→ indem wir uns ausmalen, wie schlecht es dem anderen infolge unserer Kritik gehen wird. Wir nehmen dabei uns als Maßstab und übersehen, dass der andere möglicherweise völlig andere Strategien zur Verfügung hat, mit Kritik umzugehen.

→ indem wir uns Schuldgefühle machen. Wir bürden uns die Verantwortung für die Gefühle der anderen auf und übersehen, dass diese ihre Gefühle selbst erzeugen, indem sie unsere Kritik als Angriff bewerten.

→ indem wir von uns erwarten, anderen die »Leiden« und «Ungerechtigkeiten« der Welt zu ersparen. Wir übersehen dabei, dass wir nicht allmächtig sind und die Welt als solche ungerecht ist. Wir berücksichtigen in unseren Überlegungen nicht, dass wir auch bestimmte Regeln einhalten müssen und nicht zuletzt von äußeren Rahmenbedingungen und Gesetzmäßigkeiten (dem Arbeitgeber, dem Schulsystem, usw.) abhängig sind.

→ indem wir nicht zwischen konstruktiver und destruktiver Kritik unterscheiden (→ Kapitel 11). Es fällt dem anderen leichter, Kritik anzunehmen, wenn wir sie z. B. konkret und sachlich formulieren und nicht seine Person angreifen.

Die Auswirkungen unserer Denkfehler können sein,

→ dass wir uns davor drücken, dem anderen Grenzen zu setzen, aber innerlich grollen.

→ dass wir unsere Wünsche unterdrücken.

→ dass wir mit unserer Meinung hinter dem Berg halten.

→ dass wir immer weniger von uns zeigen und uns von unserem Gegenüber distanzieren.

→ dass wir uns in der Partnerschaft unfrei fühlen.

→ dass wir irgendwann einmal völlig unerwartet explodieren und hasserfüllt agieren.

Langfristig kann unser Vermeidungsverfahren also zu einer weitaus größeren Kränkung und größeren Konflikten führen. Um aus diesem Kreislauf herauszugelangen und notwendige Kritik leichter anbringen zu können, können Sie Folgendes tun:

→ Beziehen Sie Ihre Kritik auf ein konkretes Verhalten und teilen Sie Ihrem Gegenüber Ihre konkreten Vorstellungen und Wünsche mit.

→ Signalisieren Sie, dass Sie den anderen achten oder mögen, aber dieses konkrete Verhalten nicht akzeptieren.

→ Zeigen Sie Verständnis für seine Gefühle, aber überlassen Sie diesem die Verantwortung dafür.

→ Versetzen Sie sich in Ihr Gegenüber und überlegen Sie sich, was der Gekränkte benötigt. Wie können Sie ihm aus der Kränkung helfen?

→ Erinnern Sie sich daran, dass Sie nicht für alle Ungerechtigkeiten, die es nun mal gibt, verantwortlich sind und diese auch nicht ändern können.

→ Manchmal können sie die Gesprächsatmosphäre auch lockern, indem Sie das Gespräch mit einem Lob beginnen oder dieses ins Gespräch mit einfließen lassen. Ein Lob für das, was funktioniert, wirkt wie eine Schutzmatte und kann die Kritik ein wenig abpuffern.

→ Erinnern Sie sich daran, dass der andere seine Gefühle durch seine Bewertungen und seine Schlussfolgerungen selbst erzeugt. Er fühlt sich nur verletzt, wenn er Ihre Kritik als persönlichen Angriff sieht.

Wichtige Erkenntnisse aus diesem Kapitel

→ Auch wenn Sie noch so vorsichtig und bemüht sind, lässt es sich nicht vermeiden, dass andere sich durch Sie ab und zu getroffen fühlen werden.

→ Wenn Ihr Gegenüber sich durch Sie verletzt fühlt, dann sind an seinen Kränkungsgefühlen zwei Faktoren beteiligt: a) Ihr Verhalten und b) seine Bewertung Ihres Verhaltens.

→ Hat Ihr Gegenüber Sie falsch verstanden, genügt es, wenn Sie Ihr Bedauern ausdrücken. Schuldgefühle sind nicht nötig und nicht angemessen.

→ Es ist wenig hilfreich, Kritik zu vermeiden. Sie können diese jedoch konkret und sachlich formulieren, sodass Ihr Gegenüber sie leichter annehmen kann.

14 Was ich tun möchte, wenn ich mich gekränkt fühle

Liebe Leserin, lieber Leser,

ich kann gut verstehen, wenn Sie jetzt von all den Strategien und Schritten, die »man tun sollte …« erschlagen sind. Und vielleicht haben sie sogar schon mit dem Gedanken gespielt, das Buch endgültig beiseite zu legen. Das wäre jedoch sehr schade. Wie viele Ihrer Fähigkeiten bleiben dann brach liegen! Wie viel Zeit würden Sie dann mit negativen Gefühlen verbringen, statt sich frei und unbeschwert zu fühlen! Wie oft würden Sie sich grämen, statt Ihre Gedanken in die Zukunft zu richten!

Vor Ihnen liegt ein sehr fruchtbares, aber noch unbestelltes Feld. Sie haben die Wahl. Ich habe Ihnen gezeigt, was auf diesem Feld alles wachsen könnte. Sie können sich nun die Mühe machen, altes Unkraut herauszureißen, neues Saatgut auszusäen und sich auf die Ernte zu freuen. Oder Sie können es bei dem unbestellten Feld belassen und hoffen, dass etwas aufgeht. Wenn Sie den Acker umpflügen und neu einsäen wollen, dann entwerfen Sie jetzt einen konkreten Aktivitätsplan.

Es ist klar, dass es wenig Sinn macht, auf einem Acker viele unterschiedliche Samen auszubringen – Kartoffeln, Weizen, Mais und Zuckerrüben durcheinander, das wird nichts Rechtes. Besser ist es, sich auf eine oder wenige Pflanzen zu beschränken.

So wollen wir auch mit den vielen neuen Strategien verfahren, die ich Ihnen im Verlauf des Buches vorgestellt habe. Wenn Sie sich zunächst auf einige wenige neue Strategien konzentrieren und sich darin üben, gelingt Ihnen das Umlernen besser und Sie können schneller Erfolge verbuchen.

Jetzt geht es um Ihren ganz persönlichen Aktivitätsplan. Am besten kopieren Sie den nachfolgenden Plan zunächst mehrmals. So können Sie den Plan mit sich herumtragen und auch immer wieder auf den aktuellen Stand bringen. Blättern Sie dann zu Kapitel 7 zurück, um Ihr konkretes Ziel in den Plan übertragen zu können. Aus den Kapiteln 8 bis 11 wählen Sie dann jeweils eine Strategie zur Beeinflussung Ihres Körpers, Ihrer Gedanken und Ihres Verhaltens sowie jeweils einen zum Umgang mit Steinewerfern und Kritikern aus. Wenn Sie schon längere Zeit ein Kränkungserlebnis in Ihrem Koffer herumtragen, dann wählen Sie sich zusätzlich noch eine Strategie aus Kapitel 12 aus.

Sie können bei der Auswahl auf Ihr »Gefühl« hören: Was lockt Sie, auszuprobieren? Was klingt in Ihren Ohren so, als ob es funktioniere? Was erscheint Ihnen gut nachvollziehbar? Was haben Sie schon mal ausprobiert oder bei anderen beobachtet?

Tragen Sie alle Strategien, für die Sie sich entschieden haben, in Ihren persönlichen Aktivitätsplan ein. Prägen Sie sich die Strategien ein und setzen Sie diese die nächsten vier Wochen ein, wann immer Sie sich verletzt fühlen. Graben Sie Ihren neuen Canyon, indem Sie sich in diesen 5 bzw. 6 neuen Strategien üben.

Nach Ablauf der vier Wochen prüfen Sie Ihren Fortschritt anhand der Kriterien von Kapitel 7: »Woran wir unseren Fortschritt erkennen können«. Schauen Sie sich hierzu jede einzelne Strategie an. Wenn Sie den Eindruck haben, die jeweilige Strategie greife in keinster Weise, wählen Sie sich eine neue Strategie aus, die Sie wiederum vier Wochen erproben. Auf diese Weise fahren Sie fort. Sie behalten immer nur 5 bzw. 6 Strategien im Auge.

Sollten Sie bereits im ersten Anlauf wirkungsvolle Strategien für sich gefunden haben, können Sie entscheiden, ob Sie es dabei belassen oder Ihr Repertoire mit weiteren Strategien erweitern möchten. Mit dieser Schritt-für-Schritt-Vorgehensweise erweitern Sie systematisch Ihren persönlichen Einsatzkoffer mit Strategien zur Immunisierung gegen Kränkung und zur Überwindung von Kränkungen. Sie werden auch bemerken, dass die Strategien nicht nur bei Kränkungen greifen, sondern dass sich Ihr Lebensgefühl generell steigert.

Sollten Sie bemerken, dass Sie mit der Umsetzung der Strategien gar nicht klarkommen, dann holen Sie sich zusätzlich psychotherapeutische Unterstützung. Manchmal, wenn unser Canyon schon zu tief ist, brauchen wir andere, um das Wasser in einen neuen Canyon umzuleiten. Schwierigkeiten beim Umsetzen der Strategien bedeuten auf gar keinen Fall, dass sie nicht umlernen können.

**Mein Aktivitätsplan für die nächsten 4 Wochen,
für die Zeit vom** _____ **bis**

_____

Mein Ziel:
Ich möchte

_____

Meinen Körper möchte ich beeinflussen, indem ich

_____

Meine Gedanken und Fantasien möchte ich beeinflussen,
indem ich

_____

Mein Verhalten möchte ich folgendermaßen verändern:

_____

Mit Steinewerfern möchte ich umgehen, indem ich

_____

Kritik möchte ich begegnen, indem ich

_____

Meine alte Kränkungserfahrung möchte ich loslassen,
indem ich

_____

Schlusswort

Liebe Leserin, lieber Leser,

schön, dass Sie mich bis zum Ende meines Buches begleitet haben. Hinter uns liegt ein Streifzug durch Ihre Vergangenheit. Sie haben sich näher kennengelernt. Jetzt wissen Sie mehr über Ihre wunden Punkte und darüber, wie Sie bisher reagiert haben, wann immer Ihre wunden Punkte getroffen wurden. Sie haben erfahren, dass Ihnen sehr viele Möglichkeiten offenstehen, innerlich zu erstarken, Ihre Abwehrkräfte gegen Verwundungen zu schulen und nach einer Kränkung wieder zu genesen. Nun geht es daran, die Theorie in die Praxis umzusetzen.

Es lohnt sich für Sie, die Strategien aus diesem Buch umzusetzen. Sie erfordern Übung und Zeit. Doch, nur Mut, Ihr neuer Canyon wird mit jedem Mal des Übens ein wenig tiefer gegraben. Irgendwann werden die neuen Verhaltensmuster völlig zu Ihnen gehören.

Sie werden erleben, wie stark Sie Ihre Gedanken, Gefühle und Ihr Verhalten beeinflussen können. Sie werden in der Lage sein, besser mit Verletzungen und Kränkungen umzugehen. Sie werden sich nicht mehr als Opfer anderer Menschen fühlen. Sie werden die Freuden des Lebens nicht mehr aus den Augen verlieren und sich nicht mehr durch unangenehmen Erfahrungen lähmen lassen. Sie werden mehr Spaß, Lebendigkeit und Nähe verspüren und das Leben und die Menschen wieder mehr lieben.

Ich wünsche Ihnen auf Ihrem Weg zu mehr innerer Stärke und Ausgeglichenheit viel Kraft und Erfolg

Ihre *Doris Wolf*

Anhang

Weiterführende Literatur

Bücher und Kassetten, die Ihr Selbstwertgefühl und ihre innere Sicherheit stärken können

Rolf Merkle: Laß Dir nicht alles gefallen: Wie Sie Ihr Selbstbewusstsein stärken und sich privat und beruflich besser durchsetzen können. PAL-Verlag. Mannheim 2003

Rolf Merkle: So gewinnen Sie mehr Selbstvertrauen. Ein praktischer Ratgeber zur Überwindung von Minderwertigkeitsgefühlen und Selbstzweifeln. PAL-Verlag. Mannheim 2001

Rolf Merkle: Nie mehr deprimiert. Weltbild Buchverlag. Augsburg 2008

Doris Wolf und Rolf Merkle: Gefühle verstehen, Probleme bewältigen. Ein praktischer Ratgeber zur Bewältigung von Ängsten, Unsicherheiten, Minderwertigkeits- und Schuldgefühlen, Eifersucht, depressiven Verstimmungen. PAL-Verlag. Mannheim 2003

Doris Wolf und Rolf Merkle: Kassette/CD: Tiefenentspannung nach Jacobson. Verspannungen lösen und Alltagsstress abbauen. PAL-Verlag. Mannheim 2002

Bücher für das Training Ihrer Schlagfertigkeit

Antonia Civero und Julia Kuderna: Clevere Antworten auf dumme Sprüche. Junfermann-Verlag. Paderborn 2001

Barbara Berckhan: Die etwas intelligentere Art, sich gegen dumme Sprüche zu wehren. Kösel. München 2008

Matthias Pöhm: Nicht auf den Mund gefallen! mvg.
   München 2000

**Bücher, die Ihnen weiterhelfen, wenn Sie in einer
Beziehung gefangen sind, in der Ihr Partner Sie
emotional erpresst, Sie ablehnt, beschimpft und
bestraft**

Susan Forward: Emotionale Erpressung. Wenn andere
   mit Gefühlen drohen. Goldmann-Verlag. München
   2000
Lilian Glass: Mit mir nie wieder. Oesch-Verlag.
   Thalwil-Zürich 2006

Weltbild Buchverlag
–Originalausgaben–
Copyright © 2003 by PAL Verlagsgesellschaft mbH, Mannheim
Genehmigte Lizenzausgabe 2008 für Verlagsgruppe Weltbild GmbH,
Steinerne Furt, 86167 Augsburg
6. Auflage 2009
Alle Rechte vorbehalten

Projektleitung: Dr. Ulrike Strerath-Bolz
Umschlag: bürosüd°, München
Satz: avak Publikationsdesign, München
Druck und Bindung: GGP Media GmbH, Pößneck

Gedruckt auf chlorfrei gebleichtem Papier

Printed in the EU

ISBN 978-3-89897-980-1

Von A bis Z